中国民间文化遗产抢救工程

THE PROJECT TO CHINESE FOLK CULTURAL HERITAGES

中国民间文艺之乡

系中国民间文化遗产抢救工程系列成果

河南西平

于2007年被中国民间文艺家协会命名为

中国嫘祖文化之乡

中国嫘祖文化之乡
河南西平

主编 高沛 高蔚

中国文联出版社
http://www.clapnet.cn

河南
中国嫘祖文化之乡
授牌
CCTV-7
走进嫘
西
主办
中共
西平
200

授牌庆典（崔宝轩　摄）

董桥遗址

董桥遗址位于西平县城西27.5公里的吕店乡。遗址为一处仰韶文化中晚期遗址，亦即郦道元《水经注》称作吕墟、西陵亭的地方。1984年文物普查时发现，2006年公布为河南省文物保护单位，2013年公布为国家重点文物保护单位。依据历史记载、考古发现、地方传说和风情民俗传承等，经相关专家综合考察、研究、论证、认证董桥遗址应为黄帝正妃嫘祖出生、始蚕的地方，是嫘祖文化原生地，蕴含有丰富的嫘祖文化资源。2007年7月6日，西平被中国民间文艺家协会命名为中国嫘祖文化之乡，并同意建立中国嫘祖文化研究中心。

让民间文艺之花在乡土中绽放

罗 杨

当插秧机在田野里穿梭，打春牛的习俗还会有吗？当电视机进入千家万户，还有老人娓娓道来地讲故事吗？当天气预报准确预测风霜雨雪，农谚还能在生活中流传吗？当嫦娥飞船已经成功探月，嫦娥的传说还保有那份神秘色彩吗？当藏族牧民搬入城镇，格萨尔史诗还能吟唱多久？当农民迁入楼房,古村落社火庙会还会热闹地上演吗?凡此种种，都不禁令人叩问不已。

民间文化是民族文化的摇篮和根基，然而，在全球化发展日趋迅猛,各种思想文化相互激荡的今天，很多民间文化遗产，特别是深藏在偏远乡村的文化遗产正面临窘境：有的因无法传承而濒危，有的因未被重视而灭绝，有的因过度开发而变得面目全非。由此，人们越来越深刻地认识到，保护本民族和本地区的文化遗产，彰显其别具一格的地方文化特色，已成为捍卫民族民间文化独立性的必然选择。由中国民间文艺家协会开展的中国民间文化之乡命名工作，就是一项对地方特色文化进行保护传承的有效举措。

人类生活不仅需要一个生态良好、宜居幸福的物质家园，还要有一个能够让人们随眼入心留下鲜明历史和文化印记的灵魂居所。只有保留住灵魂的家园，才能使人在浮躁的社会里得到更多的心理安宁和身心愉悦，从而提高生存和发展的质量。反之，如果忽视了对当地民俗的尊重和精神传续，就等同割断了历史记忆和文脉传续。这样的家园即使房子盖得再好，设施再现代化，都会使人产生陌生和距离感，无处安放和抚慰屡遭纷扰的心灵。而被需求呼唤出来的民间文艺之乡，正是当今人们赖以生活的家园和灵魂的庇护所。活态沿革的民间文艺之乡不仅记录着本地区历史文化发展的轨迹，也反映着当地民众的道德观念和审美情趣。丰富的历史文化基因和独特的心灵密码使之成为当地人民群众灵魂的归宿。试想，如果没有那些世代流传于村巷阡陌，铭刻于民众心头，穿越历史时空的神话、传说、故事、歌谣以及代表地域特色的民间习俗，人们该如何回味家园和故乡？民间文化寄托着民众的欢乐和悲伤，引导着民众对宇宙、历史、地方和家园万物的理解。离开了民间文化，人们将无法识别和了解一个地方的地域特色和乡土文化。可以说，在广袤的国土上，到处都有独特的地理景观和与之相观照的民俗文化和风物传说。也正是由于有了风土人物等民间文化的晕染，才使一个原本只是地理意义的地方产生了诸如精卫填海、嫦娥奔月、天女下凡、得道升天、风水堪舆、福地洞天等富有传奇色彩的文化意义，有了超越自然景观以外的丰富内涵，从而为本地人勾勒出一幅寄寓心灵深处的乡土画卷，为外来者呈现出一个令人神秘向往的世界。青田的石雕文化，荆州的三国文化，庆阳的香包文化，宜兴的紫砂文化，丽水的龙泉青瓷……人们常常会追问，为什么阆中有个春节老人？为什么涉县唐王山有座女娲宫？为什么这里是愚公的故里？为什么那里是孟姜女哭长城的地方？为什么沙田唱水上民歌？为什么祁连唱藏族拉伊……正是这些历久弥新的风物传说和文化事项，才使一片原本洪荒的土地成为具有深厚文化底蕴的沃土，成为受人关注的地方，也令民间文艺研究者接踵而至。他们对民间文艺之乡的关注并不在于山川秀丽，山花盛开的自然世界，也绝不是要铺陈出一个自然地理的图卷，而是要展开一幅铭刻在中华儿女心中的人文地图。

民间文艺之乡不容造假和忽悠。随着中国社会经济的发展，民间文化建设越来越受到各方面重视。很多地方通过对本地民间文化的深入挖掘和整理，建设成为富有历史底蕴和文化特色的民间文艺之乡。与此同时，我们也注意到，一些地方出现了拼命寻找和争抢民间历史文化资源的现象，甚至夸大其词制造假象，出现了“先造谣再造庙”浅薄浮躁的诟病，甚至以传承文化的名义打造出一批真实性与文化内涵近乎乌有的假景观和假人物，并借此大搞商业开发活动。所谓的品牌与名片可以有助于文化的传播与发展，但如果缺失了对文化的虔诚和敬畏，就会造成对文化传统的歪曲和贬低。正因如此，民间文艺之乡的创建应该有自己的品位与追求，有自己的境界与底线，不能停留在市场运作与传媒炒作的层面，不能停留在招牌与名片的层次。任何与民间文化遗产相关的开发项目，都应当考虑其对文化传承的影响。要避免过度开发和不当开发破坏其固有的遗产价值。如果只是按照旅游经济的需求重塑文化认同，以假冒的民间文化代替原生态民间文化，既严重亵渎了民间文化资源，又浪费了大量经费，则必然会贻害子孙，贻害社会。

民间文艺之乡不仅仅是品牌和名片。祖先给我们留下的壮丽河山与丰富的人文遗产，首先是对人类文化多样的完美演绎，是对人类精神世界的满足，是对人民文化生活的丰富，是对人们道德情操的滋养，是对民族精神的凝聚与升华，是对悠久历史与美好未来的寄托与拓展。申办民间文艺之乡只是捍卫传播乡土文化的动力，保护文化根基才是根本，绝不能把“品牌”和“名片”作为建设民间文艺之乡的目的，不应把富矿般的民间文化资源当作商业标签来使用。申报民间文艺之乡绝不能只看重一地一时之利，决不能寅吃卯粮鼠目寸光，要有风物长宜放眼量，着眼长远和未来的襟怀和气魄，把着眼点放在民族民间文化和人类文明的未来上。

民间文化之乡留给我们的是民俗文化传承和积淀的财富，命名民间文艺之乡不是民间文艺抢救保护工作的结束，而是文化传承弘扬和发展的接力跑。民间文艺之乡经专家认证命名后，当地的建设者们还要花更大、更多的人力、财力和物力去确保民间文化“原汁原味”地传承下去，使它的历史价值和文化意义不止步于过去和眼前的光鲜，而是在未来焕发出更加绚烂的光彩。

实践证明，民间文艺之乡是保护抢救民间文化遗产，建设中华民族共有精神家园的有效载体。凡是民间文艺之乡发展好的地区，都呈现出经济发展、社会和谐的局面。人民群众对乡土文化的高度热爱和广泛参与，正在被内化为保护非物质文化遗产的文化自觉，这种文化自觉被转化为巨大的精神动力，在新农村文化建设、构建社会和谐中正释放出不可低估的能量。通过民间文艺之乡的品牌效应，真正实现了历史文化得以彰显，文化设施不断完善，文化精品层出不穷，文化市场繁荣有序，文化产业协调发展，群众文化丰富多彩，文明程度明显提高。因此，充分发挥民间文艺之乡在推动社会主义文化大发展大繁荣中的作用，将是中国民协一个长期的课题和长远的任务。

我们非常高兴地看到，通过我们多年的不懈努力，民间文艺之乡在保护非物质文化遗产、开创地域文化品牌、振奋民族精神、促进地区经济发展与社会和谐中正发挥着不可替代的作用。很多地方政府充分认识到了民间文艺之乡在新农村文化建设中的价值和作用。他们以民间文艺之乡为依托，以树立文化品牌为己任，着眼于文化类型和区域文化的特点，以政府、专家和人民群众的共识为合力，立足保护和传承本地独特的民族文化、传统文化、地域文化等，挖掘整理抢救地区历史和民族文化中蕴含的思想情感、道德观念、信仰意识、价值取向、风土人情、民俗文化等核心内容，对成为当地形象“名片”的文化符号、文化景观、文化标志加以保护和宣传；将地区特色文化融入经济社会发展和新农村建设的方方面面，有效地保持了文化的历史性、丰富性以及多样性、新颖性。我们相信，民间文艺之乡的建设和发展，必将谱写出当代新农村文化和精神家园建设的和谐乐章，必将为后人留下一幅历史文化记忆和地域风采的绚丽画卷。

目　录>>>

序　言　001

第一章　西平概况　001

环境与优势　002

历史沿革　011

文化遗产　013

社会经济与民生事业　018

第二章　**嫘祖故里**　023

典籍记载　024

考古发现　030

蚕桑习俗　035

民间传说　049

民歌民谚　073

故里胜迹　079

第三章　**嫘祖文化的内涵与外延**　093

嫘祖文化　094

嫘祖文化与民族文化、民族精神　119

嫘祖文化的传承与发展　127

第四章　嫘祖文化的保护与传承　133

研究申报与宣传推介　134

保护计划与开发规划　145

保护传统的《嫘祖祭典》 151

第五章 专家学者论嫘祖文化 155
故里地望 156
姓氏与民俗文化 169
嫘祖文化及其现代意义 171

第六章 艺文选辑 179
古代蚕桑文化作品选 180
当代蚕桑文化作品选 184
古代皇家祭拜嫘祖文选 195
当代嫘祖故里西平祭拜嫘祖文选 196

附 录 208
附录一 会议纪要 208
附录二 领导讲话摘录 213
附录三 报刊选录 223
附录四 关于设立中华母亲节的倡议 231
附录五 嫘祖故里地域文化简介 233
附录六 西平县文物保护单位简介 241
附录七 大事记 250

后 记 261

序

中共西平县委书记　聂晓光

西平古称西陵，为柏皇氏后裔封地。柏姓多名人，柏常是黄帝时的地官，柏亮父为颛顼师，柏昭为帝喾师，父子同朝为帝师，肇封于柏，为柏子国。柏冏为周穆公时太仆，协助穆公革除积弊，完成中兴大业，封柏子国地，号柏国。秦属颍川郡，汉初置县。甘肃武威出土的《武威汉简·王杖十简》记载有“汝南西陵县”，湖北荆州出土的《张家山汉简》《二年律令·秩律》中，西平、西陵同书一简，《水经注》记载有“西陵平夷，故曰西平”，《三国志》记载有西陵乡，《水经注》记载有西陵亭，民国二十三年陈铭鉴编修的《西平县志》则说“魏明帝即位，进封和洽为西陵乡侯，郦道元《水经注》汉曰西平，其西吕墟，即西陵亭也，当指此”……据此，经专家多方考证后，认为：西汉时西陵县与西平县一在西，一在东，比邻并存。新莽改西平为新亭，刘秀灭莽，精简建置，西陵省併，与西平合二为一。三国、两晋、南北朝时期，朝代更替频繁，西平隶属多有变更。至唐天授二年，复置西平县，宋、元、明、清相沿至今。

西平历史悠久，文化灿烂，物产丰富，风光秀丽。这片热土，以她博大的胸怀养育了勤劳善良的西陵儿女，用她青山秀水的灵气承载着历史的辉煌。蜘蛛山——柏皇氏的祖山，棠溪水的源头；吕墟（董桥遗址）——黄帝正妃蚕神嫘祖出生地、始蚕地，蚕桑文化、服饰文化的源头；酒店冶铁遗址——战国时期韩国冶铁铸剑地，至今犹存的战国冶铁炉，号称天下第一炉；封人见圣祠——孔夫子周游列国停辙处，仪封人请见留佳话；分金庙——春秋义士管（仲）鲍（叔牙）分金警千古；宝严寺塔——沧海桑田的历史见证；韩堂——法家韩非故里……西平《大铜器》2008年被国务院公布为第二批国家非物质文化遗产保护名录；棠溪宝剑铸造工艺2014年被国务院公布为第四批国家非物质文化遗产保护名录；《嫘祖祭典》、民间传说《王莽撵刘秀》和《董永与七姐》等，2007年被河南省人民政府公布为河南省第一批非物质文化遗产保护名录。

县境西部伏牛余脉自西南绵延入境，位处伏牛山余脉与黄淮平原衔接处的棠溪源国家森林公园，上承崇山峻岭之豪放，下纳千里沃野之坦荡，山水互容，田林相依，自然与人文和谐，历史与现实相接。这是一片净土：阳春，繁花似锦，蜂飞蝶舞；盛夏，林木苍翠，飞瀑流泉；金秋，果满枝头，霜叶如染；隆冬，漫山皆白，寒梅独秀，有中原氧吧之称。县域中东部地势平坦，是一望无际的平川沃野，占全县总面积的85%。洪河、柳堰河、仙女池河、淤泥河自西向东流过，数百条支流纵横交错，滋润着肥沃富饶的土地，盛产小麦、玉米、油菜等。从西陵古国到西平县，从石器打制到铁器出现，先民用勤劳的双手、聪明的智慧，在这片热土上创造了灿烂的物质文明和精神文明，也为子孙后代留下了享用不尽的人文资源和自然景观。

在山区与平原的过渡带，有一处26平方公里的缓冈，名曰师灵冈（西陵冈），冈前有一条西草河，西草河岸边的台地上是董桥遗址（吕墟），为仰韶文化遗址，2013年被国务院公布为第七批全国重点文物保护单位。这里是嫘祖的故里，中华民族植桑养蚕、缫丝制衣的发源地，嫘祖文化的原生地，民间文化底蕴丰厚，影响广泛而深远。2007年7月，西平县被中国民间文艺家协会同时命名为“中国嫘祖文化之乡”，并同意建立中国嫘祖文化研究中心。“中国冶铁铸剑文化之乡”，并同意建立“中国冶铁铸剑文化研究基地”。2007年11月

12日，中国民间文艺家协会在西平县举行了隆重的授牌仪式。

随着改革开放的深入发展，西平县委、县政府带领全县人民“凝心聚力谋发展，锲而不舍抓落实”，社会局面安定，县域经济快速发展，城镇建设日新月异，农村经济稳步上升，商贸流通繁荣活跃，文化事业和文化产业同步发展。先后被评为全国优质小麦生产出口基地县、全国粮食和肉类产量百强县、全国社会治安综合治理工作先进县、全省畜牧强县、双拥模范县，荣获省级园林城市、卫生城市、文明城市的称号。

西平—中国嫘祖文化之乡，这是一份荣誉也是一种责任和担当，具有勤劳善良，开拓进取，坚忍顽强的西陵儿女，定会珍惜这份荣誉，勇于担当这份责任，在嫘祖文化研究方面下大功夫，在嫘祖文化开发应用上下大力气，努力使历史文化“有形化”，有“可视性”，“有引人思索和催人上进的作用”。让嫘祖文化研究和开发在中华民族崛起和民族复兴梦的实现过程中，起到它应有的作用。

2015年3月

第一章 西平概况

西平位于河南省的中南部，古为西陵，是黄帝正妃嫘祖的故里，中国蚕桑文化的发源地，颛顼，帝喾时代，柏亮父，柏昭同朝为帝师，肇封于柏，为柏子国。周封柏国，战国属韩，是古代我国最早的冶铁基地之一。2007年7月，中国民间文艺家协会同时命名西平县为『中国嫘祖文化之乡』和『中国冶铁铸剑文化之乡』。并同意建立『中国嫘祖文化研究中心』和『中国冶铁铸剑文化研究基地』。

西平地处中原，伏牛山余脉自县境西南绵延入境，西部山区风景优美，东部平原沃野千里。交通便利，气候温和，雨量充足，物产丰富，是我国重要的粮食生产基地。西平历史悠久，文化底蕴丰厚，全县共有文物保护单位38处，非物质文化遗产重点保护项目34项。这里是黄帝正妃嫘祖的故里，蚕桑文化的发源地，柏氏起源地。西平社会秩序稳定，民风淳厚，经济快速发展，各项事业呈现出一片欣欣向荣的景象。

一 、环境与优势

西平县位于河南省中南部、驻马店市最北端。东临上蔡县，西接舞钢市，南依遂平县，北靠漯河市。京广铁路、京广高铁、107国道、京港澳高速公路

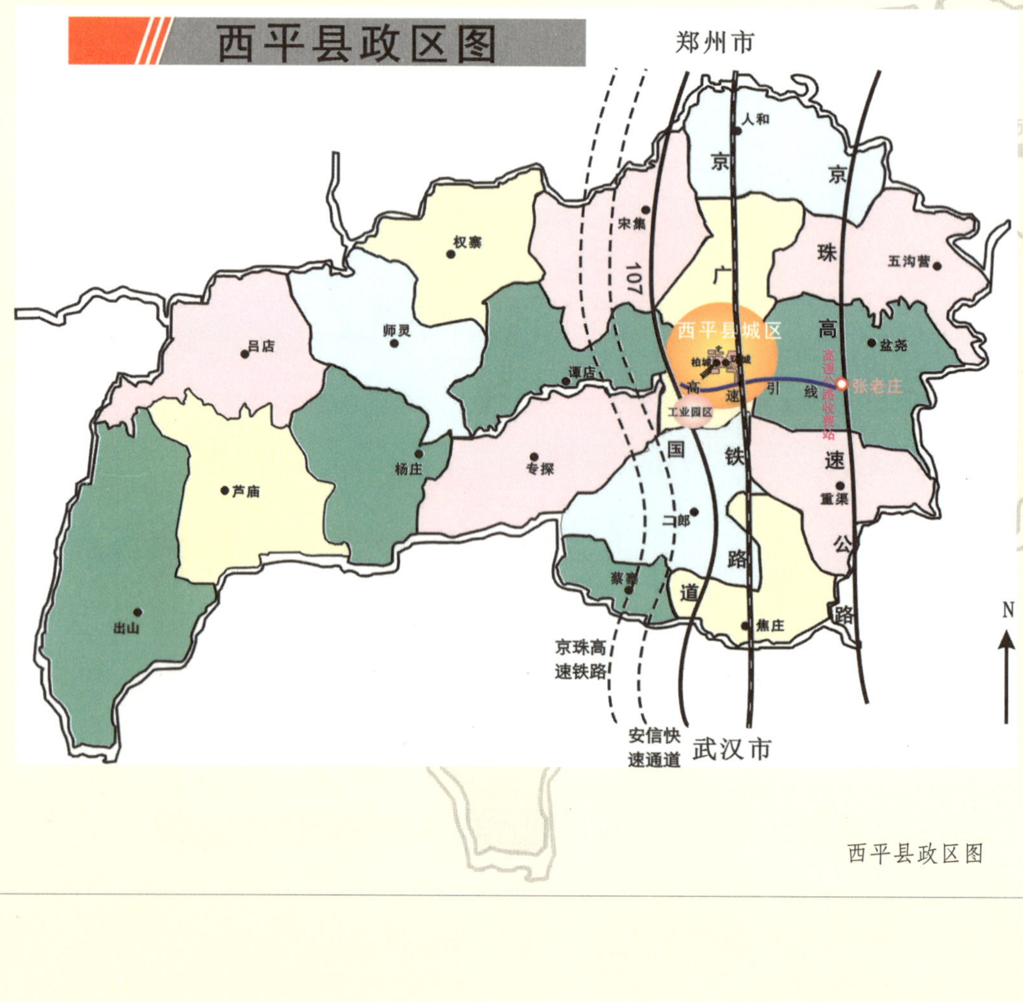

西平县政区图

京广澳高速公路西平段（崔宝轩　摄）

四大交通干线纵贯南北，高兰公路（331省道）横穿东西，交通便利。县辖17个乡镇、2个街道办事处、1个产业集聚区，215个行政村（居委会），居住着汉、回、满、蒙、苗、白、土家等32个民族，总人口87万。

县域东西长60公里，南北宽32公里，总面积1089.77平方公里。西平地处北纬33° 10″至33° 32″，东经113° 36″至114° 13″之间。地势西高东低，伏牛山余脉绵延入境，形成山区向平原过渡地带，西部为浅山丘陵区，分布着大大小小10几座山头，分别是蜘蛛山、茅芽山、龙泉寺山、油篓山、璞笠顶、跑马岭、九女山等，海拔最高度为553.2米，面积96.4平方公里，占全县总面积的8.85%。中东部为平原，面积933.37平方公里，占全县总面积的85.6%。境内河流属淮河流域的洪、汝河水系，洪河是县境内最大的河流，古称潕水，境内河段长75公里，流域面积717平方公里。

京广高铁西平段（杨德清　摄）

京广铁路西平段（杨勇　摄）

根据2012年统计，全县土地面积1099.77平方公里，其中耕地面积80021.52公顷，林地3839.11公顷，水域1931.70公顷。西平属大陆性季风型亚湿润气候区，气候温和，雨量充足，物产丰富。农作物主要有谷物、油料、豆类，棉麻类，烟草、药材、蔬菜、瓜果类和薯类等。其中粮食作物主要有小麦、玉米、豆类、红薯、杂粮；油料作物主要有油菜、芝麻、花生等；蔬菜类有萝卜、大

平川沃野（武军黎　摄）

白菜、大葱、辣椒、番茄、西葫芦、芹菜、韭菜、菠菜、黄瓜、南瓜等；瓜果类有西瓜、甜瓜、桃、李、杏、梨、栗、核桃等；菌类作物有金针菇、猴头菇、香菇等。为全省农业大县，是国家优质小麦生产基地。

西部浅山区有丰富的植物资源、矿产资源、中药资源和动物群。原始生态林中，生长有麻栎、栓皮栎、槲栎、水杉、黑杉、杉木、枫栎等上百种乔木；还有板栗、油桐、山核桃、野葡萄、山楂、山桃、山梨经济树种及野山楂、棠梨树、荆条、酸枣、胡

玉米（杨富安　摄）

油菜（郭大奎　摄）

缓岗滴翠（耿强　提供）

无公害果蔬 晚秋黄梨（宋守政　摄）

群山竞秀（李凌云　摄）

无公害果蔬 丝瓜（郭大奎　摄）

无公害果蔬 草莓（胡军华 摄）

无公害果蔬葡萄（胡军华 摄）

枝子等灌木植物；藤本植物有葛藤、爬山虎、金银花等；草本有白羊草、苍术、乌头、杜仲、何首乌、白茅、防风、夏枯草、地榆、蒲公英、柴胡、桔梗、蕨、苜蓿、百合、半夏，鱼腥草等上百种药用植物；还有野生蘑菇、拳菜等菌类。山区野生动物群中有野猪、猫头鹰、野鸡、獾、狐狸、野兔、蛇等，20世纪尚存的狼、豹等猛兽今已绝迹。

西平县矿产资源相对较贫瘠，1989年普查发现有花岗岩、陶土、玄武岩等矿藏，已探明的矿藏主要有：铁（赤铁矿和磁铁矿）、硅石、瓷石、石墨、麦饭石、含钾岩石、地下盐矿等。

西平县的畜产品主要有猪、牛、羊、鸡、鸭、鹅、鸽、家兔、长毛兔，吕店乡是驰名全省的长毛兔养殖基地。

地方特产及名优产品有棠溪宝剑、豫坡老基酒、棠河酒、“鼎力”牌杆塔、“金凤”牧业设备制造等。棠溪宝剑至今已有2700多年的悠久历史，该剑已由国家历史博物馆永久收藏。2007年棠溪剑业公司精心打造一把轩辕乾坤剑，

菌类作物（崔宝轩 摄）

菌类作物（胡军华 摄）

养殖（崔宝轩 摄）

养殖（郭大奎　摄）

养殖（崔宝轩　摄）

养殖（崔宝轩　摄）

种植养殖产品销售
（崔宝轩　摄）

养殖（杨富安　摄）

养殖（杨富安　摄）

由嫘祖故里西平作为贺礼在黄帝拜祖大典上敬献给黄帝故里新郑，由新郑博物馆永久收藏。该剑寓意中华大地天人合一，乾坤和谐，八方安定。轩辕乾坤剑融入了丰富的文化元素。其剑鞘分为两个部分，鞘柄部分雕龙，意为黄帝，鞘体部分饰凤，代表黄帝正妃嫘祖。而在剑柄的局部，雕56片龙鳞，代表56个民族，昭示了追求社会和谐的深刻意义。剑条的长、宽各为330厘米和36厘米，分别代表3月3日和3月6日，寓意黄帝和嫘祖的生辰年月。剑鞘大包头厚69厘米，为黄帝与嫘祖的生日合数，整体创意表现了新郑黄帝文化和西平嫘祖文化的密切联系，可谓一脉相承，相得益彰。2014年12月，棠溪宝剑铸件工艺已被列入第四批国家非物质文化遗产保护项目。豫坡老基酒、棠河酒均属中原历史名酒品种。豫坡老基酒1982年荣获农业部优质产品奖，1992年荣获布鲁塞尔国际金奖，是河南省老字号名牌产品。棠河酒业的主导产品“嫘祖故里酒”、“棠河总统宴”、“棠河金色珍藏”获全国农博会白酒金奖三连冠，“棠河”商标被评为河南省著名商标。河南鼎力杆塔股份有限公司是中原最大的输电线路杆塔，变电站钢构件，电气化铁路接触网支柱产业生产厂家，产品畅销

地方名优产品鼎力杆塔（郭冠军　摄）

地方名优产品 棠溪宝剑（陈向阳　摄）

地方名优产品 棠河嫘祖故里酒（崔朝辉　摄）

地方名优产品 豫坡老基酒（崔朝辉　摄）

全国，进入奥运工程、世博工程、国家电网、“皖电东送”特高压钢管塔工程，并出口亚洲、非洲、美洲等国家和地区。河南金凤牧业设备股份有限公司是目前我国最大的养鸡设备生产和研发中心。其产品2002年获“河南省名优产品奖”，2008年获全国“畜牧行业冠军”，产品远销国内外。

地方特色小吃有热豆腐、油馍、焦馍、薄烙馍、罐饺子、空心烧饼、馓子、芝麻叶豆腐脑儿、出山油条等。其中芝麻叶豆腐脑儿属当地世代传承的名吃，不老不嫩，咸淡可口；热豆腐香软鲜嫩；出山油馍发喧起泡，金黄油亮；焦馍由面粉、芝麻、食盐作主料，在热鏊上炕焦，金黄焦脆，咸香适度。久负盛名的西平小磨香油，质地纯正，油香宜人，其制作技艺2009年被列入河南省

1	2
3	4

1 热豆腐（杨富安　摄）
2 焦馍（宋守政　摄）
3 馓子（崔宝轩　摄）
4 小磨香油（杨富安　摄）

非物质文化遗产保护名录。

位于西平县西南部的棠溪源风景区，是一片浅山区，为伏牛山余脉，面积38平方公里，树林覆盖率95%以上，2006年12月被国家林业局命名为棠溪源国家森林公园。内有蜘蛛山、茅芽山、油篓山、龙泉寺山、璞笠顶山、锅底山、跑马岭等，平均海拔500米。棠溪源因“棠溪”而得名，棠溪水由蜘蛛山东南麓龙泉水下注汇流而成，两岸生长着茂密的棠梨树，逢春花开，洁白如云，“夹岸棠梨花照水”，自成一景，故溪水称棠溪。1979年版《辞海》称“（棠溪）古地名，在今河南西平县，春秋楚地，吴夫概奔楚，为棠溪氏。战国属韩，出金，铸剑戟甚精利。”又，蜘蛛山传为柏皇氏的圣山，故棠溪源被誉为“祖之源、水之源、剑之源”。棠溪源中山峰起伏，陡峭巍峨，怪石突兀，层峦叠嶂，石洞深隐，流水潺潺。传说，远古时期，人文女祖嫘祖曾在这里发明人工植桑养蚕，春秋时军事家鬼谷子曾在此演兵布阵。茅芽山上有天然城堡、转运洞，山下有平南蛮的宋代窦将军墓。跑马岭上有汉代名臣郅恽演兵场。璞笠顶上有明末刘洪起起义时留下的旗杆窝。蜘蛛山上有毕真毕切的始祖峰，古造磨场，摩崖石刻、蝌蚪文等，加之流传在民间大量的美丽的传说故事，更为其蒙上层悠远神秘色彩。近年来发现的以新郑市具茨山为代表的岩画带涵盖到新密、登封、禹州、叶县、淅川、镇平、方城、泌阳等县市。其实西平也早有发现，只是没引起人们的足够重视。1923年出版的《西平县志》，把在西平西部蜘蛛山（与泌阳接界）上发现的岩画称作“蝌蚪文”、“奇石”。2002年河南省一批考古学家、历史学家在西平蜘蛛山发现的“岩画”，应是当年地方志所称的“蝌蚪文”、“奇石”。这对研究旧石器人类在中原的活动轨迹具有非常重要的意义，有待专家、学者对此进一步深入调查研究、认定。

棠溪源有大自然赋予的千奇百态之山、石、林、泉，人称天然氧吧。分布山中的双龙飞瀑、千层瀑、瀑布崖流瀑喧啸，银珠飞溅，长年不断；大象石、卧狮石、寿龟石、狼牙石、天卷石、金蟾石、韩王试剑石、仕女像石等，比物状人，惟妙惟肖，各具情态；遇仙池，仙人洞、转运洞、天鼓玄奥莫测，显几分禅机；蝉鸣谷中，农历“三月幽谷蝉盈耳”，世人称奇；棠溪峡中，古树参天的单株栗树冠盖可达100多平方米；从生矮木繁多，野葡萄藤纠结数百米，宛如长廊。林中百鸟争鸣，野生动物出没，举目皆是原生态的自然景观。

二、历史沿革

西平，远在旧石器时代已有人类在此繁衍生息，留下了可考的远古信息，到了新石器时代，原始部落族群不仅在此从事渔猎活动，且已开始了农作物栽培，动物饲养和制陶生产。考古在县境内相继发现的裴李岗文化、仰韶文化、龙山文化遗存便是最好的证明。

西平古称西陵，颛顼，帝喾时肇封为柏子国，周封柏国，战国属韩，秦属颍川郡。西汉高祖四年（公元前203年）置西平县，属豫州汝南郡。甘肃出土的《武威汉简•王杖十简》记载的“汝南西陵县”，据此专家最新考证：西汉时西陵县与西平县比邻并存。新莽改西平为新亭，刘秀灭莽，精简建置，西陵省并，与西平合二为一。

先蚕嫘祖（杨德清　摄）

法家韩非（杨富安 摄）

诤臣郅恽（杨富安 摄）

东汉建初七年（公元82年），置西平国。章和二年（公元88年），仍为西平县。永初二年（公元108年），西平、上蔡之间，置定颍县，历经魏、晋，至南朝刘宋废。

三国、两晋、南北朝时期，朝代更替频繁，西平隶属多有变更，曾分属襄城郡（治所在今西平县城西22.5公里师灵）、文城郡。隋朝大业末，县废。

唐武德四年（公元621），天授二年（公元691），开元四年（公元716），三次重置西平县，曾分属道州（今郾城县），仙州（今叶县），蔡州。宋、元、明、清相沿至今。

西平历史悠久，历代名人辈出。从泽被华夏的先蚕嫘祖，到柏皇氏后裔柏夷亮父、柏昭、柏高、柏益、柏冏，到法家韩非、耿介之臣李忠、铮臣郅恽、廉吏和峤、智平倭寇的右都御史王诰、元杂剧作家李好古等等，他们在历史上留下了一座座不朽的丰碑。

廉臣和洽（杨富安 摄）

智平倭寇王诰（杨富安 摄）

三、文化遗产

西平县历史悠久，物质的、非物质的文化遗产资源丰厚。全县共有文物保护单位39处，其中国保单位3处：酒店战国冶铁炉、北宋宝严寺塔、董桥新石器时代文化遗址（吕墟）。省保单位8处：市县保单位 22处。其中有万年以上的出山镇龙骨湾遗址；6000—8000年的人和乡谢老庄裴李岗文化遗址，5000—6000年的吕店乡董桥（吕墟）、小潘庄等仰韶文化遗址；4000—5000年的龙山文化遗址5处：重渠乡耿庄遗址、人和乡上坡遗址、柏亭办事处苗塚遗址、专探乡衡坡遗址、老王坡天顶遗址。

西平非物质文化遗产重点保护项目34项：其中国家级2项：西平大铜器、棠溪宝剑铸造工艺；省级7项：嫘祖祭典、董永与七仙女的传说、王莽撵刘秀传说、西平鱼灯、芝麻种植及传统小磨油制作技艺、合水张氏正骨、升旗打酒火。市级12项：封人见圣祠、韩非传说、大喇叭、武驴、护蟾、张氏喉科、衡氏妇科、合水张氏接骨膏药、剪纸、同德堂胡氏喉科、婚礼。县级13项：唢呐、火罐、青龙冰射散（于氏喉面）、葬礼、王诰传说、管鲍分金（分金庙）的传说、西平故事灯、西平肘阁、河南坠子书、洪港武术、万米斋糕点（月

中共西平县委旧址（1948年）（崔宝轩　摄）

饼）传统制作技艺、西平馓子传统制作技艺、王氏玉容膏。

西平地域特色文化积淀丰厚，不仅有以嫘祖故里为代表的根脉文化、蚕桑文明、服饰文明和辉煌了2000多年的棠溪冶铁铸剑文化，还有以古柏皇氏为代表的三皇文化、柏国文化，以封人见圣为代表的儒家文化，以管鲍分金为代表的诚信文化，以韩非为代表的法家文化，以董永遇仙为代表的孝文化等等。

西平本土文化底蕴丰厚，民间戏曲、民间舞蹈、民间传说、民间庙会、民间书画、民间工艺多姿多彩，别具风格。

西平是红色革命老区，战争年代，革命前辈刘少奇、李先念、彭雪枫等，都曾在西平留下了革命斗争的足迹。发生在1941年初著名的豫南战役中的西平阻击战，在抗战史上写下了浓重的一笔。

为弘扬优秀的传统文化，西平县于1996年成立棠溪文化研究会。2006年1月9日，成立炎黄文化研究会，首先启动了嫘祖文化和冶铁铸剑文化的研究与开发。为加快研究进程，研究会多次邀请省内外专家学者，就嫘祖故里地望、嫘祖文化的内

抗战阵亡烈士陵园碑刻（1941年）县文管所提供

碑刻图片

碑刻图片

碑刻图片

碑刻图片

碑刻图片

碑刻图片

（国保）宝严寺塔（张国胜　摄）

涵与外延，冶铁铸剑的产生与发展、棠溪宝剑铸造工艺的传承与发扬等，召开县级、市级、省级、国家级研讨会，取得共识，发表纪要，出版专著。在此基础上，进行逐级申报。2007年7月6日，中国民间文艺家协会[2007]35、36号文件批准命名西平县为“中国嫘祖文化之乡”和“中国冶铁铸剑文化之乡”，并

（国保）董桥遗址（蔡全法　摄）

（国保）酒店战国冶铁炉（崔宝轩　摄）

锻打

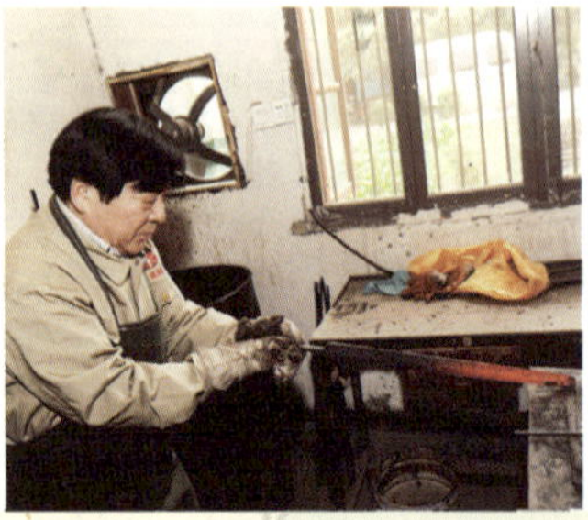

淬火

研磨

錾图

雕刻

喷漆

国家级非物质文化遗产：棠溪铸剑工艺（崔宝轩　摄）

国家级非物质文化遗产：西平大铜器（曹保峰　摄）

同意建立“中国嫘祖文化研究中心”和“中国冶铁铸剑文化研究基地”。同年11月12日，中国民协在西平县举行隆重的“中国嫘祖文化之乡”和“中国冶铁铸剑文化之乡”授牌仪式，中央电视台《乡村大世界》栏目在黄金时段相继播

洪河润柏城（李凌云　摄）

放了90分钟的专题片。从2008年起，西平县恢复了一年一度的嫘祖故里拜祖大典，不失时机地组织全国性的母亲文化研讨会，并向华夏儿女提出以嫘祖为形象代表设立中华母亲节的倡议。

四、社会经济与民生事业

在中共十八大精神指引下，西平紧紧围绕“六大系统工程五十项重点工作”，解放思想，凝心聚力，真抓实干，狠抓落实，保持了西平经济社会加快发展的强势劲头，生产总值，公共财政预算收入、农民收入等主要经济和民生发展指标，绝大多数位居全市先进行列，有的超过全省乃至全国平均增长速度。初步核算，2013年，全县实现国民生产总值151.7亿元，增长10.1%，分别高于全国、全省、全市2.6、1.1、0.6个百分点。公共财政预算收入5.1亿元，比2012年净增1亿元，增长24%，位居全市前列。农民人均纯收入8165元，增长13%，高于全市平均水平。公共财政预算支出25.9亿元，比2012年增支4亿元，增长18.3%。社会固定资产投资102.4亿元，增长23%。社会消费品零售总额70.7亿元，增长13%。城镇居民可支配收入17827元，增长10%。县域金融机构各项存款余额140亿元，贷款余额52.3亿元，分别增长21.2%、37.9%。节能减排完成市定目标。尤其是第三产业快速崛起，实现增加值46.3亿元，首次高于第一产业，经济结构全面优化，经济发展转型升级，迈入又好又快的科学发展之路。

城镇建设（崔宝轩　摄）

大力培育主导产业，工业发展迈入新阶段。从县情实际出发，紧紧围绕培育壮大农副产品精深加工、机械电子制造两大主导产业，强化设施配套，完善融资平台，制定优惠政策，吸引外资企业落户生根，大大促进了工业企业稳步发展。全年实现限上工业增加值38.3亿元，增长15.8％；工业用电量7.1亿度，增长11.6％。产业集聚区不断发展壮大。完成固定资产投资51.5亿元，增长41.1％；全年实现主营业务收入80.1亿元，增长28.2％，完成税收9062万元，从业人员2万人，主导产业主营业务收入占产业集聚区主营业务收入80％以上。

践行核心价值观（朱雷　摄）

理论与实际相结合（朱雷　摄）

关注三农，积极推动粮食生产。狠抓落实粮食生产行政首长负责制，整合部门力量，调动社会力量，激发群众力量，合力推进粮食生产。全年共发放各项惠农补贴1.6亿元，新建高标准粮田5万亩，完成了6.5万亩的土地综合整治项目，粮食综合生产能力进一步提升，粮食总产达89.9万吨，实现“十连增”，再次荣获全国产粮大县称号，被定为全省6个高标准粮田提升工程示范县之一。林业生产扎实推进，60％的乡镇达到林业生态乡镇标准。畜牧业健康发展，全县生猪存栏107.5万头，出栏136.2万头，

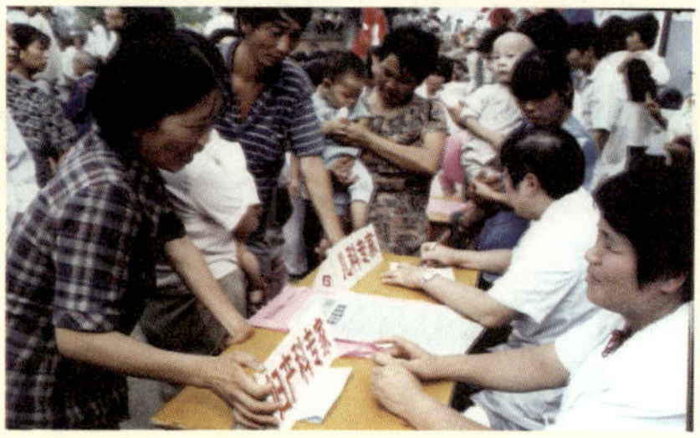

医疗卫生下乡（武伟光　摄）

防重于治（蒋明杰　摄）

自娱自乐（杨富安　摄）

新农村书屋（胡军华　摄）

新农村建设（崔宝轩　摄）

连续七年被定为全国生猪调出大县。特色种植业效益进一步提升，年产蔬菜58万吨，产值达4.9亿元；年产鲜菇9万吨，产值达4.5亿元。

加大投入，关注民生。全年民生事业支出占县财政总支出的73%，较上年提高3个百分点。就业和社会保障水平不断提高。新增城镇就业1.1万人、农村劳动力转移就业8000人，分别完成目标任务的242%、133%，城镇失业登记率2.1%；新农合和城镇居民医保参合率进一步提高，社会保险覆盖面进一步扩大；城镇及新农村建设发展迅速，民生工程备受关注，建成各类保障房7.2平方米，改造农村危房2500户；新解决了5.5万人安全饮水问题。持续加大教育投入。教育、科技、文化、卫生、林业、广电、国土、电业、通讯等各项社会事业全面进步。荣获全国首批国土资源节约集约模范县，被定为全省职业教育强县，被评为最具投资发展潜力的文化旅游县。计生行政执法工作进一步加强，成立了计生行政执法社会法庭。社会治安防

1	2
3	4

1 格瑞特塑（崔朝辉　摄）
2 健盛电子（胡军华　摄）
3 河南金樽电子（崔朝辉　摄）
4 刺绣　（胡静　摄）

控系统进一步完善，组建了城区专职治安巡防队，新安装视频监控探头三百多个，刑事发案率明显下降，居民安全感显著增加，保持了“全省平安建设先进县”荣誉。

西平地处中原，历史悠久，交通便捷，信息灵通。人民群众文化素质较高，思想开放，商品经济意识较强。目前政局稳定，正沿着中国特色社会主义道路平安崛起。

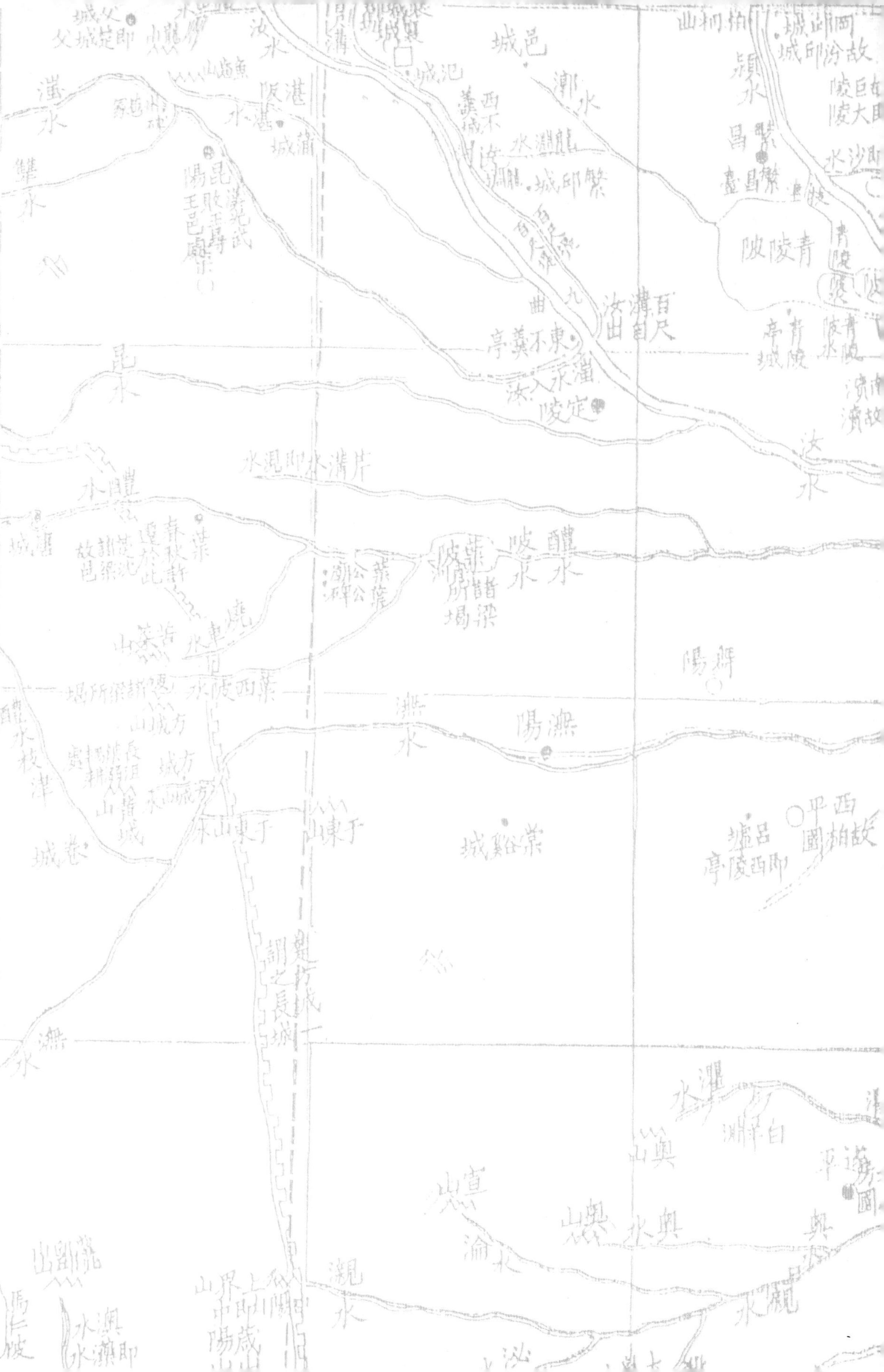
汝水
湛水
邑城
汜城
昆水
滍水
繁昌
青陵陂
曲
百尺溝
東不羹亭
定陵
片溝水即混水
醴水
葉
醴水
葉陂
舞陽
方城
方城山
漁陽
于東山
滍水
楚長城
宜山
淯水
湯谷
聚
故柏國
西平
呂墟
滍水
棘陽

第二章 嫘祖故里

远在仰韶文化中晚期，居住在黄淮平原上的西陵氏部族，建立了自己的邦国——西陵国，并与相距不远的黄帝部族所建立的有熊国结成地缘性联盟，黄帝元妃——中华民族的伟大母亲蚕神嫘祖就降生在这里。是她发明了人工植桑养蚕、缫丝制衣，使人类脱去了身上的树叶、兽皮，结束了赤身裸体的荒蛮时代，为人类进入文明社会作出了卓越贡献，被后人祀为先蚕而世代尊崇。

嫘祖，中华民族远古时期的一位伟大女性。她发明了人工植桑养蚕，缫丝制衣，辅助黄帝统一天下，肇造了中华民族男耕女织的农耕文明。据《史记》记载，黄帝之妻嫘祖是西陵之女。西平古称西陵，专家考证，今河南省西平县董桥遗址（吕墟），正是当年西陵氏族的聚落中心，嫘祖出生在这里。循着众多的典籍记载，确凿的考古发现，世代相沿的蚕桑习俗，广泛分布的民间传说，口传心授的民谣民谚，依稀可见先民在这片热土上植桑养蚕的远古信息。

一、典籍记载

要确认嫘祖故里，首先要从寻找古西陵入手。这是因为司马迁在《史记·五帝本纪》中留下了珍贵的一笔：“黄帝居轩辕之丘，而娶于西陵之女，是为嫘祖。”这就为后人研究、探寻嫘祖出生地框定一个范围：嫘祖是西陵氏的女

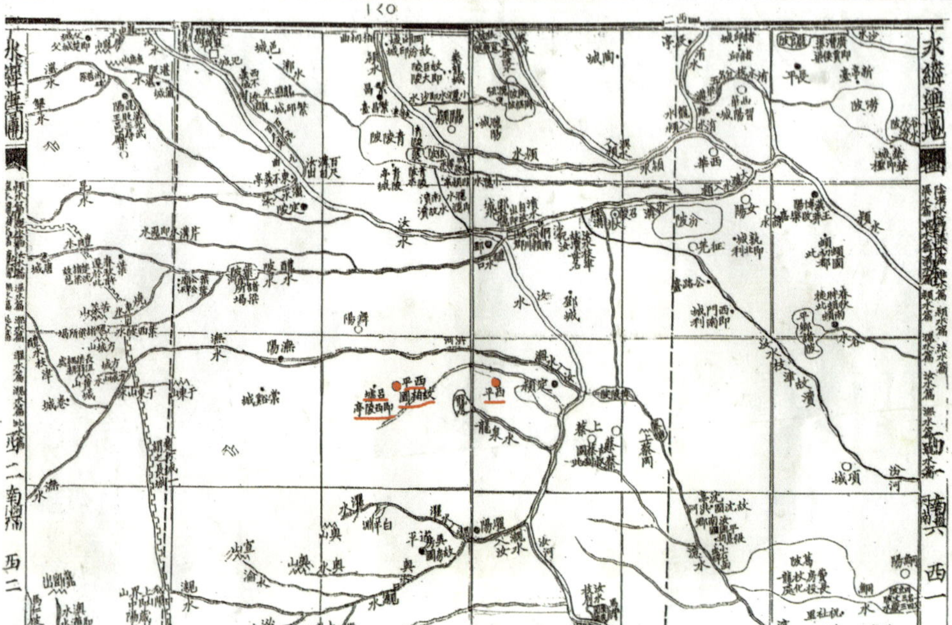

水经注图（清）

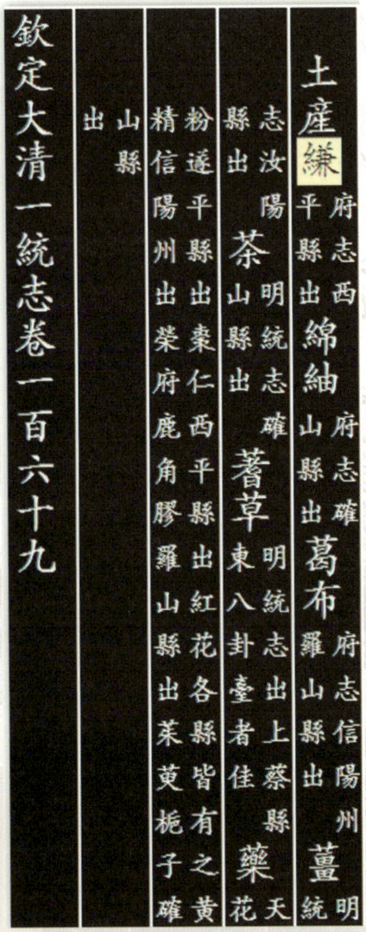
欽定大清一統志卷一百六十九
土産縑府志西平縣出綿紬府志確山縣出葛布府志信陽州羅山縣出薑明統志汝陽縣出茶明統志確山縣出蓍草明統志出上蔡縣東八卦臺者佳藥天花粉遂平縣出棗仁西平縣出紅花各縣皆有之黃精信陽州出滎府鹿角膠羅山縣出茱萸梔子確山縣出

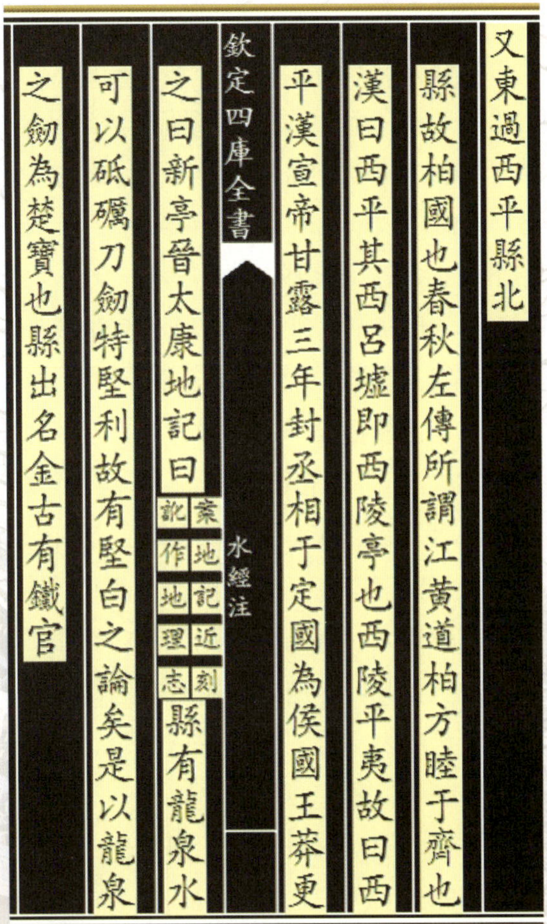
又東過西平縣北
縣故柏國也春秋左傳所謂江黃道柏方睦于齊也
漢曰西平其西呂墟即西陵亭也西陵平夷故曰西
平漢宣帝甘露三年封丞相于定國為侯國王莽更
欽定四庫全書 水經注
之曰新亭晉太康地記曰棻地記近刻訛作地理志縣有龍泉水
可以砥礪刀劍特堅利故有堅白之論矣是以龍泉
之劍為楚寶也縣出名金古有鐵官

儿，嫘祖出生地应为古西陵。

《水经·潕水》载：“潕水又东过西平县北”。北魏郦道元注曰：“县，故柏国也……汉曰西平。其西吕墟,即西陵亭也，西陵平夷，故曰西平。”清人杨守敬、熊会贞《水经注疏》载：“（西陵）亭当在今西平县西”。杨守敬、熊会贞《水经注图》则更标识得清清楚楚明明白白，此图和今西平县境图相比较，除去潕水（洪河）改道的原因造成二图略有差异外，余者基本相同。据此图不难看出，吕墟（古西陵亭）在今西平县城西27.5公里处吕店乡和师灵镇交界的缓冈上。此冈海拔70—90米，相对高差5—20米，冈地平缓，土层深厚。民国

《西平县志》载"洪河本名汝河，即《水经》潕水是。"因此说古西陵在今西平县境，这是有充分依据的。何谓吕墟？"吕，长也"（《方言》卷六）。墟者，"故所居之地"。殷墟为商都,《尚书》有"舜生姚墟"之说,黄帝都有熊称轩辕之墟,太昊都陈曰太昊之墟等等。由此可知，这个墟址即西陵亭，古称西陵。陵者，本意"大阜也。"（《说文解字》）又"大阜曰陵，象土山高大而上平，可层累而上。"（《释名·释山》）今西平之西陵，从地貌上看亦恰如其说。故，不论从典籍记载或是从地形地貌讲都为西平古为西陵提供了可信的凭证。

陈寿《三国志•魏书·和洽》载："和洽字阳士，汝南西平人也。……明帝即位，进封西陵乡侯……清贫守约，至卖田宅以自给。明帝闻之，加赐谷帛。薨，谥曰简候。"古代帝王赐封有功大臣，常以其故里或居官地作封号,如淮阴侯韩信等。和洽故里在西平县城西南和楼村（今村名依然），在西陵亭遗址南不远处。民国二十三年重修的《西平县志》载：魏明帝即位，进封和洽为西陵乡侯。郦道元《水经注》："汉曰西平，其西吕墟，即西陵亭也。"洽封西陵乡侯，当指此。这足以说明，在三国、魏晋时，"西陵"这个地名仍因历史渊源而驰名海内，直到清代，杨守敬、熊会贞仍在《水经注疏》记载："（西陵）亭当在今西平县。"

《史记·正义》云：西陵，国名也。《通志·氏族》载：西陵氏，古侯国也。黄帝娶西陵氏女为妃，名纍祖。春秋时有西陵高为大夫。《路史·国名·纪六》载：西陵，黄帝元妃嫘姓国。由此可知古国名多与族名相同。西平有史记载以来，历经多次改朝换代，"西陵"这个名称在不同时代依然以"西陵国""西陵县"、"西陵乡"、"西陵亭"在西平这块辖区里存在。但是，古西陵在全国有多处记载，为什么单单说西平县所在的古西陵是嫘祖故里呢?

对于这一点史学家刘文学有一段很有见地的考证:目前，关于西陵的说法，有十处之多，但是嫘祖之西陵氏之国只能有一处。为此，他提出如下几条判断嫘祖故里的原则：一是某地必须有西陵地名；二是这个地名必须在秦汉之前已有；三是最主要的一条，与轩辕丘所处的位置关系；四是考古学是否支持。根据这四项条件，他作了如下分析：

1、所谓嫘祖故里，必须有西陵地名，而且历史典籍须有明确记载。因为嫘祖是西陵氏之女，而西陵氏必在西陵国，西陵氏是由西陵国地名而来。三皇五帝之时，首领人名、地名、甚至国名往往是一致的，可以说，这是一种规律，而人名、国名多出自地名。《史记·五帝本纪》说："自黄帝至舜禹，皆同姓而异其国号，以彰明德，故黄帝为有熊，帝颛顼为高阳，帝喾为高辛，帝尧为陶唐，帝舜为有虞。"《论衡》说："唐、虞、夏、殷、周者，土地之名，尧以唐侯嗣位，舜从虞地得达，禹由夏而起，汤因殷而兴，武王阶周而伐，皆本所兴昌之地，重本不忘始，故以为号，若人之有姓矣。"据此，我们可知黄帝为有熊氏，起于有熊；少昊为穷桑，起兴于穷桑；颛顼为高阳氏，初兴于高阳；帝喾为高辛氏，初兴辛；帝尧为陶唐氏，初封于陶，后兴于唐；帝舜为有虞氏，初兴于虞；夏，禹始封于夏，国号为夏；商，契始封于商，后盘庚迁于殷，国号商殷；周，起祖古公亶父迁于周原，国号为周。根据这一规律，我们可知嫘祖为西陵氏（或说西陵氏之女），其必为西陵国人，只是我们还不知嫘祖西陵国之所在。西陵为古国，史书有明载。如《史记·五帝本纪·正义》说："西陵，国名也。"《路史·国名纪》说："西陵，黄帝元妃嫘姓国。"《通志·氏族略》："西陵氏，古侯国也。"等都说嫘祖是出自一个名叫西陵的地名或古国名。据此，我们可以审视以上诸地有没有"西陵"这个地名，以西陵地名、国名判定是否嫘祖之西陵氏之国，其中河南的开封、荥阳，四川的盐亭等地均无西陵地名。

2、西陵之名必须在秦汉以前。湖北宜昌西陵，战国时已有（《战国策·秦策》）；湖北黄冈西陵，战国时已有（《史记·楚世家》）；湖北浠水西陵，三国时已有（《三国志·吴志·甘宁传》）；湖北安陆西陵，南宋时有记述（罗泌《路史》）；四川茂县西陵，南北朝时已有（《水经注》引《益州记》）；河南西平西陵，汉时已有(《武威汉简·王杖十简》)；浙江萧山西陵，为唐代地名。据此，秦汉以前仅存湖北宜昌、黄岗和河南西平之西陵，而宜昌和黄冈西陵，疑为一个西陵两地说：

宜昌西陵，《战国策·秦策》："顷襄王二十年，秦白起拔楚西陵，或拔鄢、郢、夷陵，烧先王之墓。"《史记·楚世家》："（楚顷襄王）二十年，秦将白起拔我西陵。二十一年，秦将白起遂拔我郢，烧先王墓夷陵。"

黄冈西陵，据段渝《嫘祖考》引《史记·楚世家》说：“楚顷襄王二十一年（公元前279年），‘秦将白起拔我西陵’。《集解》引徐广曰：‘属江夏’。《正义》引《括地志》：‘西陵故城在黄州黄山西二里。’”

两地所说西陵引用文献同，所记事件都是楚顷襄王二十年“秦将白起拔楚西陵”或“秦将白起拔我西陵”，《战国策》与《史记·楚世家》所记同为一事。由此看来，宜昌与黄冈西陵，很可能是一个地名，两地使用，抑或史书记载有误。如两地西陵为一，则秦汉前仅存湖北宜昌和河南西平西陵。

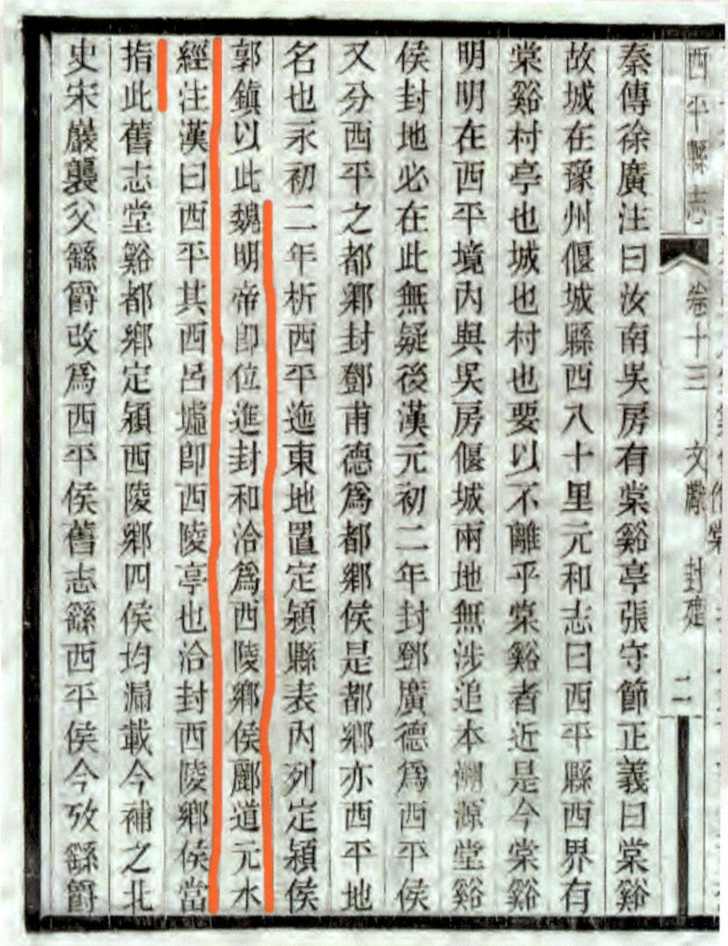
西平縣志 卷十三 文徵 封建 二

秦傳徐廣注曰汝南吳房有棠谿亭張守節正義曰棠谿故城在豫州偃城縣西八十里元和志曰西平縣西界有棠谿村亭也城也村也要以不離乎棠谿者近是今棠谿明明在西平境內與吳房偃城兩地無涉追本溯源堂谿侯封地必在此無疑後漢元初二年封鄧廣德為西平侯又分西平之都鄉封鄧甫德為都鄉侯是都鄉亦西平地名也永初二年析西平迤東地置定潁縣表內列定潁侯郭鎮以此魏明帝即位進封和洽為西陵鄉侯酈道元水經注漢曰西平其西呂墟即西陵亭也洽封西陵鄉侯當指此舊志堂谿都鄉定潁西陵鄉四侯均漏載今補之北史宋巖襲父繇爵改為西平侯舊志繇西平侯今改繇爵

民国《西平县志》

3、也是最主要的一条，就是两个西陵与黄帝所居轩辕丘及其他氏族所处位置，或者说，哪个西陵最可能与黄帝所居轩辕丘发生关系。战国《世本》说："黄帝居轩辕之丘，娶西陵氏之女，曰嫘祖。"《史记·五帝本纪》也说："黄帝居轩辕之丘，而娶于西陵之女，是为嫘祖。"历代史书从其说。既然黄帝居轩辕丘，娶西陵氏之女，西陵古国必距轩辕丘不远。轩辕丘是一个地名，在有熊国内，我们首先确认有熊国的位置。前述，黄帝有熊氏出自有熊之国。关于有熊国，历代史书记载十分明确，最早记述有熊国的是战国《竹书纪年》，说："黄帝，轩辕氏，元年帝即位，居有熊。"有熊在什么地方？汉代《焦氏易林》说："黄帝，有熊国君少典之子。有熊，今河南新郑是也。"汉代新郑属河南郡。司马迁《史记·周本纪》记述，新郑自西周初还称有熊。当代著名历史学家、国家夏商周断代工程首席科学家李学勤《在始祖山中华圣地建设促进会成立大会上的讲话》说："新郑作为'有熊氏之墟'和'少典氏之国'，这一点是没有任何问题的。在我们国家的历史上，经《史记》和《史记三家注》等记载下来，应该说，两千年左右的时间里没有人提出任何有力证据来怀疑这一点。"黄帝所居轩辕丘，史书记载也很明确，晋《帝王世纪》说："黄帝授国于有熊，居轩辕之丘，因以为名，又以为号。有熊，即今河南新郑是也。"轩辕丘在河南新郑市。《天下名胜志》说："新郑县城内有轩辕丘。"《大明一统志》则说："轩辕丘，在新郑市境，古有熊氏之国，轩辕黄帝生于此故名。"当代著名历史学家李学勤在《黄帝故里文献录·序》中说："由此足见，黄帝生于轩辕之丘，所居在新郑，渊源有自，凿然可据。"上述，我们确定了有熊国轩辕丘的具体位置，不妨再看一下，当时与少典族、黄帝族发生关系的其他部族，即古国的所处位置。黄帝族世代与神农氏族发生婚姻的往来，黄帝的父族为少典氏，在少典氏时代，最早同太昊族发生交往，《元和姓纂》说："太昊娶少典氏，其后袭封者以为氏。"太昊又称伏羲，都于陈。太昊之后是神农氏炎帝也居于此。晋代干宝《搜神记》说："黄帝有熊氏，少典之子，母曰附宝，其先即炎帝母家有蟜氏女，世与少典氏婚。"神农氏炎帝也居陈，陈即陈丘，在今河南淮阳。由此足见，有熊氏黄帝与神农氏炎帝有交往。再看黄帝与有蟜氏部族的交往。春秋《国语·晋语四》说："昔少典娶有蟜氏，生黄帝、炎帝。”有蟜氏也是一个古国名。《帝王世纪》说：“皇帝有熊氏，少典之子，姬姓也，母曰附宝，其先即炎帝母家有蟜氏女，世与少典氏婚。”不仅黄帝的母亲附宝是有蟜氏女，炎帝的母亲也是有蟜氏女，并且是世代婚姻。有蟜氏之国在什么地方？据马世之先生《试析炎黄的发祥地》和其他专家考证，有蟜氏在河南河洛地带的平逢之山，即河南嵩县一带。最后，我们再看两个西陵氏之国，一个在河南的西平县，一个在湖北的宜昌市，将这两个西陵置于上述几个世代为婚的古国之中，可清楚地看出少典族、黄帝族在中原的中部，即今河南新郑，太昊族、炎帝族在中原的南部，即今河南淮阳。两个世代为婚的部族相去仅150公里。有蟜氏在居河南嵩县一带，在少典和黄帝族之西，相去约100公里，而西平之西陵，也在黄帝族之南，相去约120公里，这四地恰构成一个近似平行四边形，他们之间世代为婚是肯定的。而湖北宜昌之西陵远在长江中游，距有熊国相距约700公里，在黄帝早期是决不可能到千里之外的湖北宜昌娶西陵氏之女嫘祖的。因此，嫘祖之西陵故国，从当前所掌握史料看，应当是在河南西平县。

二、考古发现

如何来确定嫘祖故里“西陵”这个历史地望？我们不仅要重视历史文献记载，而且要借助现代考古学手段，来确认与“嫘祖文化”有关的每一项发现。

董桥遗址出土文物 新石器时代遗址是远古时期人类生活的遗存，近年来考古工作者在西平县师灵乡和吕店乡的周围即古西陵地区发现有多处新石器时代仰韶文化和龙山文化遗址，其中以董桥遗址规模最大，文化内涵也最丰富，遗址总面积1232000平方米，核心区域约48万平方米。2006年6月，河南省文物考古研究所研究员蔡全法带考古工作队，对古西陵国所在的董桥遗址进行调查，虽未发掘，仅从遗址地表就拣选到文物标本186件。其文化内涵以仰韶文化为主、兼有龙山、二里头、东周以及汉等不同时代的文化遗物。包括生产工具17件，以质地分石、陶两种。石器有石斧、石锤、石杵、砍砸器、砺石；陶器有纺轮、带穿陶球等。纺轮为泥质红陶，利用残陶片加工而成，为圆形，两面平整，直壁，周围沿边部分有磨损，中部两面施钻穿透一圆形孔。仰韶文化遗物占大部分，共86件（块）。以泥质红陶与姜黄陶为主，夹砂红陶与姜黄陶次之，个别为夹砂灰陶。泥质陶中有的为红衣陶，夹砂陶中多掺有不同程度的蚌料。器表以素面为主，另有较少的凹弦纹，红色彩带纹等。可辨器形有鼎、罐、盆、钵、碗、杯、红陶纺轮等。房基墙壁残块两块，均为草拌泥质烧土。龙山文化有7件（块），陶色以黑陶为主，种类简单有鼎、罐、钵、器盖之类。二里头文化采集到的遗物共5块。东周文化遗物56块，以泥质陶为主，夹砂陶次之，器形种类较为丰富，有鼎、鬲、罐、盆、豆、器盖、瓮、盂、钵、碗、板瓦等。另有铁器1件。汉代文化遗物有14件（块），种类有罐、盆、瓮、板瓦、筒瓦等。

考古学家蔡全法先生在他的《从西平董桥遗址看西陵氏族之兴起》一文中写道：远古聚落的形成和发展与地理环境有着密不可分的关系。西平县董桥遗

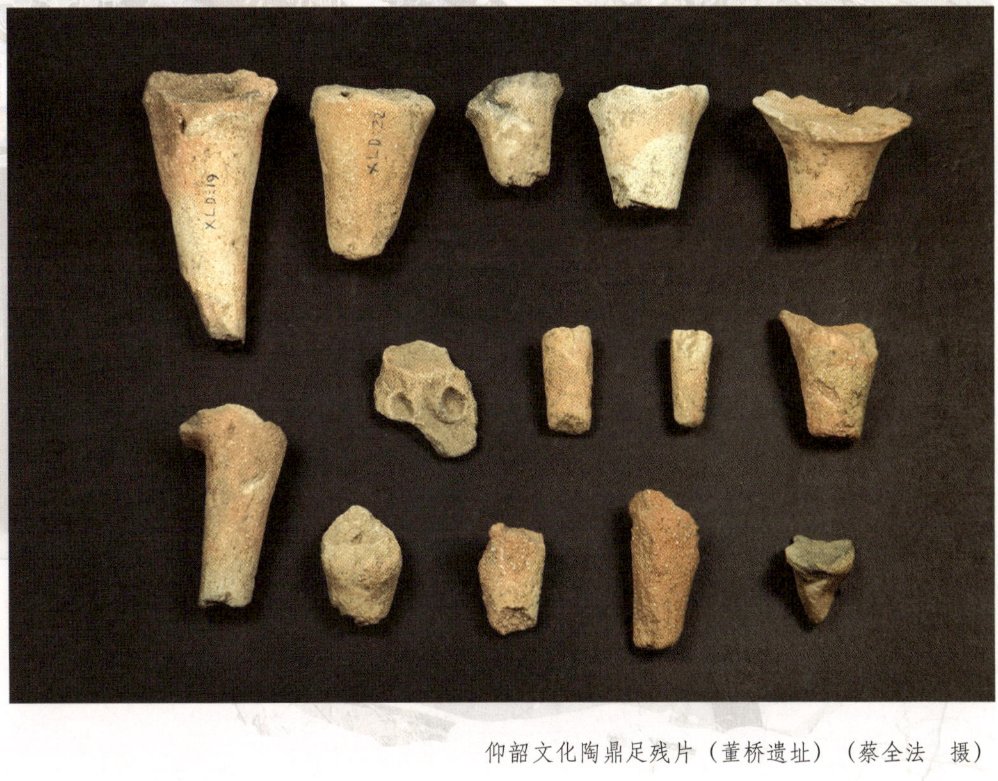

仰韶文化陶鼎足残片（董桥遗址）（蔡全法　摄）

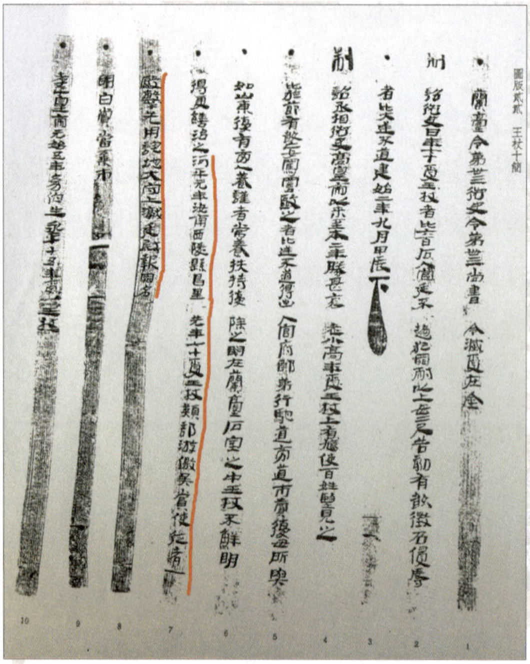

甘肃武威汉简

址近山临水、背风向阳、面对平原，又为交通要衢，自然条件优越。此处成为西陵氏族部落聚集的首选之地也就理所当然。它也是远古人类依托山区，逐渐向平原地区开拓发展的理想之所。所以，自仰韶文化早期以来，这里的古聚落层层叠叠，经龙山、二里头至东周、秦汉而未间断，特别是仰韶文化时期，原始部落聚居于此，也可算不乏睿智和卓见。

武威汉简 武威汉简中王杖第十简，1957年出土于甘肃武威磨嘴子第十八号墓，简7-9记述的是西汉成帝河平元年（公元28年）辱老处刑之判例。其内容为：“河平元年，汝南西陵县昌里，先，年

荆州张家山汉简

七十，受王杖，𩒨部游徼吴赏使从者殴击先，用诉，地大【太】守上谳。廷尉报：罪名明白，赏当弃市。”

张家山汉简 《张家山汉墓竹简（247号墓）》中有《二年律令·秩律》，简457载：“西陵、夷道、下雋、析、郦、邓、南陵、比阳、平氏、胡阳、祭（蔡）阳、隋、西平、叶、阳成、雉、阳安、鲁阳、朗陵、犨、酸枣。”《二年律令》是吕后二年（公元前186年）施行的法律条文。在该条文中，“西陵”与“西平”同书一简。

对于上述情况，中国社科院汉简专家蔡万进研究员在《西陵、西平与嫘祖故里》一文中分析道：“西陵与西平县名两者不存在因袭沿革关系。实际情况有可能是在西汉并行设置二百余年的西陵与西平两县，至东汉光武帝时，由于光武‘以官多役烦乃省并郡国十县道侯四百余所’，西陵县被省并，而西平县

陶球（董桥遗址）（蔡全法　摄）

石锤（董桥遗址）（蔡全法　摄）

石斧（董桥遗址）（蔡全法　摄）

石斧（董桥遗址）（蔡全法　摄）

红陶纺轮（董桥遗址）（蔡全法　摄）

陶纺轮（董桥遗址）（县文管所提供）

得到了保留……终东汉一代以至魏晋，西平为县不改；相反西陵被省并后却被沦降为乡、亭，如《三国志·魏书·和洽》：‘和洽字阳士，汝南西平人也……明帝即位，进封西陵乡侯。’《水经注》：‘汉曰西平。其西吕墟，即西陵亭也。’西陵之乡、之亭与西平之县同处一地，这又反证了西汉西陵与西平同处一郡为县并相邻的事实。西陵一名，渊源久远，张守节《史记·正义》曰：‘西陵，国名也。’古国名多与族名相同，是知嫘祖故里当即古西陵国所在地。”

有关嫘祖的传说和西陵氏族兴起之地域，遍及我国南北方诸多地方，这不仅是一种祖宗崇拜，英雄崇拜，而且也是一种民族文化之根的认同。如果从考古学角度去分析，从考古学文化去定位的话，西陵氏族兴起于西平则是可信的。

三、蚕桑习俗

（一）生产习俗

柞蚕放养 柞蚕，古称野蚕，槲蚕（槲栎也叫青冈），俗称山蚕，因喜食柞树叶而得名。西平柞蚕的养殖地主要在城西南50公里的出山乡李元沟、月林一带，那里山清水秀，橡林丛密，可放养柞蚕的栎树品种有麻栎、栓皮栎、青冈栎，俗称橡壳树，橡树叶可养蚕，酒店乡曾被称作“柞蚕之乡”。

柞蚕养殖工序分熏茧、孵化、下河、上坡、摘茧等工序。每年惊蛰，蚕农将选好的种茧装入20—26度的炕室内，使之出蛾。蚕蛾经交配产子后，随炕孵出黑灰似蚁的幼蚕。谷雨前后，幼蚕上山，用鸡翎拨放于洁嫩、背风、向阳的橡叶上，而后逐渐移入叶大肥嫩的橡林标场，俗称换坡。柞蚕一生四眠，喜湿雨，惧风霜，忌奇味，易被虫、蚁、蛙、蛇、鸟等食，须日夜看护。

李成彬在《酒店柞蚕》中记述到：1978年前，每至春夏之季，一踏上山间小道，护蚕人甩起的惊鸟响鞭，嘹起的驱鸟之声及山林中蚕食橡叶的沙沙声便

古桑新姿（高蔚　摄）

养蚕（尚薇薇　提供）

缫丝（金春赞　摄）

打笼护（金春赞　摄）

织绸（金春赞　摄）

即刻充耳，使人感到别有一番情趣。这里有句顺口溜：山上有蚕，不愁油盐，割麦摘茧，忙也喜欢。芒种时节，一篓篓柞蚕茧从山上源源运下，给山村农民增加了一笔可观的收入。以1967年为例，李元沟、月林两村仍向外贸部门交售鲜茧2.5万斤，收入1.3万元，获奖售粮食3.2万斤，化肥8吨，布票300丈。

1981年后，山坡分片包管，增强了责任感，山林日盛，但由于伐橡植松、栗等，使放蚕换坡受到限制，又因茧价偏低，养蚕利薄，群众放蚕渐失信心，现柞蚕放养基本绝迹。酒店柞蚕的放养应是古老养蚕习俗的延续和保留，是先民在这里驯化野蚕的活化石。

桑蚕饲养　西平人喂养桑蚕由来已久，传说远古时代，西陵氏的女儿嫘祖发明了人工植桑养蚕，缫丝制衣，让人类迈入了文明的门槛。中国几千年的农耕社会，生产力发展缓慢。直到近代，一些古代的农耕生产方式还在许多地方保存着，世代相袭。解放初期，西平在养蚕方面还保留着较为原始的习俗。

二十世纪六七十年代，西平县境内高大的桑树仍随处可见，桑林资源十分丰富。解放初期的西平农村，不管贫富家家都养蚕。养殖工序大体分为暖蚕、饲养、分筐、上蔟、摘茧等。小户人家屋室窄狭，常用布帘或芦席在房间圈出一角，大户人家有专门蚕房，房间要打扫干净，用艾蒿烟熏或口喷白酒给房间消毒，蚕房要供奉蚕神牌位。建国初期，西平养蚕多放置在高粱秆编织的席上，普通人家一般养3-5席，多则要搭置多层的木架。养蚕是女人家的活，但削桑条采桑叶，多是男人承担。临近清明，桑芽开始萌动，女人便把蚕卵放进掏空棉花的裤腰内，或者贴置胸前，靠体温孵化，谓“暖蚕”。孵化后的幼蚕，用鸡毛翎儿（羽毛）轻轻扫进保暖较好的瓦盆或箔篓内，下层铺些棉絮，棉絮上摊上厚且柔韧的桑皮纸，上面要用棉被搭着保温。此时桑芽已冒尖，采下来剪成细细的叶丝饲养蚁蚕。随着天气变暖，幼蚕不断长大，不断分筐、分箔或

陈年记忆（杨德清　提供）

分橱饲养。蚕为干净之物，清理蚕沙或分橱时，不能直接用手拿，要用两根麦莛子去夹蚕或拨动到另一橱内，俗称抬蚕。蚕快老时（四眠），要喂老桑叶，即桑条下面的叶子，以保证吐出的蚕丝较硬实，同时还要增加夜间的喂养次数，俗称吃大面。待至“四眠”后开始挪上蚕蔟，吐丝结茧。本地的蚕蔟多用麦莛子、油菜杆扎成。黄色、白色的蚕多吐出白丝，花蚕多吐黄色的丝，所以蚕茧有纯白、青白、金黄等色。

养蚕忌讳 传统的养蚕有许多忌讳：养蚕是女人的事，男子一般不进蚕房。另外，坐月子的产妇、穿丧服的人、患病的人都不能进蚕房。蚕房不能靠近厕所、厨房，以避烟熏、秽气等异味。给幼蚕剪、切桑叶的刀、剪必须专用，禁用切过葱、蒜肉的刀、剪直接给幼蚕切桑叶。蚕房内不许大声说话，最忌讳说“跑”、“少”、“病”“僵”。防鼠不能说逮老鼠，要说看耗子。

20世纪60年代，政府大力提倡栽种桑树，发展柞林，曾在出山镇建立柞蚕生产基地，在出山、专探、权寨、老王坡建立桑蚕基地，城关、盆尧建立篦麻蚕生产基地。（见《西平县六〇年蚕业生产规划》）当时最流行的一句谚语是“勤喂蚕，45天就见钱。”《信阳专区一九六五年蚕茧生产方案》规划“西平、汝南等县为篦麻蚕普通种制种站，西平制种站供应遂平、驻马店镇用的普通种。”1980年，西平县政府专门设立蚕桑办公室，大力发展湖桑。随着生产力的不断发展，传统的养蚕方法被规模养殖、科技养殖所取代。近年来，由于市场等原因，西平大规模植桑养蚕已不多见，但小规模养蚕户仍然不少。据杨庄乡孙庄养蚕户孙国江介绍，2004年孙庄尚有300多亩桑园，几乎是家家都养蚕，后因蚕茧价格下滑，桑园被毁种粮，2006年只有养蚕户15家，桑园30多亩。

缫丝 缫丝织稠在西平世代相沿成习，一度极为繁盛。民国初年，西平县城设有蚕业学校，街道两旁出现了许多丝行、茧行和收购贩运商，本地所产的土丝土绸和混织物，除本地消费外还远销外地。西平民间传统的人工缫丝，须备铁锅一口，拐子一个。拐子，由二长一短的木棍组成“工”字形，类似今日风筝的绕线拐子。铁锅内一次放8－10个蚕茧不等，煮沸后，一人用炊把（去粒后的高粱莛子制成）反复搅动，捞取丝头，然后让丝合并胶在一起，穿过悬挂

陈年记忆（杨德清　提供）

的圆形光滑器物（手镯儿、细铁圈儿或用高粱莛子弯成的经圈儿），顺势拉下来绕在拐子上，另一人转动拐子连续缠绕丝线，至茧上丝尽再续。夏至到立秋为缫丝的主要时间。为了遏止蚕蛹变蛾,除留作蚕种的上好茧子外，余皆加以蒸馏，以备长年缫丝。缫丝前要祷告蚕神，缫丝中忌说“断”、“乱”。更为原始的抽丝工具是陶或石质陀螺：先将蚕茧用水烧煮，再从蚕茧上捻出丝绕到木棍上，上端挽一个活结，然后左手持茧，右手转动陀螺，慢慢拉出丝线，缠绕在木棍上，如此反复操作。

丝织　明清以降，随着丝织业的发展，生产工具得到改良。县内也相继建立了丝织机坊，织机分小织机（二人操作）大织机两种，机手为配合默契，边操作边吟唱，随着歌诀的节奏和内容提示，配以刁、捞、勾、绞等不同指法，织出了一匹匹色彩不同图案各异的丝织品。特别是“缣”，盛名远扬，畅销海内外。《大清一统志》记载："土产缣府志西平县出"，这种"缣"是由天然的金黄色蚕茧缫丝制成的丝织品。民国年间，棉纺织业已经普及到城乡，且棉织品较之丝织品生产成本要低廉得多，一般农家已不再自织丝绸,蚕茧质量好的卖给茧商，残次品留下自家用。或打成蚕丝被，或缫成丝后，靠手工操作织成腰带、扎腿带、网子（头饰）等物。单就其制作过程而言，仍然保留有古老的生产方式和习俗：先依照织物宽窄要求整出经丝，然后转绕到两根经轴上，靠经轴把丝线固定在长条凳两端。纬丝绕在光滑的细棍上，类似织梭,丝线量不能绕得太多。织时拉平绷紧经线，左手提综框（经线平穿入综框篦齿内）,然后上提下落,作垂直运动,轮流挑起经丝的单数丝线和双数丝线形成梭口,右手持纬丝穿过经丝，然后用竹刀磕紧，以增强织品密度。来回往复交织成丝绸布，略加处理即成饰物。养蚕户也可以几家把蚕茧汇集一起联合织丝绸，制成丝绸后根据各家的茧量进行分割，丝绸末端带穗子的部分常被制成小孩衣服，俗称百家衣，穿上吉祥、健康。织丝时最忌讳的是说松、乱、断等不祥字眼。

（二）生活习俗

追节 追节是西平民间传统的节日，俗称"六（lü）月六（lü），追闺女。刚出嫁的闺女逢第一个六月六要被接回娘家，好好招待一番，再派人送回婆家。走时还要带上新编的黄梢草帽、新麦面炸的油馍、新织的丝绸饰品和扇子四样或六样礼品，礼品要成双。油条要用新竹篮装盛，其他礼品要用红布单子包裹，有兄弟的必然是弟或兄送姐或妹回婆家。

相传，这一习俗与嫘祖远嫁有熊国的故事密切相关。嫘祖是西陵国（今西平）的女儿，在蜘蛛山受蜘蛛结网的启示，发明人工植桑养蚕、抽丝制衣，让西陵国的男女老幼穿上了美丽的丝绸衣。有熊国（今新郑）首领轩辕黄帝听说后，迎娶了嫘祖。传说，黄帝与嫘祖是六月六在始祖山顶鸳鸯台上八拜成婚的。嫘祖出嫁后，家乡人常常睹物思人，于是就在嫘祖出嫁后第一个六月六派人到有熊国接回嫘祖，和家乡人团聚。嫘祖回有熊国时，家乡人赠送了许多本地特产，并派嫘祖的兄弟护送她回有熊国。

嫘祖为黄帝正妃，在人们心目中的地位是很高的。后来世人纷纷效仿，年长日久，相沿成习，流传至今。只是今日草帽已换成雨伞，时装替代了丝绸饰品，电风扇、空调替代了古老的扇子。无独有偶，新郑市城乡至今依然保留有这种习俗。

老妮归宗 在西平县吕店、师灵等乡，出嫁后的年老妇女，若无子嗣，仍可回娘家跟侄子辈生活在一起，百年后可归葬母家祖茔。当地人称此习俗为“老妮归宗”。据目前调查，此俗在全国绝无仅有。传说嫘祖追随黄帝，遍游华夏，传播养蚕治丝技艺，最后客死于道（指道国），葬于母家西陵故土（今河南西平董桥遗址，即吕墟）。老妮归宗是嫘祖归葬母家的传承衍变，是5000年前母系社会葬俗的残留信息。

饮食 西平有炸蚕蛹、吃桑椹、饮桑叶茶的习俗。缫丝后取出的蚕蛹，用油炸后，吃起来味道十分可口，有时还和其它食品相配做成食疗药膳。蚕蛹是一种高蛋白低脂肪的保健食品，营养丰富，易于消化吸收，可治疗消化不良和营养贫乏等。桑葚是桑树的果实，有黑白两种，成熟时汁液较多，有球形和椭圆形两种，味道酸甜清香，人们常把它当水果来吃。桑叶有疏风、清热、清肝明目的作用，人们常以桑叶泡茶饮用。

医药 僵蚕和桑树的根茎叶果可炮制多种中药材。清·康熙九年的《西平县志》记载有本地产中药材“桑寄生”。民国《西平县志·物产篇》记载有本地产中药材“桑皮、桑寄生”。1984年《西平县医药志》记载有“桑白皮（土名桑树根白皮）、蚕沙、僵蚕、桑螵蛸（土名小雀鼻鼻）”等。“桑白皮，采用白桑树根之干燥内皮所制成，俗称桑树之二层皮，性寒、味甘，可祛肺火，除水气。”蚕沙即蚕粪，除入药外，多被装成枕头芯，据说有清凉醒脑的作用。桑螵蛸可治疗小儿遗尿。1994年《西平县农业野生资源名录》记载：“桑树根皮、枝叶、果入药，味甘、寒。清肺热、去风湿、补肝肾。主治肝肾阴亏、肺热咳喘、水肿脚气、小便不利、风寒湿痹、四肢拘挛等。

民间土方：桑蚕皮治眼中白块。鸡蛋磕个小口，视需要排掉少量蛋清，装入几个蚕皮，用面团封口，置入锅灶热灰中，焐熟吃掉。

其他 1990年编纂的《西平县林业志》载：“桑树，古老乡土树种，境内普

民间传统的《嫘祖祭奠》（共六章）

第一章　迎神（陈向阳　摄）

第二章　上香（陈向阳　摄）

第三章　上供（陈向阳　摄）

第四章　祭拜（陈向阳　摄）

第五章　献舞（陈向阳　摄）

第六章　送神（陈向阳　摄）

遍栽植。桑树材质坚硬，纹理美观，刨面有光泽，可做家具、农具、乐器、扁担、及装饰用材，叶可养蚕。树皮是造纸、制绳的原料。桑葚味甘酸，可食用或喂猪，可作染料或制酒，也可入药。幼桑可培植桑杈。

当代《嫘祖故里拜祖大典》

拜典开始全体肃立（陈向阳　摄）

盛世礼炮（崔朝辉　摄）

敬献花篮（崔朝辉　摄）

净手上香（崔朝辉　摄）

恭读拜祖文（崔宝轩　摄）

行拜祖礼（崔朝辉　摄）

嫘祖颂歌（崔宝轩　摄）

敬献乐舞（陈向阳　摄）

祈福（徐浩　摄）

（三）祭祀习俗

嫘祖祭典（农历三月初六） 传说，农历三月初六先蚕嫘祖出生在西草河畔（今河南西平吕店乡董桥村）。每年这个时候，董桥附近的村民都要举办盛大的嫘祖庙会，为嫘祖过生日，举行隆重的祭祀活动。祭品中要有寿面、寿桃、寿烛、寿酒等，祭祀要行叩拜礼，以祈求嫘祖赐福施恩，保佑蚕事顺利。传统的祭典主持人多由乡里德高望重的老人担任。祭祀开始之前先由童男童女各九人，着彩衣持桑条分列嫘祖庙前，乐队置后。全部仪程分六章：迎神、上香、上供、祭拜、献舞、送神。

祭奠结束，大戏开场，要唱三天。庙会期间，蚕农大都要进庙上香许愿，祈求蚕神护佑。当日中午，农家要做蒜面条（长寿面）供于蚕室嫘祖像前，殷实点的人家还要备上丰盛的酒菜。烧香磕头祷告的祭祀事宜一般都由家庭主妇承担。再者，可能源于蚕蛾多籽（子）的原因，旧时，已婚女人也常在嫘祖庙进香求子，所以，嫘祖庙也有被称为娘娘庙的。西平县传统的《嫘祖祭典》于2006年已列入河南省非物质文化遗产重点保护项目。

1950年之后，养蚕农户家庭祭祀先蚕依然存在，但公众大型祭祀嫘祖活动却逐渐停止，直到2008年一年一度的嫘祖祭典才得以恢复。

2008年戊子年三月初六，西平县炎黄文化研究会和吕店乡董桥村民共同发起恢复的、社会各界逾万人参与的戊子年嫘祖故里拜祖大典，在西平县吕店乡董桥村隆重举行。西平县炎黄文化研究会副会长李清彦主持，会长高沛恭读拜祖文。根据时代的发展，为便于各个年龄段的人都能接受，对长期流传在民间的《嫘祖祭典》议程六项改为九项，将传统的叩拜礼改为现代通行的鞠躬礼。之后，西平县恢复了一年一度的嫘祖故里拜祖大典，规模越来越大，规格愈来愈高。而且海内外华人前来参拜的也逐年增加。

2009年，己丑年三月初六嫘祖故里拜祖大典在县城东关广场举办，县政府常务副县长王德广主持，县政协主席张泽泉恭读拜祖文。

2010年庚寅年嫘祖故里拜祖大典在吕店乡董桥村举办，县炎黄文化研究会会长高沛主持，县政协主席张泽泉恭读拜祖文。

2011年辛卯年嫘祖故里拜祖大典在吕店乡董桥村举办，县炎黄文化研究会会长吴双全主持，县政协主席王梅军恭读拜祖文。

2012年，壬辰年三月初六嫘祖故里拜祖大典在县城洪河公园举办，县炎黄文化研究会会长吴双全主持，县政协主席王梅军恭读拜祖文。

2013年癸巳年三月初六，西平县嫘祖故里拜祖大典在县城洪河公园举办。县炎黄文化研究会会长吴双全主持，中华母亲节促进会会长李汉秋恭读拜祖文。

2014年甲午年农历三月初六，嫘祖故里拜祖大典在县城柏城剧院广场举办，县炎黄文化研究会会长吴双全主持，吕店乡政府乡长武钢举恭读拜祖文。

蚕桑节（小满） 新中国成立前，西平县城乡在二十四节气的小满节，要举办蚕桑节谢蚕神。此时大麦已熟，油菜已收，小麦刚黄梢，头茬蚕茧才出橱。养蚕户、茧商兑钱唱三天大戏，还愿酬神，俗称谢蚕神。届时，男女老幼，肩挑手提新茧去赶会，祭蚕神看大戏，卖蚕茧，购麦货。庙里香烟缭绕，人来人往，烧香还愿。外边戏台上锣鼓喧天，洋溢着蚕茧丰收的喜悦。由于蚕桑节在当地是一个盛大的集会，除蚕茧丝织交易外，传统的手工工艺品、农副产品的交易在会上都能见到。平时很少外出的人们带上孩子、老人借此机会走亲访友，购买麦货。新中国成立后，蚕桑节演化为物质交流大会，传统的祭祀活动被视为封建迷信而废止。

民俗是一种悠久历史的文化传承，采风览俗、入境问俗为历代当政者所提倡，其原因就在于“习以为俗，则移其志；安之既久，则移其质。”在西平广为流传的蚕桑习俗，就像一面镜子，不仅折射出世代蚕农对先蚕嫘祖的崇敬之情，也是农耕时代蚕桑生产经验的总结。它规范着人们的蚕桑生产行为，寄托着蚕桑生产过程中蚕农复杂的思想感情。今天，祭祀先蚕嫘祖，在弘扬优秀传统文化、增强民族凝聚力方面，仍然具有不可替代的作用。

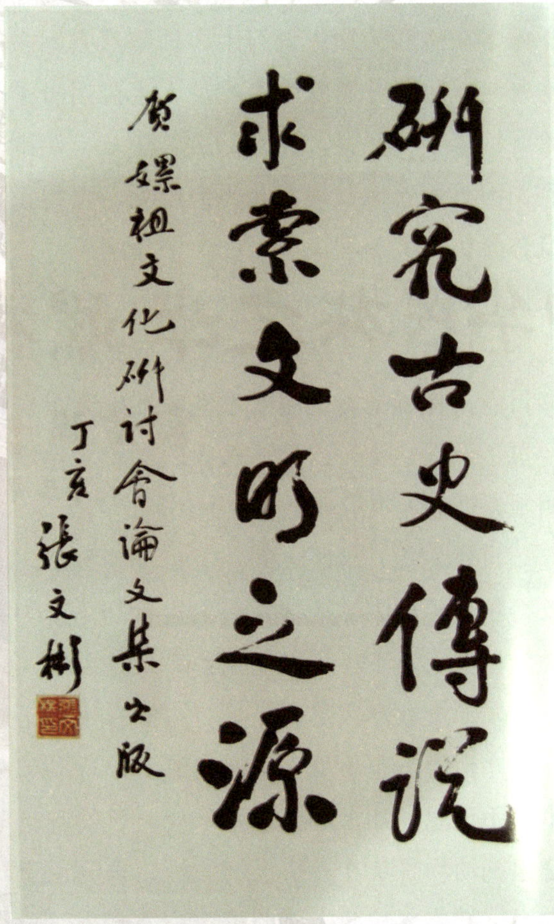

中华炎黄文化研究会常务副会长张文斌题词

四、民间传说

（一）蚕神嫘祖

西平古时候叫西陵，住着西陵氏族。嫘祖是西陵氏的女儿。据传，她出生的时候，正是春暖花开时节，说也怪，狂风暴雨却从三月初六一直到三月初九整整下了三天三夜，她也不住声地哭了三天三夜。洪水冲毁了庄园，淹死了很多人。氏族首领是她父亲。她降生的时候，父亲正领着族人，祷告皇天后土，保佑西陵氏族平安度过这场劫难。可呼天不应，叫地不灵，狂风照样刮折树木，洪水照样吞噬族人。首领让巫师占卜。巫师说，几天前天上就出了扫帚星，灾星与劫难同时降到了西陵，若不赶快除掉灾星，西陵氏就不会安生。

首领回到家中，得知女儿恰恰与洪水同来，他头轰地变大了。你说怪不怪，女儿一听到他的脚步声，又哇哇大哭起来。他走近妻子，刚和女儿碰面，才满三天的血胎娃子，瞪着大大的双眼，脚手乱弹腾，又哭得声嘶力竭，怪吓人的。为了族人的安全，首领没有再犹豫，把她扔到了山沟里。被抛弃的女婴正好落在沟底一块大青石上，她依然大哭大叫。哭喊声引来了狼虫虎豹。奇怪的是这些野兽并不吃她，相反，老虎用身子暖她，狼用奶喂她，豹子衔来干草给她铺了个小窝窝，天空，成群的花喜鹊围着她唱歌。过了七天七夜，母亲来到山沟，惊奇地发现女儿不但没死，睡得正香的小脸上还露着浅浅的笑窝，小身体又白又胖，和满了月的孩子没啥两样。母亲抱起心爱的女儿亲了个够，又飞快奔回家哀求首领："女儿被百兽救护，喜鹊为她唱歌，听说还有凤凰绕女儿飞了三圈，说不准女儿还真是个贵人哩!"首领被打动了，再说灾难已过，风和日丽，首领抱着美丽的女儿笨拙地亲了一口，说："自从咱来西陵定居，已经过了十代，头一次遭这么大的劫难，也许命里该女儿连累咱们这一次，咱就叫她累祖吧，也求列祖列宗保佑她。"

日月如梭，转眼之间，嫘祖已长到了十八岁。俗话说，女大十八变，嫘祖长得精鼻子俊眼，周周正正的。特别是她为人善良，心灵手巧，又乐于助人，氏族里上上下下、男女老幼都喜欢她。那时，人刚脱离茹毛饮血的生活，有口饭吃，却没衣穿，尽多是把打来的兽皮剥下晾干，往腰里一扎就算了事，既不能挡寒消暑，也不能真正避羞遮丑，行动起来还不方便，在男女混杂的大氏族里更不雅观。加上还是群婚年代，长幼乱伦等伤风败俗的事时有发生。于是，嫘祖把动物骨头在石头上磨成针，再到山里寻找些野蚕结的茧，抽出丝，搓成细绳，把兽皮按照人体的模样连缀起来。这样，穿在身上合体又好看，大伙都争着跟嫘祖学。

一天，嫘祖又到山林里寻找蚕茧。她走啊走啊，不知走了多远路程，来到一个叫蜘蛛山的地方，一不小心，头被什么粘着了。一看，原来是一个大蜘蛛网。她挣脱蛛网，一个念头突然萌发出来，要是能养好多好多的蚕，结好多好多的茧，再抽成丝，像蜘蛛织网一样把丝织成片，连缀起来穿在身上该多好啊!可转念一想，到哪里找那么多桑林，引来那么多蚕哩?她又犯难了。

“喳喳喳!”一只花喜鹊冲她叫着，飘然飞落在她的肩头，对她说：“嫘祖姑娘，三天以后，西陵山要有一场大难，在你走投无路的时候，你哭三声，再笑三声，我和众姐妹来救你。”

三天后中午时分，一道闪电，接着一声炸雷滚过天空，西陵南山烧起了漫天大火。眼看就要烧到部落居住的寨子，任凭首领带全族老幼跪拜祷告，也无济于事。一时，整个部落陷入了惊恐之中，人们纷纷扶老携幼准备逃难。首领请巫师占卜问卦，巫师摇着头说，这场山林大火依然是十八年前那颗下凡的灾星引起的，这颗灾星眼下还在部落里，不把她快快除掉，部落要遭灭顶之灾。首领急急忙忙回到家里，命令女儿嫘祖立即跳崖自尽，以保全氏族的平安。嫘祖跪拜在父亲跟前，哭诉自己不是灾星，请求爹爹饶恕。可首领想的是整个氏族的平安，哪里肯依。嫘祖无奈拜别父母及族人，一步一回头地向崖边走去。她站在崖边，想起自己栽桑养蚕的宏愿已没法实现，不由悲从中来，痛哭失声。她回头望一眼西陵的山山水水，闭起双目，正要纵身下跳，一只花喜鹊突然飞过来，冲着她喳喳直叫。她想起了三天前花喜鹊讲过的话，猛然收着身子，转身扑倒在爹的脚边，抱着爹爹的双腿哀求道：“爹爹呀，爹爹，我要为咱部落谋好大好大的福。你再给我三天时间吧，我要让南山长出大片大片的桑林，养好多的桑蚕，收好多好多的蚕茧，然后织成很好看又很结实的东西，让全部落里的人都穿上它，又轻巧，又暖和。爹爹呀，到那时女儿再去死也就能闭上眼了。”

此时，首领虽依旧板着面孔，但也已经是泪流满面了。虽然他不相信女儿有那么大的神通，可还是点了点头，说：“好吧，爹爹给你三天时间，到时真像你说的那样，也算是天意，爹就免你一死，要不然……”拜别爹爹，嫘祖来到南山，望着大火后的一片荒坡秃岭，傻眼了。她喃喃自语：“我该怎么办呢?

黄帝与嫘祖

王雪军 王梅军 剪

1. 嫘祖降生 风雨交加

2. 巫师惑众 嫘祖遭难

我该怎么办呢?”她已经走投无路了，对着山山岭岭大哭三声，又大笑三声。

“嫘祖姑娘，我们来啦!”她举目一看，天边飞来了无数的花喜鹊，它们像云一样遮满了天，每只喜鹊口里都衔着一颗桑椹，在南山坡纷纷落下来，用嘴啄坑，把一粒粒桑葚种了下去，然后，围着嫘祖飞了三圈，旋风一般，叫着飞走了。第二天早上，人们发现西陵南山长满了枝繁叶茂的桑树林。

到了晌午，数不清的喜鹊又飞来了，它们口里都衔着一只只又白又胖的桑蚕，轻轻地把蚕放到桑树的枝叶上，又去衔，直到日落时分，满山遍野的桑树都爬满了蚕。第三天，所有桑林的枝叶间便结满了白花花的茧子。嫘祖带领部落里的女人们到南山采摘蚕茧，然后抽成丝，织成片，给它取名叫布。又把布连缀成像兽皮一样，不，比兽皮还好看得多的东西，给它取名叫衣裳。从此，部落里的人们便穿上了用蚕丝织成的衣服了。从那时起，人们也有了羞耻感，民风也因此变得淳朴了。

后来，轩辕黄帝听说了嫘祖的贤能大德，便派人到西陵把嫘祖迎走，八拜成婚，做了自己的妻子，养蚕织布这一技艺随着黄帝势力范围的扩大传遍五湖四海。后人为了纪念嫘祖的功绩，便把她尊为“蚕神”。

谢文华 收集整理

3. 吉人天相 绝处逢生

4. 天生丽质 聪慧贤良

（二）八拜成婚

远古的时候，西草河边定居着一个西陵氏部落，传说这个部落是炎帝的一个支族。这里四季分明，雨量充足，渔猎有山水，农耕有平原。特别是部落首领的女儿嫘祖发明了养蚕制衣，部落人有吃又有穿，民风大改。西陵部落北边不远就是有熊国，有熊国的首领叫轩辕黄帝。这轩辕黄帝是个志向高远的人，为打出个一统天下，三十岁还没结婚。这天，他带领臣下，直奔西陵部落，要与西陵部落结成联盟，再见识见识那个发明种桑养蚕的能人嫘祖。正是三月艳阳天，东风送暖百花开，西陵部落迎来尊贵的客人。主人设下祭坛，备上三牲，司巫指挥身穿异装头戴面具的巫师跳罢巫舞，口中念念有词，传示神谕。两国首领遂在司巫指引下对天起誓，结成地缘联盟，从此祸福共当。

盟誓一罢，轩辕黄帝提出要见见嫘祖。看来西陵首领早有准备，答应得很爽快：“我带你去个好地方，她们还要送你件礼物呢！”轩辕黄帝很高兴，跟着西陵首领来到一座大屋子，咋恁巧，嫘祖刚好缝完最后一针。轩辕黄帝抬起头，眼前一亮，惊呆了，人世间竟有这样美丽的女子：她个子不高不低，身材不胖不瘦；头顶上挽个不大不小的发髻，发髻上横别着一只骨簪；面若桃花，唇红齿白；眉如青山藏一份朦胧，眼似秋水荡两池清波。“听说你要来，首领

5. 师承蜘蛛 养蚕抽丝

6. 历经磨难 首创制衣

让姐妹们连夜赶做了这件黄色长袍，你试试看合不合身。”轩辕黄帝这才发现她身边还站着几个美丽的姑娘，连忙说：“你就是嫘祖吧？”嫘祖含笑点点头。站在一旁的轩辕黄帝臣子风后、常先赶紧接过长袍给轩辕黄帝穿上，黄袍从上身垂到膝下，不长不短正合身，上面还绣着咆哮的熊和正织网的蜘蛛，高大魁梧的黄帝穿上长袍显得更加威武雄壮。

轩辕黄帝听了西陵首领讲嫘祖咋样带领姐妹们养蚕制衣，历尽千辛万苦，让西陵黎民有衣裳穿时，轩辕黄帝很感动，认定这是强国利民的大事。他想让嫘祖到有熊国主持种桑养蚕的事，也不知西陵首领答应不答应，嫘祖愿意不愿意。一想到嫘祖，他心里有一种莫名的冲动，这件事搅得他坐卧不安的。聪明的风后看透了轩辕黄帝的心思，自告奋勇去说服西陵首领，让嫘祖心甘情愿地去有熊国，并且永远留在那里。轩辕黄帝会心地笑了。风后见了西陵首领，先夸他治理家国有方，又说嫘祖如何如何聪明贤良美丽大方，最后说有熊国君想请嫘祖去传授养蚕制衣技艺。一番话说得西陵首领有点两难，不答应吧，两国刚刚结盟，答应吧，实在舍不得嫘祖远离。最后禁不住风后软缠善说，答应嫘祖带几个姐妹春天去夏天回。风后谢罢又说：“还有一事请首领应允。”西陵首领说：“请讲。”“首领看轩辕黄帝为人咋样？”“没说的，大国首领，多国盟主，英武过人，一表人才。”风后点点头：“既是这样，两国通婚咋

7. 结识黄帝 两心相慕

8. 八拜成婚 贤封正妃

样？”西陵首领听罢，心里已明白几分，既然风后没挑明讲，自己也不便表态，随口答道：“不知她们是那家儿女?”“实话说吧，轩辕黄帝年已三十，整天忙于国事，至今仍是单身一人。天下好女子见的不少，却从没动过心。可见了首领女儿，却十分仰慕，难以割舍。今日来时，轩辕黄帝为结盟祈祷天神，神示意去西陵国将得二喜：一盟国，一正妃。这是天意呀！因此小臣才敢来说合。”西陵首领听罢，一时无话，在屋里来回走动，风后心里直打鼓。忽然西陵首领开口了：“要说这是天降好事。只是女儿生性刚直，她不答应的事难办。请告诉轩辕黄帝，我先和女儿商量商量。”话说到这份上，风后只好走了。轩辕黄帝一听，心里有点儿着急，想亲自去求西陵首领，却被风后婉言劝止。风后的意思是：只要嫘祖肯答应去有熊国，这事就有门儿，再说西陵首领也没说不中啊。第二天，送轩辕黄帝和嫘祖一行上路时，西陵首领对轩辕黄帝和风后说：“黄帝与嫘祖的事由天定吧！”聪明的黄帝立刻心领神会，对着西陵首领深施一礼，转身而去。

轩辕黄帝一干人等回到有熊国都，老百姓第一次看到自己的黄帝和嫘祖穿着又好看又舒适的衣裳，举国上下轰动，越传越神。有的说上苍派神女给黎民送衣裳来了，有的说天神送嫘祖下凡辅佐黄帝打天下来了。对于这些传言，黄帝并不去理会，他要趁朝野这股热乎劲儿，推行养蚕制衣。可当他要嫘祖先给

9. 共同开创 农耕文明

10. 中华之母 世尊先蚕

百官好好讲讲养蚕制衣的事儿时，嫘祖却摇了摇头。风后忍不住上前问嫘祖原因，嫘祖笑笑说："你们召集的是当官的，我是什么？一个西陵国庶民，连有熊国人都不是，咋讲呢，谁听啊？"黄帝想了想，也是这个理儿。他扫百官一眼，又对着风后抬抬下巴："你说呢？"风后连咳两声清清嗓子说："黄帝你今年已经三十岁，早该封妃了。"黄帝打断风后的话："咱今天是专议养蚕制衣的大事，怎么又扯起封妃的事来啦？"风后不慌不忙地接口说："黄帝呀，你身边正妃的位置空着，这就好像战车缺只轮子，能是小事吗？嫘祖身为西陵国首领的女儿，能吃尽千辛万苦，为黎民着想，这样的女子天下不多啊！若论美丽贤良，这人世间也少有啊！咱去与西陵国结盟时，上神已示意将得一正妃，西陵国首领也说这事儿让神做主，这不正应在嫘祖身上吗？"风后讲到此处，百官欢呼起来："请黄帝封嫘祖为正妃……"常先忙接口说："让正妃管养蚕制衣的大事再合适不过了！"此时轩辕黄帝很高兴，说："就依大家，封嫘祖为正妃，主管蚕事。"常先说："那就请正妃娘娘即时进宫？"黄帝满面春风看看嫘祖，嫘祖忙站起来谢过黄帝君臣，红着脸说："事情办到这一步，我想都没想到，即是神的安排，大家也高兴，我也没啥说的了。只是……"嫘祖打着话头看看黄帝。黄帝说："你有话尽管讲！"嫘祖不慌不忙地说："咱先不说进宫的事儿。现时，明里乱婚的事已经不多啦，暗里乱婚、抢婚、逼婚的还不算少。有的今聚明散，就像闹着玩，生下儿女无人管。有的男争女斗，不死也伤。得立个规矩，有个管教，不能乱来，也不能想聚就聚，想散就散。”嫘祖抬眼望望百官，大家都在静听，黄帝点点头示意她继续说下去。“我想很久了，这男女成婚是一辈子的大事，两家都得中意，最好中间有人撮合，再定个好日子，男到女家亲迎，办的越热闹越好，知道的人越多越好。当天还要拜天、拜地、拜日、拜月、拜山、拜河、拜祖先、男女对拜盟誓，让天地神人都知道这俩人成了夫妻，不管是谁都别再打他们的主意了，谁要是欺男霸女，人神不容！这样黎民才会安安生生过日子，好好种田打猎栽桑养蚕，互相帮衬生养后代。”嫘祖的话刚一落音黄帝高兴地站起来连说：“好好，好主意！就照正妃说的办，我和嫘祖先给国人做个样子!”说完又安排巫师立即占卜迎娶日子，命风后择期往西陵国议婚。依据巫师的占卜，两国议定当年六月六为轩辕黄帝亲自迎娶嫘祖的大婚日子。

再说嫘祖在有熊国白天翻山过河，不辞劳苦教黎民栽桑养蚕，夜里仍与一起来的姐妹同屋居住。一晃俩月已过，眼看大婚的日子就要到来，嫘祖辞别轩辕黄帝君臣，回到西陵国。到六月六日这一天，黄帝将嫘祖风风光光地从西陵国迎娶到有熊国，在百官簇拥下登上具茨山顶，庄重地拜天、拜地、拜日、拜月、拜山、拜河、拜祖先、夫妻对拜并盟誓。然后在具茨山东麓山洞里小住三日，方回黄帝宫，这就是“八拜成婚”的来龙去脉。如今具茨山顶东崖那块平坛被世人称作鸳鸯台，台上还留着当年嫘祖和黄帝八拜成婚时的脚印呢。

不知又过了多少代，这男女成婚的规矩更多了。到了周朝，官家制定礼仪，把男女从订婚到结婚规范为六礼：纳彩、问名、纳吉、纳征、请期、亲迎。直到今天，男女结婚都还要举行个仪式，叫拜堂成亲：“一拜天地、二拜高堂、夫妻交拜、送入洞房”。你看，这不还依然保留有“八拜成婚”的影子吗？

高蔚　收集整理

（三）漯河与嫘河

漯河原来不叫漯河叫嫘河，是当年嫘祖北上有熊国留下的古迹。这里面还有个美丽的传说。

西陵嫘祖模样俊美，千里百里也难挑一个，人还聪明得透亮，又有一颗喜欢为人排忧解难的热心肠。小时候，遇事好奇，勤学爱问。长大了才多智广，沉稳多思又有主见。看准了的事，再苦再难也得干出个名堂来。她看到族人冬披兽皮，夏着树叶，跟赤身露体差不多，既不能真正御寒，又不体面，就带领姐妹们养蚕织布，使西陵氏族最早有了挡寒遮羞的衣裳穿，年纪轻轻就受到西陵国百姓的尊敬和崇拜，在别的邦国里，她的大名很多人也知道，有的地方简直都传神了。

嫘祖发明养蚕制衣，造福百姓的事传到有熊国，轩辕黄帝听了，决定亲自带人往西陵国走一趟，看看虚实，要是真有这么好的事，咋不学过来，惠济天下苍生呢！于是，在一个阳光明媚的日子，黄帝和大臣常伯、力牧等来到了西陵国。过了潕水不远，眼前出现一片郁郁葱葱的桑林，见一群姑娘正忙着采桑叶。叫人眼亮的是在青翠得耀眼的桑林中忙碌的姑娘们，身着盛装，一个比一个还艳丽。其中一位上穿浅红下着粉绿，腰间还系一条金色灿灿的飘带，脖子里戴一串精心打磨过的贝壳，乌黑的发髻上别一支骨簪。黄帝一愣，心中暗暗称奇：这女子高挑儿身材，面色白里透红，眉若青山，眼似秋水，周正小巧的鼻子下唇红齿白，美得惊人，世间难找，一时咋也想不起来好像在哪里见过。她是不是人们传说中的那位“育桑养蚕”姑娘？如果是，那可太好啦，太巧啦。想到这里，黄帝给身边的常伯使了个眼色。常伯心领神会，趋前两步，和正采桑的嫘祖打个招呼，然后一本正经地说：“我们是有熊国来的，听说有个叫嫘祖的姑娘，会养蚕抽丝做衣裳，是吗？”

嫘祖轻轻点点头，抬眼看看他们。不看则已，一看也惊呆了：面前站着一群人，中间的那位特别出众：浓眉大眼，鼻直口方，额头宽阔，印堂发亮，个子高大，体态匀称，腰佩一把长剑，显得高大魁梧，不怒自威。更让嫘祖不解的是，她清清楚楚地记得，几天前，她曾经在睡梦里见到过一个人，好像就是他。

“能领俺们见见她吗？”常伯说着帮嫘祖把采满桑叶的筐子提到园边。

嫘祖回过神来，淡淡一笑:“您大老远来找她有事吗？”

细心的常伯心想：这小女子年纪不大，说话沉稳，长相出众，聪明伶俐，又不显山露水，他会不会就是嫘祖？转脸再望一眼黄帝，见黄帝面带沉思。常伯探寻的目光在黄帝和嫘祖脸上扫了几个来回，突发奇想：黄帝和嫘祖，一个有熊国国君，当今大英雄，一个西陵国大美女，品貌双全，真是天造一对，地设一双，我得找机会牵牵这条线。说起来这事，常伯比黄帝都着急。黄帝都快30岁了，还没成亲生子。做臣子的嘴皮都快磨破了，可黄帝不急，总是说，慌啥哩，得闲了再说。黄帝能有闲着的时候吗，国计民生哪样事情都得过问。想到这里忙笑笑，指指黄帝说："不是我，是他，有熊国国君轩辕黄帝！"本来黄帝事先有交代，生人面前不要轻易暴露他的身份。不知是常伯一急说走了嘴，还是有意一来提醒嫘祖注意黄帝的身份，二来激激黄帝，想方征服嫘祖的心。

听了常伯的话，嫘祖在众人面前并没有惊慌失措，似有所悟地轻轻"哦"了声，说："不知是贵人来到，俺们失礼了。"一直没说话的大臣力牧也似乎看出了点门道："敢问您是嫘祖姑娘么？"

嫘祖笑笑："我嘛，你就不要问是谁了。要找嫘祖顺着这条路往西走，看见一大片房子，见着人一问便知。"因为不了解黄帝一行的目的，有心计的嫘祖不想过早暴露自己。

常伯一听，有点失望。此时的黄帝却来了劲，因为他已看明白，眼前这姑娘定时嫘祖无疑，这样不卑不亢又有心机的女人，能成大事，他打心眼里敬重。黄帝走近嫘祖说："那就请你先给我们说说，嫘祖是怎样养蚕制衣的，行吧？"

嫘祖看看黄帝说话时，眼里充满了期待，不好再推，便大大方方地把她和表妹方雷氏、好友嫫母等种桑养蚕，抽丝制衣的经过简要讲了一遍，黄帝听得很仔细，时不时还问上几句。

不知什么时候，一群采桑姑娘也围了上来，谁晓得哪句话惹得她们一个个捂着嘴笑，嫘祖扫了她们一眼，大伙才忍住不吱声了。倒是方雷氏拉拉嫘祖，故意大声说："嫘祖姐姐，人家可是有熊国的国君，大英雄啊，见真神了，还不照实说，不然要得罪人了！"方雷氏这句话在心里憋了一阵子了，因为她想把嫘祖往黄帝身边推，给自己找个表姐夫。

黄帝赶忙接口："哪里,哪里!其实我早看出来啦,嫘祖是谦虚。嫘祖啊，我想请你去西陵国给我们都做身蚕丝衣裳，行吗?"

嫘祖吃惊了:“就给你们几个做！？”没想到一个国君只顾他们君臣几个。

“不！不！”黄帝连忙接着话茬，“我们先带头穿上这丝做的衣裳，让国人看看，鼓励百姓学西陵人种桑养蚕，由你负责教他们，将来让有熊国的人，天下人都有衣裳穿。”

嫘祖心想：是我误解了黄帝，名不虚传，他真是个有远大志向的人。“不是我不愿意 是我当不了家，得俺首领说了才行。”

“那你带我去拜见首领好吗？”

“这行！”嫘祖说吧，忙弯腰去取装满桑叶的筐，伶俐的嫫母眼明手快，早已抢筐在手，示意嫘祖去陪黄帝前面走。

黄帝在西陵国住了三天，看遍了养蚕抽丝制衣的全过程。西陵国的首领答应了黄帝的要求，并根据嫘祖的提议，带两个人去有熊国，一个是表妹方雷氏，一个是好友嫫母，一来好给她当帮手，二来有个伴，遇事好商量。

嫘祖告别父母、乡邻，随黄帝离开西陵故土。过了潕水，来到一条大河边，嫘祖停下脚步，回头望了好久才过河。过了河，嫘祖又停下来，朝着西陵的方向呆呆地望着，嘴里还念叨着什么。众人不知为啥，只有黄帝猜透了嫘祖的心思：熟家难舍，故土难离啊。但他知道嫘祖是个深明大义的人，只是一时有点难舍。于是劝嫘祖：“眼前这条河，是你和姐妹告别西陵的地方，咱就给它取名叫嫘河，让天下人都知道，为了苍生，嫘祖在这里舍亲远离家国。”嫘祖姐妹刚开始是心里默念着这段话，念着念着出了声，黄帝和常伯一干人也跟着念，而且声音愈来愈大，随着流水飘向远方。嫘祖百感交集，抹去脸上的泪水，催促黄帝加快了北上的脚步。

历史学家何光岳说：漯和嫘古音同部，听起来差不多，漯河正因嫘祖经过此地而得名。不知到了哪朝哪代，秀才可能以为河与水紧密关联，就去掉嫘字的女旁，加了个三点水。嫘河也变成了漯河。

高诗雨　收集整理

（四）蚕神、路神的来历

人老几辈都这样讲，很早很早以前，咱这师灵岗叫西陵冈，西陵冈住着西陵氏，这里也叫西陵国。西陵国出过大人物，多大？黄帝正妃，她叫嫘祖。嫘祖可不是凡人，她娘怀她二十个月才出生，落地能言，从小聪明，啥事过目不忘。

嫘祖几岁时就随母亲上冈下坡采野果。有一天采野果时，嫘祖见到树上有很多白白的小果果，就问母亲那是啥果子？母亲说那不是果子，是蚕，蚕老了做的窝叫茧，不能吃，嚼不烂。嫘祖心想，嚼不烂好办，带回去用水煮煮不就管吃了吗。于是就采了很多小白果。回到茅舍，把采到的小白果放到锅里，又从西草河里取来水倒进去放到火上煮，嫘祖拿根棍子不时地翻搅小白果。奇迹出现了，翻搅小白果的棍子上带出很多细丝来，越搅越多，越拉越长。嫘祖仔细观察，细丝原来是从小白果上出来的。好奇的嫘祖拿给妈妈看，妈妈也很奇怪，看到又软又细的丝线，心想：用它缀起树叶、兽皮来比藤条强多啦。就带领嫘祖从岗上采来更多的小白果放到水里煮，煮后抽出很多丝来，从此冈上的人开始用它缀起树皮、树叶和兽皮来。嫘祖的小伙伴知道了，纷纷跑到嫘祖家看稀罕，嫘祖的婶婶奶奶知道了，也跑到嫘祖家看稀罕，渐渐地整个西陵氏族都学会了采茧抽丝。茧上的丝抽光，还可以吃蛹子。有一天嫘祖上冈采茧，发现小鸟叨蚕吃，成群的小鸟对蚕的危害可大了。咋办呢？嫘祖和小伙伴看着很着急，后来还是嫘祖说："咱们把蚕捉到家里养吧！"于是，她们把蚕捉回家，每天又到冈上、坡下采桑叶喂蚕。慢慢地野蚕变成了家蚕，再也不怕小鸟来吃了，想养多少就养多少，养的蚕多结的茧多，结的茧多抽的丝也多。嫘祖慢慢长大了，在采摘野果时发现蜘蛛结网就学着蜘蛛的办法，把抽到的丝从这棵树上挂到那棵树上，又从那棵树上挂到这棵树上。横挂竖挂，连成了片，可是一解下来，又散成了一团。嫘祖不灰心，第二天，第三天……挂了又散，散了又挂。这天她刚挂好竖线，不知啥时，一只大花蜘蛛咬着一根丝从这根竖线上边钻进去又从那根竖线下边钻出来。嫘祖心里一亮，按着蜘蛛的法子穿起来，费了大半天，终于连成了一片，取下来，再也不散了。据说那个蜘蛛是九天玄女派的蜘蛛精。从此丝绸出现了，嫘祖把丝绸做成衣裳，穿着又舒服又好看，十里八乡的人们都跑到西陵来学艺，嫘祖养蚕、抽丝、织布的美名很快传遍了中原大地。

西陵国与北边的有熊国是近邻，有熊国的首领号称轩辕。他手下有很多能人，上知天文下知地理，能掐会算，会造舟车，还会造指南车。有熊国与邻近的国家都结为盟国，大家推选轩辕为大盟主。西陵国就把织出的丝绸送给轩辕，轩辕见到丝绸，感到这实在太神奇了，又听说是一位西陵少女发明的，就带领随从来到西陵。西陵国热情地接待了这位英俊的小伙子。轩辕见到嫘祖打心眼里喜欢上了她。嫘祖不但是位发明家，还貌似天仙，世上少见。二人一见钟情，当时轩辕就向西陵氏求婚。西陵氏经过商议，同意这桩婚事，巫师占出一卦，认为吉日在六月初六。六月初六那天，有熊国杀猪宰羊，大摆宴席，轩辕亲驾马车把嫘祖迎接到有熊国。

嫘祖嫁到有熊国，被封为正妃，两人相亲相爱，形影不离。轩辕指派嫘祖传授种桑养蚕、抽丝织布技术，嫘祖经常跋山涉水，深入民间传授技术，深受万国百姓敬仰。轩辕黄帝经常要带兵平乱。每每出征和远行，都要带上嫘祖。打仗时嫘祖为黄帝出谋划策，战无不胜。

打了仗平了乱，黄帝就叫嫘祖教当地的老百姓植桑养蚕、抽丝织布，反对黄帝的人学到了技术，有了衣裳穿，就听黄帝的话不再作乱，从此天下太平。有一次嫘祖同轩辕黄帝到南方巡视，走到半道，遇到天降暴雨。嫘祖年岁大了，受了风寒，一病不起，不治身亡。黄帝痛不欲生，按照当时的习俗，把嫘祖的尸体运回老家西陵国，埋葬在西陵冈上。

嫘祖在世时，教民养蚕，功德无量。升天后被封为蚕神，保佑庶民百姓蚕群“大发”，蚕茧年年丰收。又因为嫘祖喜欢远游，跟随黄帝走遍天下，终其一生，后世还尊奉她为道神，也叫路神，以祈求嫘祖娘娘还像生前那样，护佑他们的子民旅途安康。

从黄帝起到现在，历朝历代都祭祀嫘祖。西平人祭嫘祖从没间断过，师灵冈西南坡的娘娘庙就是敬的嫘祖，每年三月初六嫘祖娘娘的生日，咱这都要唱大戏祭典蚕神嫘祖娘娘。

李清彦　收集整理

（四）丝为媒

很古时候，咱这个地方叫西陵部落。说起来，那可是块风水宝地！西南面山峰肩挨着肩，长满稠密的山林，人拱进去不见日头；东北面是一马平川的平原，土地肥沃，河汊弯弯曲曲，鱼虾在水底乱窜，鹭鸶掠着水面一会儿飞，一会儿停。

深山出俊鸟，深水藏蛟龙啊。那时候，咱们的祖先沾了山水灵气，出了个了不起的女子，她呀，就是嫘祖，后来嫁给了大名鼎鼎的轩辕黄帝。论起来，她该是咱们的老老姑奶奶呢！

嫘祖生在部落长家庭。那时咱西陵部落已经学会了播种五谷，使用农具耕作，可身上穿的还是树叶兽皮。嫘祖小时候也和其他孩子一样，夏天光着身子在树上爬、地下滚，冬天用树叶干草暖身、树皮兽皮遮羞。随着年龄增长，身体发育成熟，不要说女孩，就是大老爷们，你说整天光着个身子啥看？

嫘祖十四五岁时，已出落成一个漂亮的大闺女。一天，她随父亲到西南山采果打猎。那时山上的野果多呀，满山遍野，红彤彤酸溜溜的。她蹦蹦跳跳，一边采一边吃，突然，在一片结满红桑葚的桑树林里，看见许多软乎乎白亮亮的东西。那东西有的结成片，有的结成嘟噜，像“吊死鬼”一样吊在树枝上，风一刮直晃荡。再仔细看，有许多白得透亮的小拇指粗细的虫子，趴在桑树叶上，嘴里还不停地吐出又细又白的丝来。——后来嫘祖才知道这种会吐丝的东西叫野蚕。嫘祖整天一门心思，想找到一种能裹身子的东西，这回碰见了野蚕，就睁大了眼睛。她想，野蚕能吐丝结片，为啥人就不能用它来遮裹身子呢？这样一想，嫘祖激动得无心采摘野果了。她丢下手里的野果，摘下几片大的油桐树叶，又小心采下一些蚕茧，像宝贝疙瘩似的包好，坐在山坡上等待父亲。

等呀等呀，嫘祖不知不觉睡着了。她梦见许多蚕茧，抽出了许多丝线，又织出了许多锦缎。人们穿上这些锦缎，又柔软又结实，夏天可以蔽日遮羞，冬天可以保暖御寒，她扯上一件披在身上，一边旋转，一边咯咯地笑了……

嫘祖正自顾自笑嘞，有人把她推醒了，一抬头见是自己的父亲。父亲不解地问："你刚才笑啥？树叶里包这些东西又有啥用？"嫘祖揉揉刚睡醒的眼睛，抿着嘴笑而不答。

别看咱西陵部落地界不大，可开化较早。其他部落还是乱婚群住，只知母亲不知父亲时，咱西陵部落已开始废除这种风俗了。嫘祖是长女，从小乖巧伶俐，遇事又好动脑筋，深得父母喜爱。嫘祖不回答父亲，父亲也不多问，他知道女儿这个机灵鬼又要出啥新鲜点子了。

父亲记得，嫘祖很小的时候，别的孩子总是让大人在身上披树叶挂兽皮，她很有主见，自己偷偷找来兽骨，在石头上磨成锋利的骨针。有了骨针，又把野麻劈开取些麻丝，捻成细绳。凭借灵巧的双手，嫘祖把七零八碎的树叶、兽皮啥的，连在一起，缝制出了最早的衣裳！一时间，部落的其他人争着模仿。

你想，这样的衣裳，零碎又笨重，披挂在身上也不能完全遮羞蔽体呀！

从西南山回来，嫘祖门也不出。她把带回的蚕茧剥开，抽出细丝，又把细丝缠绕在泥制的陀螺棍儿上。嫘祖学蜘蛛结网的办法，试着把这些丝织成片儿，又用骨针缝成真正的衣裳。"世上没难事，就怕缠磨头"啊，咱们现在谁也想不出，当时嫘祖作的难，可她还是把第一片锦缎织成了，并且缝出了第一件像模像样的衣裳！

织锦和缝衣裳需要很多蚕茧。嫘祖和父亲一起多次上西南山，挑了几箩筐野蚕带回，又挖回成捆的桑树苗，栽种在部落周围。种的桑树苗容易成活，保住这些野蚕可不容易。秋冬时候，气温低，蚕结茧成蛹，蛹变蚕蛾拱出茧壳，蚕蛾繁出蚕籽，蚕籽来年春天又孵出蚕宝宝。一开始，嫘祖并不懂得蚕的繁殖规律，蚕籽经常被冻死。通过很长时间观察和摸索，一到冬天，嫘祖就把蚕籽放到温暖的地方保存，开春把蚕籽放到贴身处，暖出小蚕来。现在咱们喂的家蚕，都是嫘祖那时好不容易驯养出来的！

嫘祖这人聪明又善良，她可不会"藏奸"。学会了植桑养蚕，又掌握了织锦缝衣的本领，就手把手教部落的其他人。那时咱西陵部落，男人采桑，女人养蚕，家家户户剥茧缫丝织锦缎。有了锦缎，就有了蔽体的衣裳，有了衣裳，西陵人就惹得其他部落高看几眼，纷纷来咱这里取经。这中间，就包括西陵部落往北强大的轩辕部落。

话又说回来，别看他们轩辕部落厉害，有一样他们比不上咱们。咱们穿的啥？丝绸锦缎做的衣裳！他们呢，挂的还是什物郎当的树叶兽皮！轩辕黄帝听说后，就一心想到咱这里看看衣裳到底是个啥玩意儿，见见会做衣裳的嫘祖是个啥模样。

那是个春暖花开的季节，轩辕黄帝带领几个随从，进入西陵地界，轩辕黄帝就感到与他们哪里不一样。人人穿的齐整整的，没有一人光着身子，见人作揖施礼，很有路数。经过打听，轩辕黄帝和嫘祖见了第一回面。

见到嫘祖，看到她合身得体的衣裳和美丽的容貌，再看看自己穿戴的啥，轩辕黄帝脸红到了脖子根儿。嫘祖呢，偷看了面前这个小伙子一眼，见他面色黑红，额头宽阔，身材高大魁梧，不像是吃闲饭的，内心就暗暗欢喜。嫘祖和轩辕黄帝俩人单独“拍话”，这一拍就拍了三天三夜，谁也不感到瞌睡。轩辕黄帝要回去了，嫘祖送了一程又一程，一直送到西陵亭那个地方。最后，嫘祖拿出自己织的一条丝巾送给轩辕黄帝，当作定情之物。现在在咱这里西部一带，男女相亲还流传着这种方式，叫作“换表记”、“换手巾”。不信你可以去打听打听。

不久，轩辕黄帝把嫘祖迎娶到轩辕部落，立嫘祖为正妃，让嫘祖主持部落里栽桑养蚕，抽丝制衣事情。

赵文卿　收集整理

（六）龙凤图腾

相传，轩辕黄帝经过五十三战，打败了蚩尤，平息了战争，统一了三大部落，七十二个小部落，建立起世界上第一个有共主的国家。黄帝打算制定一个统一的图腾（类似现在的国旗，或者说是国家的标志）。开始，黄帝手下的谋臣建议不再搞新图腾。理由是黄帝功德无量，天底下无人能比得上。就沿用黄帝部落的图腾，一统天下。黄帝说：“万不可这样做，各大小部落都拥戴我为尊长。我怎么能辜负群民众望，独断专行，以大欺小，以强欺弱呢？”接着黄帝又说：“蚩尤所干的一切，对兄弟部落的行为，我们万万做不得。”黄帝叫仓颉通知，要求各大小部落把使用过的图腾，全部献出来，再由原来各大小部落选派一个代表，前来黄帝宫，共同商议制定新图腾。各个大小部落一听都送来了本部落原先使用过的图腾。一下子就摆了成百个。其中蛇图腾、鹰图腾、马图腾、鱼图腾、熊、豹、羊、象、狗等各种各样的图腾。这下可把黄帝难住了。究竟采用哪个图腾好呢？他一时拿不定主意，黄帝招来身边的谋臣，常先、大鸿、风后、力牧、仓颉等。征求他们的意见。大家你一言，他一语，各抒己见，有人同意用这个图腾，有人主张用那个图腾。最后，仍然没有定下来。大鸿着急地说："黄帝心思太多了，随便用一个图腾就对了，何必这样挑来选去，太麻烦了。"黄帝耐心地说："这是一个新统一起来的大部落，不那么简单，处处都要谨慎从事，绝不能草率。一定要照顾原来各大小部落的情绪，要搞一个有团结象征的图腾。不然，又有分裂的可能。"众谋臣听了黄帝这一席话，觉得很有道理，连连称赞。唯有大鸿赶忙纠正他的话说："我是带兵打仗的，对图腾这些事不懂，刚才说的话全当没说。"大家一听都笑了。

制定新图腾的事，黄帝几天几夜没有睡好觉。有天夜里，天下暴雨，吼雷闪电，黄帝发现电光一闪，一条明亮的光线，一闪而过，深深映在黄帝脑海里。第二天，黄帝单独叫来仓颉和风后，把他昨夜看到的霹雷闪电的形象，向仓颉和风后讲述了一遍。然后，黄帝指着各大小部落的图腾说："我看为了照顾各个部落的情绪，咱们参照各部落图腾的特点，应该制定这样一个图腾：蛇的身，鱼的鳞，马的头，狮的鼻，虎的眼，牛的舌，鹿的角，象的牙，羊的须，鹰的爪……狗的尾。组成一个特别的图腾。把原来各大小部落图腾都分别用上一些，要说照顾，这也算真正照顾周全了。可是，组成这样的图腾像个什么东西，叫个什么名字？"仓颉说："黄帝，这个图腾在所有动物中，谁也找不到它，谁也无法伪造。我想，咱们给它取个名字，叫作'龙'！既能腾云驾雾，又能翻江倒海。"黄帝捋着胡须，轻轻踏着步子，细细琢磨了半天，然后果断地说："好！就叫'龙'"。从此以后，龙就成为中华民族吉祥权威的象征物。谁也不能侵害它，就连黄帝也带头崇敬它。这就是'龙'的来历。

那么凤凰又是怎么来的呢？"龙"的图腾组成后，还剩下一些部落图腾没有用上，这又如何是好呢？黄帝第一妻室嫘祖是一位绝顶聪明的女人，她发明了养蚕，给黄帝制作了衣冠，发明创造了许多东西。嫘祖受到黄帝制定的新图腾的启示后，她把剩余下来各部落的图腾，经过精心挑选，细心端详，也仿照黄帝制定的龙的图腾的方法：孔雀头，天鹅身，金鸡翅，金山鸡羽毛，金色雀颜色……组成了一只漂亮华丽的大鸟，嫘祖叫来黄帝另外三位妻室征求她们的意见，方雷氏是个有心计的女人，她对嫘祖说："姐姐，你组成的这只大鸟像只美丽的大公鸡，可就是个单身汉，水中的鸳鸯还是成双成对呢？"一席话提醒了嫘祖。当时彤鱼氏，嫫母也齐声叫好，都说方雷氏说的有道理。她们姐妹四人，一齐动手，把剩余下来的，没有用到"龙"图腾上的其他小图腾，很快地组成了另一只华丽的大鸟。正好和嫘祖组成的大鸟配成一对。可是，把它们叫什么名字呢？这下可把黄帝四位妻室都难住了。最后，她们还是请来老谋深算的风后、造字的仓颉。叫他俩给这两只大鸟取个名字。风后看罢，哈哈大笑说："黄帝制作了一条'龙'，世界上各种走兽中找不到它，你们四人又制作了两只大鸟，空中飞翔的鸟群中也找不到它。这就成为世界上最珍贵的吉祥物"。仓颉全神贯注，一直在详细地观看这两只鸟，一句话也没有说。直到嫘祖问他时，仓颉把早已在脑子想好的名字脱口而出地说：我看就叫"凤"和"凰"。凤代表雄，凰，代表雌，连起来就叫"凤凰"。"好！我赞成，就叫凤凰"。

原来，谁也没注意到黄帝早已站在他们身后，倾听着他们各种议论。现在黄帝既然赞成叫凤凰，就请黄帝最后作决定，黄帝沉思了半天，才说："龙凤在世界上生存的飞禽走兽中没有它们，谁也找不到，它的高贵处就在这里。我看，还是风后说的对：这两种图腾谁也不会伪造，给后世的子孙万代也立下规范。"我同意，"龙凤"就正式定下来，作为新部落统一联盟后的新图腾。这就是"凤凰"的来历。

奚家坤　收集整理

（七）龙凤山的传说

棠溪河岸边有个卧凤沟的村子，卧凤朝阳，气候温和，山坡上有一种凤羽草，夜里开紫花，闪蓝色银光，香味特宜人，传说是凤凰的彩羽幻化。早年间，这里栖息着一只金凤凰，她白天潜卧，凡人看不见影子，夜里飞出寻食，到龙泉饮水。

有个外地来的道士看出了棠溪这方风水宝地，可一时间还不知道地气位居那里。于是，他白天黑夜里到处转悠，终于在一天晚上看到了那只金凤凰，体似大鹏，羽翼斑斓，清风月下，银光闪亮，炫人耳目。金凤落宝地，这金凤凰已在这里99载了，再有一年就要下蛋。人说“金凤下蛋，天子要现”，棠溪就会出朝廷了。道士想，我若是能将凤凰蛋吃了，即便是成不了仙，也能返老还童做个朝廷。

有一天夜里，金凤凰又去龙泉饮水，道士早做好准备，他藏在暗处，拉满弓弦，只听“嗖”的一声，毒箭疾飞，直射金凤。那金凤有灵性，箭到躲身，张口衔着毒箭，飞上凌空。

金凤受了惊吓，从此再不敢到龙泉边上饮水。有心离开棠溪，又舍不得这块好地方，况且，99年都过了，她吃溪边金谷，饮龙泉碧水，该是生蛋孵育下代的时候了。金凤凰一连几天不吃不喝，的确有点受不住了，心中十分着急。一天傍晚，日落西山，满山霞蔚，金凤正在寻思如何对付那个道士，忽然听到山上传来歌声。她仰头听听，那歌儿是真个对她唱的：“天下好鸟数金凤，该栽梧桐把善行。山路不平人心平，引来凤凰落梧桐。”金凤凰听了，知道有人来搭救，心中十分高兴，于是，抖身一变，化作一个美貌女子，款款起步，上前迎接。到了山下一看，果然是位英俊后生，正挑了柴担一路下山。她颔首弯腰，道了一个“万福”；后生也说：“谢过小姐！”二人照面，一个青春，一个年少，果然一见钟情，生下爱慕之心。

这后生不是别人，而是东海龙王之子，得知有人要坏棠溪风水，杀死那只美丽的金凤凰，便特地赶来搭救。金凤凰问后生：“见没见到村里来了个外地的生人？”后生说：“见到了，一个道士，在这里转悠了多天。”金凤凰说：“道士要坏棠溪风水，金凤凰就不落龙泉了!”说着，递给后生一只毒箭：“看呀，这是要致命的哟!”后生当然知道其中缘由，不过他更清楚，凭金凤凰的修炼，一支毒箭难伤毫羽，但是应该提防，尽快处死那个道士，保住金凤凰。后生说：“你是棠溪女子，自然喜欢棠溪，咱们就齐心合力，除掉那个可恶的道士!”金凤大眼望着后生，再三嘱咐：“那道士有巫术，诡计多端的，公子要多多小心。”彼此依依惜别，不觉来到龙泉岸边，后生又拿出一把金谷，撒在卧凤沟的石崖上，石崖马上又长出金灿灿的谷子。从此金凤便不愁吃喝。

龙子一时间没有找到那个道士，觉得有些奇怪，可是，又不能离开金凤凰，他每日打柴为由，保护金凤凰为实，左右不离卧凤沟。金凤凰十分感激，每每待晓时幻化为女子，与后生谈情说爱，渐渐难分难离，到了一日不见如三秋，生死与共的情分上，恰恰这个时候，东海龙王派了虾将传旨，说龙子幻化凡体，私通民女，要缉拿致罪。金凤、龙子挥泪告别，虽然彼此相知各自景况，但都没有说明。龙子说："我去看望一家亲戚，即日便回，请小姐一切放心。"金凤凰说："公子，无论死活，俺也等你复还。"

再说，那个道士自知金凤凰修行将成，他一人无论如何也无法置于死地，便挑99个高明铁匠，采99山之金，炼99斤好钢，用99天时日造一只大铁锚来。

99天头上，铁锚造成，由道士烧香敬神取了仙气，铁锚会四处滚动棘刺及活物。于是，按道士吩嘱隐藏龙泉岸边。

龙子被关99天禁闭，他赐予金凤凰宝葫芦里的龙泉水和撒在石崖上的金谷，只够用九九八十一天，这天，金凤凰下蛋的一百天头上，已经18日没吃没喝了，一只金蛋孕育，百年之晨就要生产，是夜饥渴难忍，只得飞出寻食饮水。可巧，刚落泉边，便被铁锚扎上。她疼痛难忍，赶忙飞奔，谁知，金凤飞，铁锚滚，愈刺愈烈。那金凤凰自知今夜难逃一死，便使出全身的力气打死道士，然而终因伤势太重，勉强下了一个蛋，便堕地惨死化作凤凰山，此山，在棠溪源头以北，凤凰山有身有翅，酷似凤凰，山不大，今犹在。右翼下方有个近似人形的小土岭，传说是被凤翼打死的道士。

龙子赶回时金凤凰已死，他一边落泪，一边挨个摸摸那山峰，山便长绿树，开鲜花，泪水流成河，成为棠溪源头。龙子最终自刎而死，化作知足山，即今日的蜘蛛山，亦叫诸石山。

后来，棠溪附近的西陵部落诞生了一个女孩，叫嫘祖，传说她是那只凤凰转世；而她嫁的丈夫——轩辕黄帝，便是那条龙子的化身。

陈清泉、谢文华、奚家坤　收集整理

（八）西陵为啥变成了师灵

从西平县城往西四十五里有个师灵冈，冈上有个师灵镇，原来不叫师灵叫西陵，那后来咋改成了师灵呢，这还得从头说起。

据老辈子人说，很古很古的时候，天下还没有统一，那时，“百里为王”，以氏族部落为中心，建立了许多邦国。当时，在咱西平县这块地盘上，以西陵冈为中心，直到西南山，居住着一个炎帝的支族西陵氏部落，也建立了一个邦国叫西陵国。不知道是西陵国的第几代首领，有个女儿叫嫘祖，就是后来的蚕神。嫘祖是个有大本事的人，发明了养蚕制衣。打那时起，这成天价赤光肚子过日子的人，才有了遮羞挡寒的衣裳穿。日月如梭，过了两、三千年，到了汉朝初年，朝廷在古西陵国这地方设立了两个县，西边的一个叫西陵县，东边的一个叫西平县。又过了一、二百年，奸贼王莽篡位，建个叫啥“新朝”，把西平县改成了“新亭”。没过几年，刘秀打败了王莽，恢复了汉室江山，把西陵县与新亭合并，统称西平县，但县下还保留个西陵乡，再往后西陵乡还称过西陵亭。西陵乡还出过一大清官和洽，这些事历史书上都写的可清楚哩！

西平县东南是上蔡，唐朝宪宗年间叫蔡州，掌管蔡州的吴元济，野心勃勃想当朝廷，招兵买马，举旗反唐。朝廷爷听说后，赶紧派大将李愬领兵讨伐吴元济。李愬领兵十万，离开长安，马不停蹄，人不卸甲，这天来到了西陵，天却下起了鹅毛大雪，白茫茫的积了一尺多深，加上老北风吹着，行军十分困难，李愬只好叫兵士安营扎寨，等候天晴再进兵蔡州，谁知雪下了一天一夜还没停。西陵离蔡州满共一百三十多里，万一走漏了风声，让吴元济知道了，这仗就不好打了，李愬想不出好计谋心中烦闷，踏雪来到了大营东边的兴国寺。这兴国寺的主持是个修行多年的高僧，谁也不知道他有多大年纪了，反正看上去红光满面。镇上的七、八十岁的老人说，他当小孩时，主持就是这个样子。李愬一见主持，打了个躬，随手抽了一支签，好手气，是支上上签！李愬连忙递给主持请求解签。主持接签一看，连说：“将军大喜！将军大喜！”李愬忙说：“师父，你看我兵困在此，喜从何来？”老主持摆摆手说：“将军不用担忧，你只需让将士饱餐一顿，趁吴元济不备今晚突袭蔡州，保准大获全胜！”李愬听了老和尚的话，回到大营，仔细琢磨了一阵，觉得有道理：兵贵神速，来个出其不意，攻其不备。于是，让将士们好酒好肉吃了个大饱，徒步顶风冒雪，一夜急行，天明时分，赶到了蔡州，吴元济的将士还在被窝里做梦呢。唐兵个个英勇无比，攀上城墙，打败了叛军，活捉了吴元济。

李愬班师回朝，路过西陵，给兴国寺施舍了一千两香火钱，还当着众将官的面夸奖主持："师傅真灵！"这句话一传十、十传百，越传越远，越传越神，越传越走样，久而久之，"师傅真灵"传成了师灵，人们叫惯了，就把西陵叫成了师灵。

胡楠楠　收集整理

（九）梳子的由来

嫘祖发明养蚕后，又发明了骨针。她把丝线穿在骨针尾部，缝起衣裳飞针走线，黄帝宫里大小妇女没有不佩服的。但是，有些事情仍然经常刻在嫘祖心里。她所掌管的黄帝后宫20多位女子，经常蓬头垢面，一遇到重大节日，她总要把这些女子叫来，逐人用她自己手指把每个女子头上蓬发一一捋顺。有时，连五个手指都捋破了。嫘祖为这些事经常发愁。有一年，河里发了一场大洪水，给黄帝发明舟船的狄货，从洪水中捞回比胳膊还粗几条大带鱼。他非要黄帝第三妻室彤鱼氏给他做熟吃，不料，彤鱼氏有病不能下床，狄货只好去找嫘祖。嫘祖按照彤鱼氏平时做鱼的方法，把石板用柴火烧热，把带鱼放在石板上，上下翻动，不一会带鱼就烧熟了。狄货一口气吃了3条，鱼刺堆了一地。嫘祖随手拣起一根，折了一节，左看右看，非常美观，不由得用带鱼刺梳刷披在自己肩上的乱发。开始，她是无意，谁知，不大一会，蓬乱的头发，被梳得整整齐齐。连她自己也弄不懂为啥蓬乱的长头发，用鱼刺怎么能捋顺，梳得整齐呢?嫘祖把这些带鱼刺暗暗收藏起来。

第二天她就把这些带鱼刺折断成一扎长的短节节，叫来她身边的所有女子，一人发给一节带鱼刺，教她们如何梳头发。一群女子嘻嘻哈哈都动手梳起来。开始，有的女子不会使用，鱼刺扎进头皮，有的用力过大，一下子把带鱼刺折断了。有的女子还说，这不如用两手指头理头发，又保险还能抓痒。此事虽然失败了，但嫘祖并没有放弃带鱼刺对她的启发。用什么东西能代替带鱼刺呢?嫘祖苦苦思索，日思设想。有一天，她遇见黄帝手下专做木工的睡儿，她把带鱼刺拿出来，要求睡儿依照带鱼刺，做一把木质的梳子。睡儿看了看带鱼刺，告诉嫘祖，可以做，就是没有这种工具。不过，先让我试一试。

不几天，睡儿用一块木板做成一把带鱼刺式的梳子，拿来叫嫘祖看。嫘祖不看则罢，一看，扑哧一下笑得直不起腰来。睡儿不明白什么意思，嫘祖笑着说，这刺比手指头还粗，简直像个耙地的耙子，这怎么能用来梳头发呢?睡儿也笑了。但他并没叫嫘祖失望。回去后，他叫几个会做木工活的弟兄，一起商量研究，最后终于用竹子给嫘祖做成了一把梳子。嫘祖看后，非常高兴，中华民族妇女使用梳子时代从此就开始了。

奚家坤　收集整理

（十）桑 椹

传说很久很久以前，桑树是不会结果的，它的繁衍靠根生。嫘祖发明了人工养蚕缫丝织布后，想让天下人都养蚕织衣。可是，很多地方没有桑树，蚕是要吃桑叶的啊!为了让桑树到处生长，嫘祖就让人挖树根移栽，结果呢?发展得很慢、很难，还是种不出大片桑田。黄帝要出游，东去东海，南到大江。他要嫘祖带上蚕种和桑根。嫘祖犯难了，蚕种好带，桑根怎么带呀。远途会干枯，种上不发芽，还有季节时令，赶不上也不行，不好办呀。黄帝说：“桑树要有种子就好了，就象蚕种一样，撒到地里就出芽多好呀”。黄帝就这么一说，长天一声炸雷，哗啦啦一阵大雨，桑树开花了。嫘祖看见了桑树开花说：“就是开花，还得结果，那得多少时日呀?黄帝就要出游了，要的是种子。”嫘祖话音刚落地，桑树一个愣怔，花蔫了，很快结果了，人们叫它聚花果，就是现在所说的桑椹籽，跟蚕种差不多。

嫘祖带上蚕种和桑树的种子，随黄帝出游天下。她把养蚕缫丝织布的手艺传给女人，所到之处，撒下桑种，出现大片大片的桑田，女人都学会了织衣，天下人都穿上了衣裳。嫘祖随黄帝出游，还要传授养蚕织衣手艺，她很劳累，死于路途，黄帝封她为祖神。至今，凡是嫘祖、黄帝出游到过的地方，都长桑树，都养蚕。

王新菊、陈卫东　收集整理

（十一）桑树坡

听老辈人说，周文王当朝的时候，有一年秋天大旱，坑河干枯，庄稼无收田边山坡的桑树也旱死了。过罢年，眼看清明节就到了，山里人该准备养蚕的事儿，可桑叶没有指望，真急死人啊!

有一天，有个大嫂子进村说是要借车借牲口，到山外拉桑苗，村上人一听，可高兴极了。

大嫂到张家说，你家黄牛借我用用，张家一口答应，大嫂又到王家说，你家的马车借我用用，王家也一口应承。大嫂又到李家赵家，说是借牛驴，借马车，李家赵家都说中。可是奇怪呀，一天一夜都过去了，各家都等这位大嫂子牵牲口套车哩，人没影了。

第二天一大早，满村都议论开了，说这个大嫂子咋回事儿，说过来借车借牲口，去山外拉桑苗，咋个不见人影了，兴许是骗人高兴，哪里弄来桑树苗啊!张家、李家、王家、赵家的人再回去看看，牛驴骡马怎的象昨晚上干了一夜活，浑身汗淋淋的，车上呢?还留的有土粒粒，桑枝条，车轮上满是黄泥巴，这才知道就在夜晚上，这牲口和车辆是用过了。人们再到山坡上看，呀!满山满坡的尽是桑树，密密麻麻都有碗口那么粗，再看那桑树，悠悠的泛青，悠悠的萌绿。人们再去找那大嫂子，咋也找不见了，山里养蚕人的大恩人啊，连个姓名也没留，人们猜想，那一定是蚕神，从天而降，专帮山里人养蚕哩，一定是蚕神显灵哩!今天，茅芽山北坡上还长着茂盛的桑树，人称桑树坡。

陈卫东、王新菊　收集整理

五、民歌民谚

（一）民歌

养蚕歌

小麦青，大麦黄，

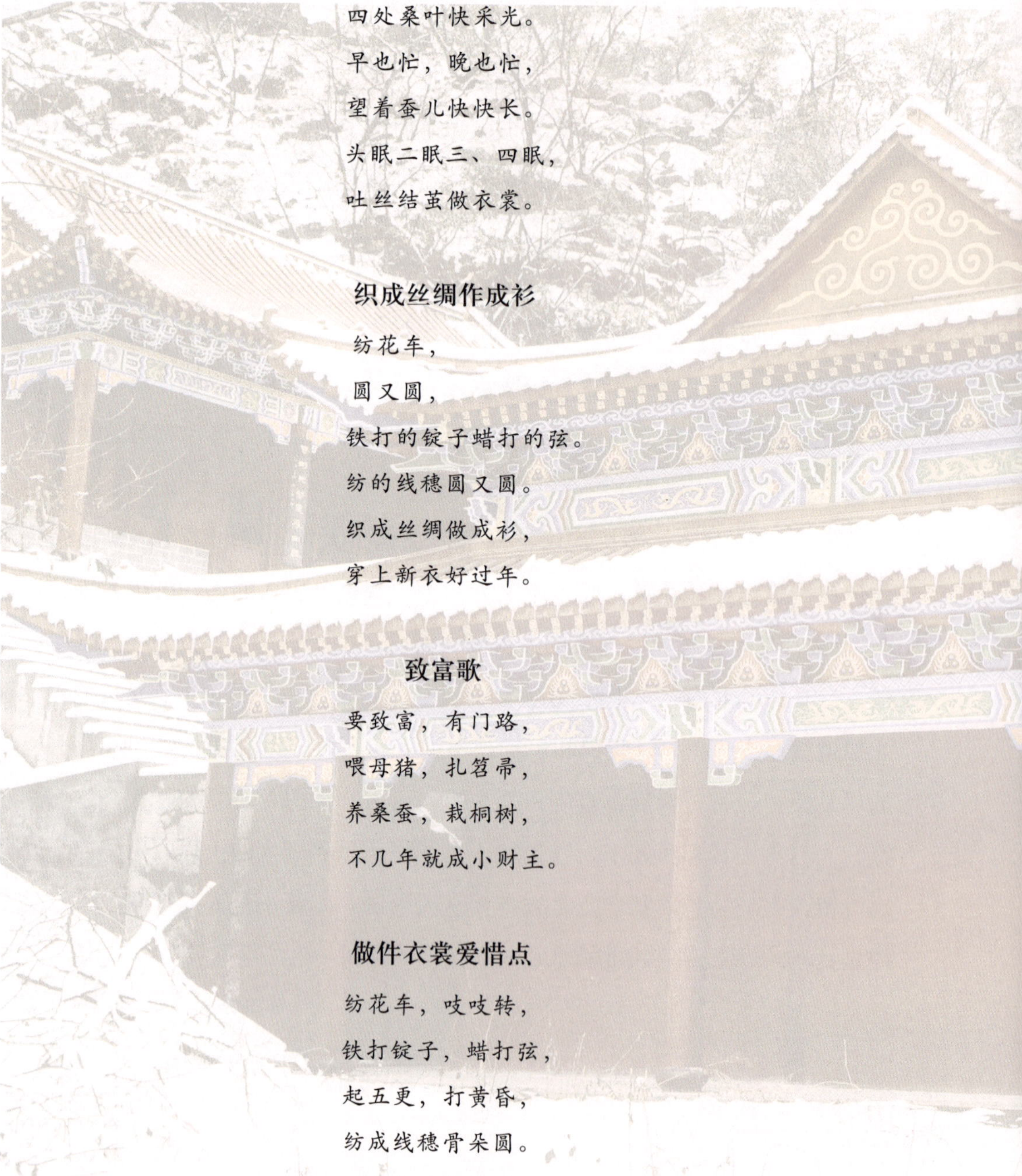

四处桑叶快采光。
早也忙，晚也忙，
望着蚕儿快快长。
头眠二眠三、四眠，
吐丝结茧做衣裳。

织成丝绸作成衫

纺花车，
圆又圆，
铁打的锭子蜡打的弦。
纺的线穗圆又圆。
织成丝绸做成衫，
穿上新衣好过年。

致富歌

要致富，有门路，
喂母猪，扎笤帚，
养桑蚕，栽桐树，
不几年就成小财主。

做件衣裳爱惜点

纺花车，吱吱转，
铁打锭子，蜡打弦，
起五更，打黄昏，
纺成线穗骨朵圆。
风车打，络子缠，
经线好像跑着玩，
印布好像拉汉鞭，

织布好像坐舟船。
罗框响，溜子钻，
蚂蚱腿子跑哩欢，
磕头虫，往上窜，
织成绫罗一卷卷。
泡到缸里染毛蓝，
浆三遍，洗三遍，
剪子铰，钢针穿，
纺丝织绸多辛苦，
做件衣服爱惜点。

蚕桑歌

蚕桑好，蚕桑好，蚕桑本是农家宝。
不分田头沟塘边，随地栽植不宜少。
东风送暖桑发芽，怀揣蚕种育蚕苗。
蚕月采桑女执筐，深恐蚕饥不待晓。
四月小满麦稍黄，新茧丰收乐陶陶。
抽成丝，捻成线，起早贪黑不停梭。
八月秋苇织成箔，来年蚕具今岁造。
妇职专宜修蚕织，何必女红斗奇巧。
栽桑养蚕为生计，家家户户得温饱。
织丝换钱交赋税，免除官催添烦恼。
我劝世人重蚕桑，莫把此业来小瞧。
俗话种桑人不穷，儿孙穿暖乐逍遥。
愿君此歌唱千遍，更知蚕桑真正好。

高蔚　收集整理

（二）民谚

清明去喂蚕，四十五天卖大钱。

家有千棵桑,子孙万代有衣裳。

种上一亩桑，可免一年荒。

沙桑泥柳，十年一楼。

前不栽桑，后不栽柳,门前不栽鬼拍手(杨树)。

宁叫蚕老叶不尽，莫叫叶尽蚕不老。

做天难做四月天，蚕要温和麦要寒。

单丝不成线，百麦难磨面。

蚕到立夏死，麦到芒种亡。

麦熟一晌，蚕老一时。

清明西北风，养蚕肯落空。

多种桑树多种桐，世世代代不受穷。

坑边柳，路边杨，屋前屋后栽桐桑。

一年养蚕，半年有粮。

大麦发黄，养蚕正忙。

男采桑女养蚕，四十五天就见钱。

春蚕不吃小满叶，夏蚕不吃小暑叶。

养鸡养蚕，利在眼前。

养蚕一季，能顶两年。

栽桑养蚕，一树桑叶一树钱。

蚕到老熟，叶要充足。

蚕无夜食不长，马无夜草不肥。

小满三日见新茧。

四月里来麦儿黄，割麦养蚕两头忙。

一亩桑园，十亩庄田。

家有百棵桑，全家有衣裳。

前门栽柳，后门栽桑。

1 2
3 4

1 民间艺人传唱嫘祖（陈向阳　摄）
2 民间艺人传唱嫘祖（陈向阳　摄）
3 民间艺人传唱嫘祖（陈向阳　摄）
4 民间艺人传唱嫘祖（陈向阳　摄）

用兵先囤粮，喂蚕先栽桑。

三月清明蚕等叶，二月清明叶等蚕。

若要蚕好，先要叶好。

小喂瘦叶,大喂肥叶；阴喂陈叶，晴喂鲜叶。

养蚕无巧，食少便老。

高蔚　收集整理

2006年10月13——15日，由中华炎黄文化研究会、河南省炎黄文化研究会主办的“中国·河南西平嫘祖文化研讨会”在河南省西平县隆重召开。来自全国各地的专家、学者70余人参加了这次盛会。研讨会上，嫘祖故里地望也是专家们热议的重点之一。从大会发言和收到的论文来看，虽然大家对嫘祖故里的认识还不尽相同，但经过考察董桥遗址，参观董桥遗址上出土的文物，经过充分的研讨，最后达成共识：嫘祖故里在西平。理由是：

1、嫘祖作为黄帝的第一夫人，与黄帝的结合应在黄帝青年时期，即黄帝建立有熊国之后和统一华夏之前。当时交通不便、信息闭塞，生产和生活方式极其原始，人类的活动半径有限，不同氏族各据一方，因而婚姻的双方不可能相距太远。而西平西陵距有熊国仅百余公里，两国是相邻的邦国，又是通婚族。

2、西陵氏是炎帝支系，炎帝族后裔活动范围主要在嵩山以南，南阳盆地以北地区，而古西陵正处于这个地区的中心部位。今西平县的吕墟应是炎帝后裔南迁过程中的遗墟。

3、历史典籍中，《三国志·魏书》西平有“西陵乡”的确切记载；《水经注》载：“（西平）县，故柏国也……汉曰西平，其西吕墟，即西陵亭也。西陵平夷，故曰西平。”甘肃武威出土的汉简上明确记载西汉时期西平名为“西陵县”。

4、西平县有多处仰韶和龙山文化遗址。在董桥遗址上，采集和出土了大量与西陵古国相对应的史前文物，特别是古人类缫丝纺线的原始工具等，是蚕桑文化的有力佐证。

5、西平地貌兼有山区、丘陵、平原，气候温和，适宜植桑养蚕。

6、西平流传有大量嫘祖植桑养蚕的历史传说、神话故事。

7、西平有嫘祖坟、嫘祖庙、九女山、蜘蛛山、转运洞等遗迹和地名。

8、西平有世代相沿的祭祀习俗和植桑养蚕的历史等。

正如《中国·河南西平嫘祖文化研讨会纪要》所说："炎帝后裔主要分布于嵩山以南至南阳盆地一带，如吕氏、许氏、方雷氏等，西陵氏也是炎帝之系，因居住于西陵而得名，今西平县的吕墟应是炎帝后裔吕国南迁过程中的遗墟。西平北距黄帝故里新郑仅120公里，黄帝与嫘祖的联姻正是黄帝族和炎帝族的西陵族团的融合，并结成地缘性联盟。武威汉简记载有'汝南郡西陵县'；《水经注·潕水》载：'西陵平夷，故曰西平。'可知西平县古称西陵，乃嫘祖西陵氏族团初居之地。在西平县吕店乡董桥村，考古发现有总面积1232000平方米，核心面积达48万平方米的新石器时代遗址，包括与嫘祖生活时代相当的仰韶文化和龙山文化内涵，遗址及其附近原有嫘祖庙、西陵亭、嫘祖坟、九女山、蜘蛛山等众多有关嫘祖的名胜古迹，董桥村现存有在遗址中出土的原在嫘祖庙里的元代大铁钟。可以认为，河南西平应是嫘祖故里。"

六、故里胜迹

西陵氏族初起活动的范围主要在今西平西部伏牛余脉往东延伸的浅山区及丘陵向平原的过渡带，以后随着势力范围的扩大，逐步向四外延伸。至今这片土地上还存留着嫘祖当年活动的足迹和美丽的传说。

董桥遗址（吕墟） 董桥新石期时代遗址位于河南省西平县吕店乡董桥村，北依西（平）出（山）公路，南跨西草河，该遗址1984年全国文物普查时发现，遗址东西长1112米，南北宽1100米，总面积1232000平方米，高出河床约5米。核心区南北长800米，东西宽600米，面积48万平方米。考古发现遗址文化内涵丰富，采集的文物标本中生产用具有石斧、石锤、石杵、砍砸器、陶纺轮、带穿陶球等。生活用具看出器形的有鼎、罐、盆、钵、碗、杯等。这是一处以仰韶文化为主，兼有龙山文化、二里头文化、东周文化和汉文化等多种考古文化共存、多层次的古聚落遗址，和传说中的炎黄时代是相对应的。2006年6月6日，由河南省人民政府公布为河南省重点文物保护单位，2013年5月3日，由国务院公布为第七批全国重点文物保护单位。

董桥遗址处于伏牛山余脉向东部平原过渡的丘陵缓岗上，海拔高度70-90米，遗址西、南部被美丽的西草河所环绕。西草河属洪河（古潕水）支流。郦道元《水经注》记载："（潕水）又东过西平县北。县，故柏国也……其西吕墟，即西陵亭也。西陵平夷，故曰西平。"吕墟即董桥遗址。这里临山近水，土壤肥沃，气候温和湿润，非常适宜植桑养蚕和原始农耕。据专家考证，远古时期，这一带是西陵氏族的聚居地，古称西陵国，是植桑养蚕、缫丝制衣的创始人嫘祖的故里。特别是用来抽丝捻线的红陶纺轮的发现，向世人证明：远在五千年前，植桑养蚕、缫丝制衣的技术已在这里兴起。

嫘祖陵 嫘祖陵位于董桥仰韶文化遗址靠北的地方，直径 12 米、高3米，俗

嫘祖陵（崔宝轩　摄）

棠溪源嫘祖庙（翟怀涛　摄）

称娘娘坟、旧志称凤凰塚，塚前树一青石碑碣，正面阴刻“嫘祖陵”三字，背面阴刻“黄帝居轩辕之丘，而娶于西陵之女，是为嫘祖。嫘祖为黄帝正妃，生二子，其后皆有天下：其一曰玄嚣，是为青阳，青阳降居江水；其二曰昌意，降居若水（《史记·五帝本纪》）。”长期以来，嫘祖陵是人民群众祭祀先蚕嫘祖的重要场所。传说当年嫘祖受轩辕黄帝的委派周游四方，推广植桑养蚕技术，半路偶遇风寒，加上年事高迈，驾崩道国，仍旧沿袭先前母系社会时归葬母家的习俗，就近葬在与道国（今河南确山县）相邻的西陵故土。

嫘祖陵前有庙，供奉有先蚕嫘祖像。

棠溪峡嫘祖庙　位于棠溪峡青龙岭北麓，复建于2005年，为二进院。庙右侧有千年古栗树，庙左侧紧邻仙女池，庙对面山岭青翠欲滴，分布着大片大片栗树林。

蜘蛛山 又名始祖山、冥山，位于西平、平顶山舞钢市交界处的西平县境内，最高海拔520.8米。蜘蛛山传为古帝柏皇氏的圣山。此山东、西、南三面山势均较平缓，唯北坡悬崖陡峭，形势险峻，奇岩怪石随处可见。山顶平缓，全国重点文物保护单位楚长城西平段曲曲弯弯从这里经过，断壁残垣今犹在。山顶西北角有一古庙遗存，名始祖庙。山东北坡有一古代造磨场，附近石壁上留有古人刻画的多种符号。另外，还有天池、石寨、神铺、天书石、千层岩、天卷石、盘丝洞、始祖峰等奇异景观自然天成，引人入胜。传说，当年嫘祖就是在蜘蛛山受蜘蛛结网的启示，才发明了人工养蚕，缫丝织布，让人类从此有了遮羞御寒的衣服。

始祖峰 站在蜘蛛山北麓偏西位置，向东南方向仰望山峰，似一巨人仰卧，头西脚东，长达500多米。那宽宽的额头，高高的鼻梁，微翘的胡须逼真逼切，

蜘蛛山 岩画（耿强　提供）

令人肃然起敬。峰曰始祖峰，传为柏皇氏的化身。古西陵国的图腾是蜘蛛，民间传说嫘祖在始祖峰前，受柏皇氏点化，拜蜘蛛为师，学会了抽丝织布。

盘丝洞 洞在蜘蛛山半山腰，洞内还有自然形成的酷似真人体型的凹槽，名曰神铺。传说当年嫘祖和同伴经常在此抽丝盘线，故称盘丝洞。文物部门曾在洞内发现有远古人类使用火的痕迹。

古造磨场 位于蜘蛛山摩崖石刻下约十米处，有一处规模很大的古代造磨场遗址。遗址北边的山洞壁上，还留有古人刻画的多种符号留待人们去破译。崖边尚有几盘半成品石磨，磨场随处可见凿石造磨的痕迹。造磨场西北边紧邻悬崖偏东处有两条3米宽呈45度的石道，很明显为往山下运磨坯的滑道。5000年前，黄帝嫘祖所处的时代，谷物栽培已经兴起，这个古老的磨场与董桥遗址发现的许多石磨、石杵、石臼残件，石材相同，应与此有着千丝万缕的联系。

蜘蛛山岩画（耿强　提供）

蜘蛛山始祖峰（耿强　提供）

蜘蛛山奇石（耿强　提供）

天池 又名太乙池、玉池，位于蜘蛛山东侧山顶，是西平县境内海拔最高的“水面”，分别有南北相连的两池，40多平方米，深1.5米，池水常年清澈见底，旱不竭涝不溢。传说，嫘祖当年和姐妹们在盘丝洞学蜘蛛抽丝结网，饿了采集野果充饥，渴了来天池饮水解渴。现在，当地山民放牧牛羊时这里仍是常来之所，山下十里八乡的老百姓也常常登山到此洗眼，据说洗了眼明，可医治眼疾。

古城墙 蜘蛛山顶的古寨墙东半边比较完整，此寨占地约四十余亩，残墙尚有一米多高，是蜘蛛山的制高点，为古楚长城的组成部分。风和日丽天气，放眼可看数十里的山下田园风光，景色十分宜人。向西、向南、向东可看到峰峦叠嶂逶迤连绵的跑马岭、棠溪峡、九头崖风景点。傍晚极目远眺，可观日落群山之壮美。传说，距此不远的东山脚曾建有嫘祖庙，庙毁于民国期间，现在当地正筹资恢复此庙。

棠溪湖 位于棠溪源风景区，因环湖四周岸上多棠梨树，故名。棠溪湖总体形状呈西南向东北伸展。环湖四周是战国冶铁遗址，南岸尚存战国冶铁炉一座，属国家重点文物保护单位，被冶金专家誉为“天下第一炉”。湖东谭山顶上有金钟寺遗址。棠溪湖最大蓄水量为1520万立方米，水面长约3公里，最窄

棠溪湖（耿强 提供）

处56米，最宽处450米，平均水深15—16米，最深处达32米，控制流域面积21.5平方公里。棠溪湖东、南、西三面环山，湖面狭长，半岛多而港湾曲折，湖水清澈。湖中有岛4个，面积最大的一个为33000平方米。沿湖四周及岛屿林木茂盛，繁花似锦。主要树种有洋槐、棠棣。野花以杜鹃、菊花为主。湖中盛产鲢、鲤、草、鲫等鱼类，多野鸭、鸥等珍贵鸟类。

茅芽沟 茅芽沟又名棠溪峡，地质构造为紫红色页岩与薄层细砂岩互层，由1条主沟和20条叉沟组成。主沟长约6.4公里，总体由西向东南伸展，呈N形，最窄处3.1米，最宽处21.5米，沟内水流淙淙，瀑潭相连，气温凉爽。溪水中小蝌蚪、螃蟹、小虾等成群结队。沟两边或奇岩峭壁，飞瀑挂山；或灌木丛生，荆棘茂密；或古树参天，鸟鸣林深处。成片的野栗子树、野核桃树、野葡萄

天然城堡（红枫树　摄）

树、野山楂树等相互交织，分布在半山腰。更令人称奇叫绝的是“三月春谷蝉盈耳”，每年阳春三、四月，春蝉出土，爬上树林，蝉鸣声响彻山谷。老百姓称其“牛虻叽叽”。此蝉似有灵性，你若捉它在手，它便发出“爷——”的叫声。你若松手放飞，刚离手它便发出“孙——”的叫声，故当地山民又称其为“骂人虫。”林中有小松鼠、野鸡、野兔、獾子等野生动物。天然形成的岩石洞，大小不一，千姿百态，形态各异。茅芽沟西段依山尚存嫘祖庙一座。

天然城堡 登上茅芽山顶，向南眺望，映入眼帘的山体，红岩绝壁，气势磅礴，似铜墙铁壁。此山系紫红色页岩与薄层细砂岩互层岩石，属地壳运动中自然形成，与茅芽山相对，山体呈钝角三角形向东南和西南两边逶迤蔓延，海拔约550余米，状如城堡，故称“天然城堡”。山下部陡坡至山腰，灌木葱郁。山腰至峰巅呈90度悬崖峭壁。高约80—90余米不等。石缝间偶有灌木生长，呈黄山石松之态。峭壁凸出之角，高260余米，宽30余米，巍峨高耸。向东南延伸的峭壁长约1500米，向西南延伸的峭壁长约3000米。其巅部状如城墙之堞。站在茅芽山南山脚下向城堡仰望，其形如巨龙遨游，如万马奔腾，令人叹为观止。山下有一道峡谷，称母猪峡，峡中有宋代窦将军墓。传说窦将军率部战南蛮，在此为国捐躯。

双龙飞瀑 位于棠溪源风景区油篓沟深处1.5公里的油篓山西麓。两条瀑布由峭壁上直泻而下，落差21米，水珠飞溅，两瀑间距4米，状如双龙竞飞，故名双龙飞瀑。飞流直下的瀑水注入一直径6米多长的不规则圆池中，轰然有声，形成一个深潭。瀑水直接翻着白花从西边溢流而出，冲刷着卵石流入油篓沟。“双龙潭”东北紧邻岩壁向上20米，岩壁内凹形成宽5米，深6米，高3.5米的洞穴。洞口上方一块巨石向外延伸成一檐状。洞口敞开，洞

双龙飞瀑（崔宝轩　摄）

穴可容纳数十人同时站立，此洞为“老龙窝”。瀑、潭、窝紧紧连在一起，相映成趣。且都与龙密切关联，令人浮想联翩。

脱胎换骨转运洞 转运洞与脱胎换骨洞位于茅芽山西北半山腰中，两洞一大一小相距5.6米，南北排列，洞口朝东，洞内有一直径45厘米的洞口相通。洞口峭壁陡立，危石凌空。“转运洞”位于南边，洞口宽2.2米，高1.6米，纵深15米。洞口由大到小呈圆锥形，有涓涓细流从岩缝涌出，冬暖夏凉。洞内可容纳5—7人同时站立。洞内壁有的地方壁面平滑，有的地方状如石笋。“脱胎换骨洞”位于北边，洞口宽2.6米，高1.48米，洞深11.4米，狭长弯曲。传说始祖为了给众生指点迷津，开出相邻二洞，中有一圆孔相通，只要你一心向善，就能钻过脱胎换骨洞的狭窄处，进入转运洞，即可好运锦上添花，也可厄运转好运，或青云直上，或财源滚滚，或家事和谐，或福寿永享。因常有人从洞中钻进钻出，连接两洞的通道被钻得溜光。

转运洞（杨富安　摄）

跑马岭 位于棠溪源风景区，海拔480.1米，全长约8公里，大体呈西南向东北伸展，地质构造系中元古界汝阳群云梦山组的肉红色中粗粒石英砂岩夹杂色页岩。跑马岭山脊及南麓平缓，旧志记载为东汉名臣郅君章跑马练兵之场所，故名。练兵场旁有一石寨遗址，遗址上有一竖坑，名“旗杆窝”，传为明末刘扁起义曾于此扎寨。北麓山崖陡峭，山下河流切断山体，形成宽阔的河流谷地，使山体显得巍峨高大。岭上分为牛山、四方石、马鞍岭、磨脐子、枣刺岭五峰，亦称五星山。五峰逶迤叠嶂，俊丽秀奇。岭内灌木丛生，荆棘茂密，唯南坡多植油桐树。自东向西依次为玄云寺遗址、龙泉寺遗址、天鼓（用物击地面发出“咚咚”声音，如同鼓鸣）、石棺、磨脐子、仙人洞、大唐寨、刘扁大堂、藏兵洞、石棚、天缝、鬼见愁、狼牙石、韩王试剑石等自然和人文景观。

油篓沟 位于油篓山和龙泉寺山脚下，地质构造为肉红色中粗粒石英砂岩。

油篓沟（杨富安　摄）

由1条主沟和6条叉沟组成。主沟长5.6公里，最窄处3米，最宽处19米，总体呈S形，由西北向东南伸展。自然景观众多。沟两旁山势陡峭，突兀挺拔。状似“油篓”的山峰大大小小十余座，诸峰相峙，层峦叠嶂。沟两旁灌木丛生，野山楂、野核桃、油桐林覆盖着山坡。沟中小溪宛若一条白色巨龙顺势而下，溪瀑成群，流水叮咚，清澈见底，小蝌蚪、螃蟹、虾等水生动物在溪水中嬉戏。水中的石头被冲洗的光滑晶莹，形状怪异。传说此山因王母娘娘曾在此命侍卫向人间倾倒香油，故称“油篓沟”。沟北段山门里，塑有王母娘娘命侍卫倾倒香油的组雕“福满人间”。组雕中为王母娘娘，像高330厘米，底座高60厘米，通高390厘米。王母娘娘左侧持油篓的武士为侍卫，右侧执扇的为侍女。雕塑背面底座上阴刻对联一副：“千山献祥云喜纳瑶池施仙露，四海歌大吕欣承恩泽惠众生。”雕像所表现的内容正是此地广为流布的民间传说：“王母娘娘赐福人间”。

油篓沟入口处是一面积3万平方米的“龙泉湖”，站在湖北岸向南观看，一座山峰状如“金蟾望月”。前行200米，是一只形似千年的“乌龟石”，圆圆的大身子上面足足可以站上20人，乌龟头缩了进去，似酣睡状态，样子极其可爱。“孙猴逗八戒”，妙趣横生。“双龙飞瀑”犹如两条龙从天而降直入“双龙潭”。潭旁有双龙憩息的“老龙窝”。爬“天梯”到“石房子”可看“石灶”。“大象石”侧卧溪水边。“水帘洞”、“蝴蝶泉”、“青龙瀑”尽收眼底。12棵百年古树耸立在横山最高处，即到了油篓沟尽头，翻过横山进入茅芽沟。

嫘祖庙

第三章 嫘祖文化的内涵与外延

远在5000年前，人类社会由母系社会逐步向父系社会过渡，以嫘祖为代表的植桑养蚕、缫丝制衣的蚕桑丝织文明曙光在中原炎黄文化圈中出现，并向四周传播发展，交流融合，形成了丰富多彩、博大精深的嫘祖文化，成为炎黄文化重要的组成部分，世代传承而不衰。

嫘祖文化，一般是指黄帝时代与嫘祖及其发明、创新相关的文化，如始祖文化、蚕桑丝织文化、服饰文化、婚姻文化等，是嫘祖文化的核心内容；而广义上的嫘祖文化不仅包含上述几点，还指自黄帝时代开始，嫘祖文化前后承接不断，相沿至今的一些传统文化，如农耕文化、姓氏文化、母亲文化、祭祀文化、科技文化、旅游文化等内容。随着中华民族的不断发展和壮大，嫘祖文化的内涵也不断丰富和扩大，并升华为民族精神、民族文化。

一、嫘祖文化

（一）始祖文化

炎黄时代是中华文明史的肇端，特别是黄帝时代，国家的统一，民族的融合促进了先进生产技术和先进文化的广泛交流，发明创造不断涌现，社会进入了一个大发明、大创造的时代。考古发现证明，黄帝时代的发明和创造涵盖政治、经济、文化、艺术、科技、宗教、民俗等诸多领域，由此形成的华夏文明是其以后一切发展的源头，因此炎黄二帝被尊奉为中华民族的人文始祖。黄帝正妃嫘祖辅助黄帝统一天下，并首创植桑养蚕、缫丝织绸，作旃冕、制衣裳、兴嫁娶等，这些历史贡献加速了中华民族向文明时代迈进的步伐，因此，嫘祖亦被尊奉为中华民族的人文女祖。

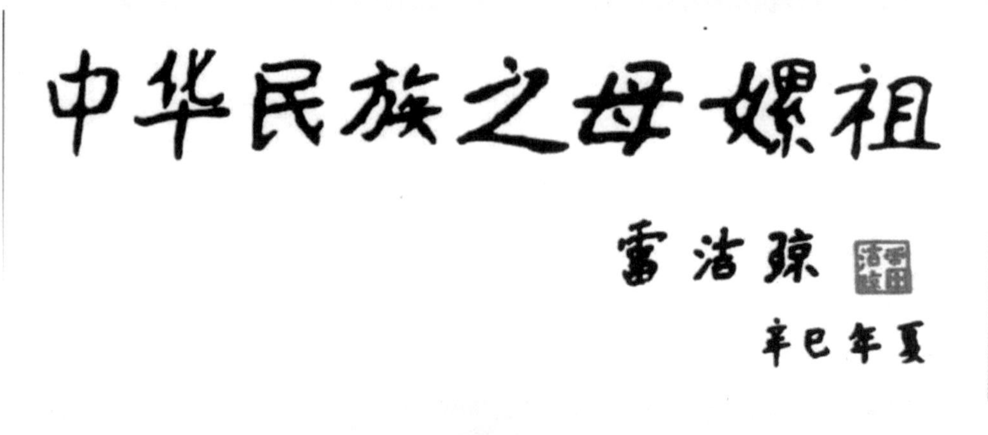

全国人民代表大会常务委员会原副委员长　雷洁琼题词

《史记·五帝本纪》载：“黄帝居轩辕之丘，而娶于西陵之女，是为嫘祖。嫘祖为黄帝正妃，生二子，其后皆有天下。”宋·李焘《续资治通鉴长编》亦载：“昔者，黄帝娶于西陵之女，是为嫘祖，为黄帝正妃。其子孙皆有天下。五帝三王皆黄帝之后。”类似的众多史料说明，黄帝之后的颛顼、帝喾、唐尧、虞舜、夏禹、商汤、周文王、周武王及之后的历代帝王皆是嫘祖与黄帝的后代。据姓氏学家统计，在中华姓氏前120个大姓中多数属黄帝族后裔，占120个大姓的88%，从母系角度讲，这些姓氏也都源于西陵氏族的嫘祖。千百年来，炎黄子孙的称谓已约定成俗，黄帝为中华民族之父，嫘祖为中华民族之母。这不仅是血缘关系的传承，更是民族心理文化的认同。在长期的历史发展中，嫘祖已化为特定的民族文化符号，成

蚕桑鼻祖西陵氏像（民国）肖影 绘

为民族精神、民族母亲的象征。

（二）嫘祖文化的核心——蚕桑之源、丝绸之源

中国是世界上最早训育野蚕并缫丝织绸的国家，各地广为流传的神话传说、文献记载以及出土实物，都揭示了中国养蚕织丝制衣的悠久历史。

传说，是嫘祖发明了植桑养蚕缫丝织绸。远古时候，西草河边居住着炎帝的一个支族西陵氏部落。这里四季分明，雨量充沛，渔猎有山水，农耕有平原，非常适宜植桑养蚕。少女时代的嫘祖常去蜘蛛山中采摘野果，在山中发现大量的野桑树和野蚕茧。为食蚕蛹，一次在煮茧剥壳时，无意中搅拌蚕茧的树枝挂出了蚕丝，丝线愈抽愈长，连绵不断。聪颖的嫘祖立刻联想到蜘蛛结网的情景，便用“手经指挂”的方法试着用野蚕丝编织出第一块丝片，后来经过不断改进，丝片也越织越大，经过无数次实验，嫘祖终于利用简易的工具织出了原始的丝绸布。此后，嫘祖带领部落族人在西草河畔种植桑树，训育野蚕，缫丝制衣，让部落民众首先穿上丝绸衣裳。巡游时的轩辕黄帝看到西草河畔桑田青青、丝衣飘飘的景观后，遂和西陵氏族结成部落联盟，并在农历六月六迎娶了嫘祖。嫘祖成为黄帝正妃后，受命亲自主持蚕事，把养蚕方法传授给各个部族的民众，养蚕缫丝制衣的技术随之传遍万邦万国。

嫘祖种桑养蚕制衣，史书多有记载。皇图要览云：伏羲化蚕，西陵氏始养蚕。《淮南子》：“黄帝元妃西陵氏始蚕，即为先蚕。”元·王祯《农书》：“黄帝元妃西陵氏曰嫘祖，始劝蚕稼，月大火而浴种，夫人副祎而躬桑，乃献茧称丝，遂成织纴之功，因之广织，以给郊庙之服。”《通鉴外纪》：“西陵氏之女嫘祖为帝元妃，始教民育蚕，治丝茧以供衣服，而天下无皴瘃之患，后世祀为先蚕。”《古今事物考》：“黄帝有蚕室，乃后妃亲蚕之所。”《皇王大纪》卷二：“元妃西陵之女嫘祖亲蚕为丝，以率天下。”

考古发掘亦表明，嫘祖始蚕的种种文献描述并非是古人的虚构。嫘处所处的时代为黄帝时代，在其对应的考古学文化——仰韶文化遗址中，出土了许多与服饰相关的纺轮、骨针、骨笄、纺坠、绕线棒等实物，且有不少丝织物残

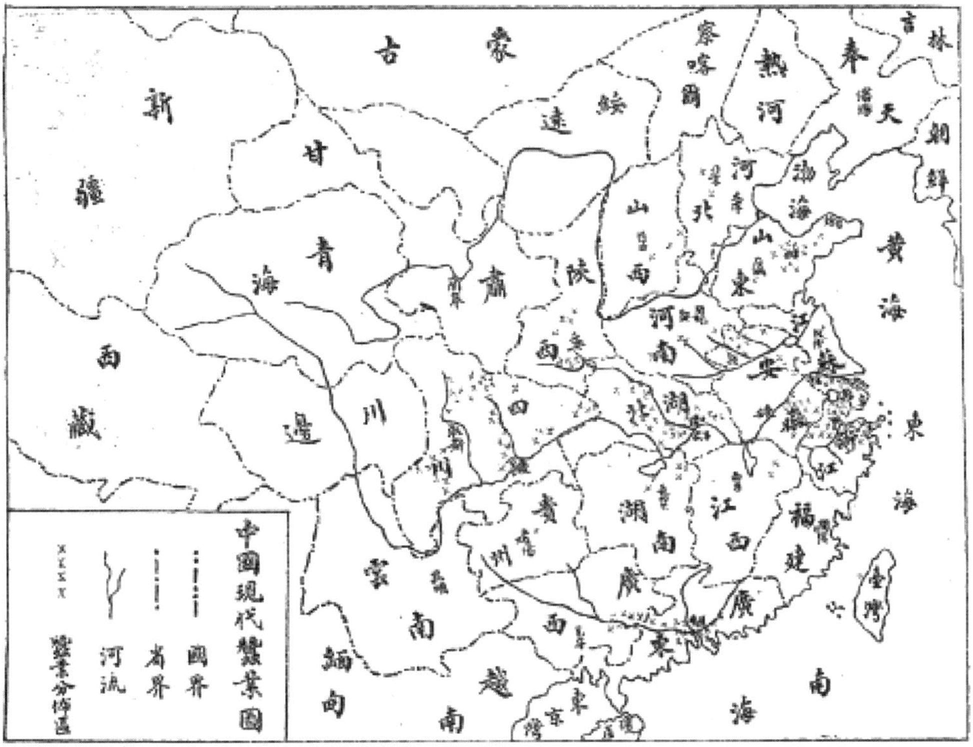

中国现代蚕业图（民国）

留痕迹。1926年春，山西夏县西阴村仰韶文化遗址发掘出大半个经过人工割裂的茧壳和一个纺轮，1984年，河南荥阳市青台村仰韶文化遗址发现有我国北方丝麻织品的最早实物——一些平纹组织物和组织稀疏的浅绛色丝织罗，1984年全国文物普查时，河南西平县新石器时代董桥遗址地表发现不少红陶、黑陶纺轮。这些发现充分说明了我们中华民族的发源地——黄河流域，早在新石器中期就已有了蚕事活动。另外，1958年在浙江吴兴县钱山漾新石器时代遗址最下面的文化层中，发现过一批存放在竹筐中丝麻织品。河北正定南杨庄仰韶文化遗址出土一枚陶蚕蛹，这些发现也说明我国早在新石期时代，生产丝绸的地区比较广阔，除中原地区外，丝织业已扩展到较远的长江流域。

2006年10月，中国·河南西平嫘祖文化研讨会成功召开，会议纪要中写道：

丝绸是除四大发明和瓷器之外，另一种可以代表中国的物质文化符号，蚕桑丝织业对中国乃至世界的文明进程产生过重大影响。我国众多新石器时期遗址出土了丝织品遗物，甲骨文中有“蚕”、“桑”、“丝”等字，金文中有“嫘祖”之名，可知我国蚕桑丝织业源远流长。文献关于嫘祖发明蚕桑丝织的记载值得信从，黄帝“垂衣裳而天下治”，黄帝元妃嫘祖功莫大焉。所以我们说蚕桑丝织文化是嫘祖文化的核心内容。

丝绸又是连接东西方文明的彩带，通过海陆两条丝绸之路，中国丝绸流向世界，为世界人民所青睐，成为中国与世界各国进行贸易中最具特色的标志性货物。在丝绸的传播过程中，中国认识了世界，世界也认识了中国。丝绸不仅为中华民族赢得了崇高的荣誉，创造了大量的财富，同时也拓展了彼此对世界的认识，形成了开放的思维和胸襟，为人类的文明做出了巨大贡献。著名台湾学者柏杨在其《中国人史纲·黄帝王朝》里说得好：“姬轩辕的妻子嫘祖和姬轩辕的大臣仓颉、隶首、容成都有同样伟大的贡献，嫘祖发明养蚕抽丝。蚕看起来是一种丑陋的昆虫，经过嫘祖细心观察，终于发现它们吐出来的东西可以织成绸缎。中国丝织品之所以能独霸世界四千余年，是与嫘祖发明养蚕抽丝分不开的。”

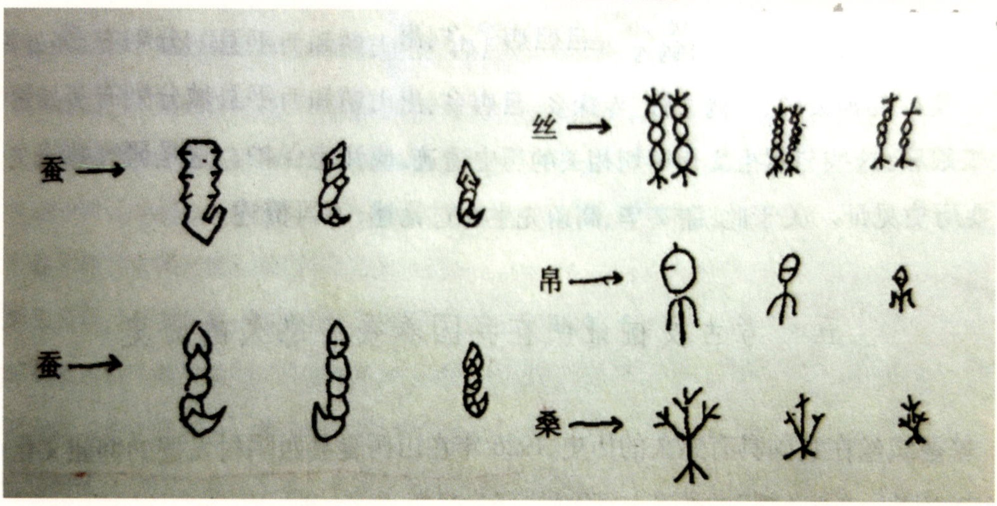

甲骨文中的蚕桑等字

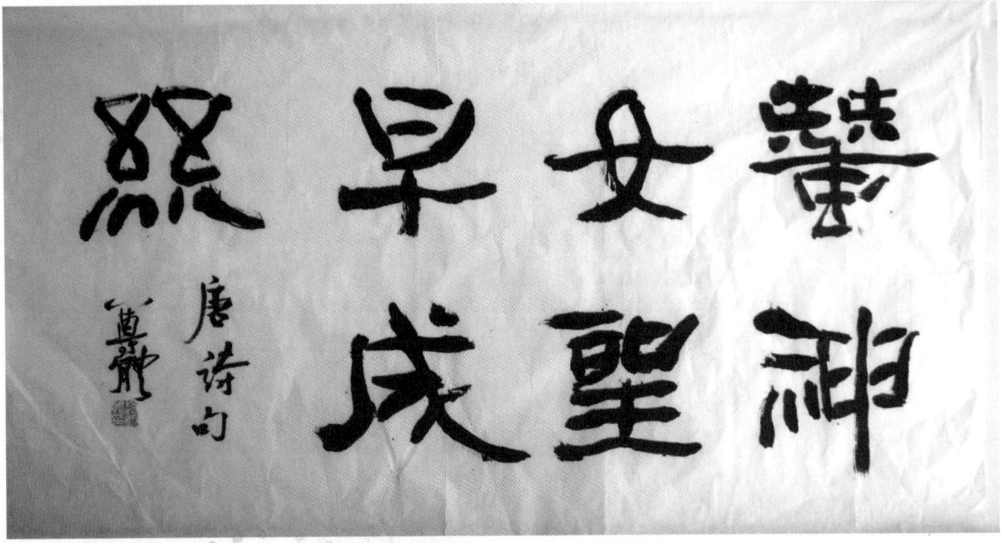

赵尊体书（河南）

（三）嫘祖文化的主要内容——服饰文化、农耕文化

服饰文化 服饰的出现既是人类物质文明的产物，又与精神文明的发展息息相关。旧石器时代，人们以采集狩猎为主，生活的副产品鱼骨、兽骨及飞鸟的羽毛经简单加工成了最原始的饰品，同时人们也开始用骨针连缀树叶兽皮来御寒遮羞，自此拉开了中国服饰文化史的序幕。进入新石器时代，人类逐渐进入渔猎、畜牧和原始种植业阶段，在长期的实践中人们发明了原始的纺织工具石纺轮、陶纺轮，开始对短纤维织物如亚麻、动物毛发、植物茎叶等进行纺织并制作衣物。从兽皮裹身到用麻布缝制衣物，标志着人类社会的巨大进步。从中国古代文献和原始人类遗址出土文物上的图样推断，人们对长纤维蚕丝的利用始于黄帝时代，是黄帝正妃嫘祖发明的养蚕缫丝制衣技术开创了人类服饰文明的新纪元。

中国传统服饰由服装和饰品两部分组成，其中服装包括头衣（主要指头巾和帽子）、衣裳（上衣，下裳）、足装（主要指鞋袜），上衣下裳的服装样式，大致也就是中国古代最早的服装款式，它的源头可追溯到黄帝时代。《蚕经》载："黄帝元妃西陵氏始蚕，盖黄帝制衣裳因此始也。"《物原·衣原》载："轩辕妃嫘祖始育蚕缉麻，以兴机杼而成布帛。"《周易·系辞下》："黄帝、尧、舜垂衣裳而天下治。"孔颖达《疏》云："垂衣裳者，以前衣皮，其制短小，今衣丝麻布帛，所作衣裳，其制长大，故云垂衣裳也。"这说明到了黄帝时代，随着生产水平的提高物质财富的积累，人类在生产生活实践中，不断改进着自己的衣着，人类在衣皮苇葛麻的基础上，开始利用丝绸解决穿衣问题，改变了人类利用兽皮、麻布裹身的历史。嫘祖制衣，黄帝垂衣，让苍生身着华彩，摆脱赤身裸体的尴尬，跨进了文明的门槛。

中国传统服饰的主流是汉服，又称汉衣冠，峨冠博带、宽袍大袖是其主要形式，它既体现了民族服饰的突出特色，也是民族礼仪的一部分。汉服是世界上历史最古老的民族服饰之

轩辕黄帝像

一，从传说中的黄帝时代一直延续到1644年清军入关后,对中国人生活的影响之广、之久是其它发明无所能及的。传说黄帝即位时，定制冕服为汉服之开始。相关史料多有记载。如《竹书纪年·五帝纪》：“（黄）帝即位，居有熊，初制冕服。”宋·林之奇《尚书全解》：“衮冕之服，王朝觐诸侯于庙则衮冕。”元·黄镇成《尚书通考》：“凡冕服皆玄衣纁裳”。

黄帝统一中原地区各部族后，组建了具有国家职能的社会管理机构。即位大典举行前，黄帝命制定上衣下裳的朝服之制，其设计理念是：“取诸乾坤”的上天下地、上阳下阴之象，法天制衣，法地制裳，因此，衣上而裳下，衣尊而裳卑，把乾坤尊卑之序引入服装。最初为区别各部族代表，命人在朝服上绘制出各部落图腾或者具有象征意义的装饰图案，这些图案便成为后世官服上“十二章纹”的雏形。为突出黄帝的土德、威严和至高无上的权利，以玄色丝绸为主料，为黄帝制作了玄衣，并专门设计了一顶冕。大典之日，新式朝服威严齐整，意气轩昂。明·丘濬《大学衍义补·冕服之章》写道：黄帝“作衣裳以披之于身，垂绢为衣，其色玄而象道，壁幅为裳，其色续而象事，法乾坤以示民，使民知群臣父子、尊卑贵贱，莫不各安其分也。”“衣裳”与“治天下”联系起来后，中国传统服饰被深深打上了政治烙印，中国人特殊的服饰治世的文化观念从此生发出来。

黄帝时代的朝服图案经后世推崇逐渐演化成为著名的十二章纹，即把日、月、星辰、山、火、龙、华虫（雉形）、宗彝（虎雉）、藻（水草）、粉米（谷粒形）黼（斧形花纹）、黻式（对称几何花纹)十二种图案纹饰或绘或绣于衣裳上，这十二种花纹是分等级的，以日、月最为尊贵，从天子起直到各级官吏，按地位尊卑、官职高低分别采用，特别是龙的形象最后逐渐演化成国家最高统治者和权利的象征。后世中国官服制度的基本宗旨是“冠服皆以品定”，官员服装的等级性基本上以十二章纹和所佩戴饰物区分，如明清用“补子”表示官员的品级，补子是一块约40—50厘米的正方形丝绸材料，可织绣上不同的纹样，然后被分别缝缀在官服的胸前和背后各一个，文官的补子用飞禽，武官的用走兽，分成九个等级以区分官员的级别。以十二章纹为代表的朝服是中国丝绸服饰中的一枝奇葩，也是中华服饰文化的一个象征。

褐罗琦锦袍（长沙马王堆汉墓出土）

南宋紫灰绸纱女夹衫（福州浮山出土）

战国锦袍（湖北江陵马山楚墓出土）

唐瑞花印花褶裙（新疆吐鲁番出土）

黄帝的玄衣裳经过不断的改进、演变，成为几千年以来华夏民族的吉服，帝王的冕服，以及中国的国服，经过《诗经》、《尚书》、《周礼》、《礼记》、《易经》、《春秋》的礼制继承和改造，服饰作为标志身份和规范礼仪的外在形式，逐渐形成了一套符合礼仪规范的服饰制度，上到天子下至百姓都必须遵循自己阶层的服饰制度，冠服制度和服章制度对中国古代社会的影响非常大。在日常生活中，祭祀有吉服、朝拜有朝服、丧葬有凶服，而且还要据地位的高低，在服饰的装饰纹样和颜色上有所区别。在中国，由于人们相信“衣裳”与“治天下”的因果关系，服装制度成了君王施政的重要制度之一。历史上每个朝代的更换，都要来一次服饰改制，所谓“改正朔，易服色”，似乎要在刷新天下的同时也刷新着人们的衣着。如“胡服骑射”、“北魏孝文帝汉化改革”、“清朝衣服满族化”的改革。

丝绸布料的华丽和高贵，以及华夏服饰的多样性使中华传统服饰独树一帜。孔氏传曰：“冕服采章曰华，大国曰夏。”《释诂》云：“夏，大也。故大国曰夏。华夏，谓中国也。”中国为礼仪之邦，地域广大，社会发达，人民衣着华美，故被称为“华夏”。嫘祖、黄帝为中国丝绸之国、衣冠之国、礼仪之邦的美名奠定了重要的基础，深深影响着后世。

农耕文明　中国自古以农立国，“春种秋收,男耕女织,聚族而居”，这一农业经济的基本形态从远古一直持续到近代。农业对中华文明的形成、发展和延续具有至关重要的作用，持续发展的农业生产不仅为中华民族的生存繁衍提供了丰富多样的衣食物品，也为中华文化的形成发展提供了色彩斑斓的精神资源，奠定了中华文明的物质基础和文化基础，这也是中华文明从未间断的一个重要原因。

在我国古史传说系统中，神农氏是农业的发明者，神农氏尝百草，选择出可供人类食用的谷物，同时创制斧斤、耒耜，教导人们种植谷物,饲养畜禽，原始农业出现了。黄帝时代是华夏民族第一次大统一大融合时期，当时人们考定星历、作耒耜、作井、作杵臼等，先进的生产技术得到广泛的推广,原始的耕种和养殖业都得到继承和发展。史书对黄帝时代的农耕也有记载。“炎帝始教天下耕种五谷而食，故黄帝述播种之利也”（《帝王世纪》）。“黄帝升为天

清.蜀绣

清.湘绣

清.粤绣

清.苏绣

子，地献草木，述耕种之利，因之以广耕种”（《黄帝内传》）。黄帝时代的养殖业也很发达，饲养禽兽已经很普遍，主要有狗、牛、羊、马、猪、羚羊、梅花鹿等。中原地区仰韶文化遗址中出土有石斧、石铲、石锄、石刀、石犁、以及大量的动物遗骸等，种植作物粟、黍、稻、菽、高粱等，这些发现证明史书对黄帝时代农业发展状况的记述是属实的。农业的发展促使社会物质财富迅速增多，人们赖以生存繁衍和各项事业的发展有了坚实的基础。

中国农业种植与桑蚕养殖相结合的经济结构肇始于黄帝时代。黄帝统一中原后，“命西陵氏劝稼蚕”，以解决天下百姓的衣食问题，进而促进各部族间的融合和发展，维护国家的长治久安。当年嫘祖追随黄帝，跋山涉水，不辞劳苦，到各部族去教授栽桑养蚕技术，很快，黄帝统治下的万邦万国桑荫密布，蚕蛾飞舞，养蚕缫丝很快传播开来，原始的丝织业在华夏大地得到普及和大力发展。在嫘祖黄帝之后长达几千年的农耕社会，蚕桑业成为仅次于谷物种植业的重要生产项目，蚕丝也成为我国最重要的衣着原料，蚕丝织物成为农牧经济交流和对外贸易的主要商品。

早期的蚕桑丝织业工具简陋，养蚕、缫丝、织绸工序繁杂费时，制作一匹美丽的丝绸，必须经过育蚕缫丝、练丝、练帛、丝绸印染等多道工序，人们需要长时间从事这项工作。女性心细、动作准确，又富有耐心，更适宜从事这项工作。这样男主耕地，女主养蚕制衣的生产模式便逐渐出现，进而形成了农桑并举或耕织结合的中国传统农业格局。这种格局从根本上改变了人们以渔猎为主解决食物来源，以兽皮树叶蔽体遮羞御寒的原始生活状态，人们开始聚族而居，人口规模逐渐扩大，形成了村落和社区，继而出现了城市与国家。男耕女织的农耕文明还促成了社会大分工得以实现，使独立的手工业、商业和科学事业得以形成和发展，人类社会得以摆脱野蛮迈入文明之域。

在以男耕女织为基本生活物质来源的经济格局中，“一夫不耕，或受之饥，一妇不织，或受之寒。”吃饭穿衣问题是人类早期社会的两大主题，炎帝解决了农耕，黄帝继承并大力发展之，嫘祖解决了穿衣问题，从这个角度看，嫘祖和黄帝共同创造了男耕女织的生产方式，奠定了古老的东方农耕文明，而由此形成的华夏文明更是中华民族自尊、自强、创新发展的精神源泉，中华文明的源头。

（四）婚姻文化

人类穿上衣裳，走进男婚女嫁的婚姻殿堂，是社会文明程度的一大进步。我国古代的婚姻形式大体经历了原始群婚阶段、血缘婚、掠夺婚、族外婚、对偶婚、一夫一妻制等。在原始群婚、血缘婚阶段，人们过着杂居乱婚的生活。《吕氏春秋·恃君览》云：昔太古无偿君矣，其民聚生群处，知母不知父，无亲戚兄弟夫妻男女之别，无上下长幼之道。掠夺婚是古代部落间为增加人口用战争手段夺取妇女的一种野蛮和强制性的婚姻形式。这种婚姻形式曾普遍地流行于各民族。《易经》：“乘马班加，泣血涟如，匪寇婚媾。”《白虎通义》：“婚姻者，何谓也？昏时行礼，故谓之婚也。”因为是暴力抢亲，有夜幕掩护自然更容易得手。从古人对婚姻的解释和许多地方在黄昏时分举行婚礼的习俗可看出早期掠夺婚的盛行。这种风习直到今天在偏远的地方还有所保留（黄昏时举行婚礼），但仅只是形式上的保留。

河南祝喜群 书

黄帝时代，我国婚姻进入文明化阶段。人们开始以礼仪规范和伦理道德来制约婚姻关系。传说，嫘祖在部落战争中与黄帝结为百年之好，开族外通婚之先河。对此还有个美丽的传说。嫘祖被黄帝接到有熊国后，白天翻山过河，不辞劳苦教黎民栽桑养蚕，夜里仍与西陵国一起来的姐妹同屋居住。一晃仨月已过，眼看约定的大婚日子就要到来，嫘祖辞别轩辕黄帝君臣，回到西陵国。到六月六日这一天，黄帝按照嫘祖的意愿，将嫘祖风风光光地从西陵国迎娶到有熊国，在百官簇拥下登上具茨山顶，庄重地拜天、拜地、拜日、拜月、拜山、拜河、拜祖先、夫妻对拜并盟誓。然后在具茨山东麓山洞里小住三日，方回黄帝宫，这就是“八拜成婚”的来龙去脉。如今具茨山顶东崖那块圣坛被世人称作鸳鸯台。黄帝与嫘祖的结合，实际就是黄帝有熊国族团与炎帝西陵国族团的联姻，体现了族外婚向对偶婚过渡的必然趋势。

黄帝统一中原后，嫘祖深感乱婚、掠夺婚对社会造成的危害，又建议黄帝兴婚娶，推行“八拜成婚”的文明礼俗，倡导缔结族外婚、对偶婚，进行人伦教化，逐步终止群婚、乱婚、抢婚等落后风习,推动社会文明进步。随着历史的进步，男女成婚的程序也不断演变。到了周朝，官家制定礼仪，把男女从订婚到结婚规范为六礼：纳彩、问名、纳吉、纳征、请期、亲迎。直到今天，男女结婚都还要举隆重的仪式，叫拜堂成亲：“一拜天地、二拜高堂、夫妻交拜、送入洞房”。依然保留有当年“八拜成婚”的影子。

在人类文明发展史上，婚姻生活具有确保种族繁衍及构建社会行为模式的双重功能。嫘祖倡导族外婚，兴嫁娶礼仪，结束了远古各部族彼此之间隔绝的局面，不同氏族互为通婚和联姻，互为往来，既符合优生优育，又避免了族群内部乱伦的少廉寡耻现象和不安定因素，为中华民族的形成奠定了坚实的基础。因此说嫘祖推行“八拜成婚”的文明礼俗，倡导族外婚、对偶婚是黄帝时代社会进入文明社会的一个重要标志。

（五）母亲文化

学者王开敏在《母道》中写道：母亲文化的历史可以追溯到史前。在母系氏族阶段，走出原始社会的人类依然要面对恶劣的生存环境，仍需以群体的形式来对抗外部压力。温婉、慈爱、宽厚的母亲，便本能地成了这个群体的中心。那时的母亲担负着生儿育女和管理氏族内外事务的重任，母性的温柔宽厚

河南赵中祥书

十大杰出母亲（杨德清 摄）

成了人类最具安全感的依赖，人们知其母不知其父，名字称谓也都随母亲。我国最古老的姓都从“女”旁，如黄帝姬姓，炎帝姜姓，虞舜姚姓……由此也能大概看出姓氏的起源。而单就“姓”字本身也能说明这个问题，从“女”从“生”，姓即是“源于同一女性始祖的族属的共同标志”。这便是母亲在人类文化史上最原始的荣耀，她们在那样的社会中起着管理和教化整个社会群体的作用，这一文化群体对人类历史的影响可想而知。然而，随着社会逐渐进入男性为主体的阶段，母亲这一角色越来越被忽视。母亲的职责被限制在“生儿育女，相夫教子”，培养“治国、平天下”之才的范围内，“子贵母荣”是封建社会对母亲价值的最高评价，如：历史上的孟母、岳母、孝庄太后等，人们忽视了母亲在人类社会繁衍和发展中做出的独特贡献，忽视了母亲在自我发展的过程中的本体文化需求，这是不公平的。

近年来，受西方母亲节文化的影响，我国学者愈来愈多地开展了母亲文化的研究，但不少人还没有真正跳出封建思想残余的束缚，只强调母亲对子女的教育，以及子女对母亲的孝心，当然这是应该的，必需的，但忽视对母亲社会地位的认可和母亲自身发展的需求就不应该了。

宣读设立中华母亲节倡议书（崔朝辉　摄）

嫘祖，华夏人文女祖，继承了她之前作为母亲符号的荣耀，也为后世中国母亲做出了光辉典范，赋予了母亲文化诸多内涵。嫘祖是严格意义上的、名符其实的、当之无愧的中华民族之母。作为母亲，她以自己的言行教育子女通达明理，关爱众生，繁衍了颛顼、帝喾、唐尧、虞舜、夏禹……作为妻

中国长城书画院中将姚卫东题词（牛齐瑞　摄）

子，她辅佐黄帝实现了炎黄两大部族的联盟，统一华夏、奠定了中华国基。作为一名社会女性，嫘祖有自己独立的思想和事业。她勇于开拓，首创种桑养蚕，抽丝织绸，开创服饰文明，被后人称为养蚕制衣的鼻祖。她倡导族外婚，兴起“八拜成婚”的礼仪，开一代崭新的文明风习。嫘祖身上充分体现了一个女性对子孙、对家族、对部族、对人类的博大之爱。黄帝以德治理天下，“监于万国，治理民政”，嫘祖“劝稼蚕”，努力发展经济，改善民生，以母性无私的博大之爱教化天下，嫘祖和黄帝携手并进，共同努力，维护了国家的统一，促进了社会的和谐发展，大爱无疆的母亲文化内涵在嫘祖身上得到了充分体现。

“母亲这一角色不仅仅是一个生物学意义的概念，更重要的是一个文化角色。母亲在养育子女的过程中，直接或潜移默化地将自己的文化、观念、思想传给自己的下一代。”对社会而言，母亲关系到人类物种的生存和延续，关系到一个民族的素质。母亲又是家庭的主要经营者，是家庭和谐的纽带。时代要求我们建立先进的母亲文化观，充分发掘母亲这个群体的价值，让社会认识母亲们在整个社会里的重要意义，对母亲的地位给予高度承认和褒奖。嫘祖文化内涵包含很多中国传统母亲文化中关于家庭和睦、和谐，男女平等、自立自强、无私奉献、大爱无疆的思想与观念，这些思想和观念是构建先进的母亲文化的宝贵资源，需要我们认真保护和发扬。

（六）祭祀文化

《史记·礼记》说：“上事天，下事地，尊先祖而隆君师，是礼之三本也。”祭天、祭社、祭祖是古代的三大祭礼，具有政治、社会、伦理三大功能，它凝聚并维系着家族、宗族乃至整个民族。后世对嫘祖的祭祀集政治、社会、伦理功能于一体，是中华民族祭祀文化中的一个典范。

嫘祖开创了蚕桑文明、丝绸文明，功高天下，被尊奉为“先蚕”，民间尊称“蚕神”，受到各族人民的无限崇拜和供奉。嫘祖生前为了百姓的衣食、社会的安定，跟随黄帝四处奔波，传授养蚕缫丝制衣技术，最后客死于道，被祀为“行神”“道神”，以求道路之福。从中国人的祖先崇拜观念看，黄帝正妃嫘祖被后世敬奉为蚕桑丝织业和旅游业的祖神也是可以理解的。现代中国人祭拜嫘祖，尊奉嫘祖为中华民族之母，既有中国人的血统观念，也是一种民族文化心理的认同。

翻开历史，无论朝廷和民间，祭祀先蚕的历史延及历朝历代，从未间断。商代甲骨文中有关于祭祀蚕神的卜辞，称蚕示，说明商代已开始祭祀蚕神，祭品有三牢、三牛等，祭品丰厚，典礼隆重。到了周代，皇后每年春天都要到北郊祭祀先蚕，而汉代皇后也要用少牢礼仪祭祀蚕神。《隋书·礼仪》载：“后周制，皇后乘翠辂，率三妃、三㚤，御婉，三公夫人，三孤内子至蚕所，以一太牢亲祭，进奠先蚕西陵氏神。”隋唐年间，祭祀先蚕嫘祖的制度、形式、内容、场所等日臻完善。《旧唐书·礼仪》载：“孟春吉亥，祭帝社于籍田，天子

茧馆（皇后亲蚕之所）《王氏农书》

亲耕；季春吉巳，祭先蚕于公桑，皇后亲桑。”到了宋代，祭祀先蚕嫘祖承隋唐之风，皇后亲蚕，整个祭祀程序与前朝相比大同小异，到明清时期，祭祀先蚕嫘祖的活动，规模也愈来愈大。“嘉靖九年，皇帝诏令皇后亲蚕，命自玄武门出。内史陈仪卫，军一万人，五千围坛所，五千护于道。”可想而知，明代对祭祀先蚕的重视程度，其动用的人力，物力，财力之多都是空前的。清代最高统治者，虽为满人，但入关不久，就几乎全盘接受了中华传统文化，清朝已把祭先蚕作为大祭、国祭、和祭天地、社稷、宗庙一样重要。至今北京北海公园还有先蚕坛，这表明，中国统治阶层祭祀先蚕是代代相承，循而未改。统治阶层祭祀先蚕嫘祖有它深刻的社会背景。在中国古代漫长的农耕社会中，桑蚕丝织与粮食生产一样重要，是中国古代农业最基本而又重要的活动之一，也是古代政治家重点关注的产业经济和财税来源，中国古代农村的基本生活就是种粮和养蚕，城乡最普及的手工业也是与此有关的丝织和刺绣。一方面皇家集团力图用亲耕、亲蚕身体力行劝农桑，教化天下。仓廪足衣食丰，民才知礼仪，社稷才能安定，社会才会不断向前发展。另一方面，科学技术还不发达，生产力水平还低下，人们认识自然和征服自然的能力都有限，所以祈求神灵、祖宗护佑这也是不足为怪的事。

嫘祖一生追随黄帝，“西至崆桐，北过涿鹿，东渐于海，南浮江淮”，“披山通道，未曾宁居……迁徙往来无常处”，她历经艰辛，跋山涉水，在全国各地教民育蚕、缫丝，终生致力于蚕桑事业的推广和传播。正因为如此，在中华大地上到处都流传着有关她教民植桑养蚕、缫丝织布、制衣作裳的美丽传说，各地百姓则以不同的形式祭祀嫘祖的丰功伟绩。在嫘祖故里西平，祭祀先蚕久沿成习。旧时西平祭祀先蚕嫘祖每年二祭，一是农历三月初六，二是小满节谢蚕神。西平祭祀先蚕所以定在农历三月初六，是因为三月初六传为嫘祖的生日；把谢蚕神的日子定在小满节，是因为此时新茧刚刚上市，便于蚕茧交易，这样的安排上符历代祭先蚕的习惯，下合民风民情，亦不违农时节令。每月初一、十五家庭主妇还要在家中烧香上供，祭拜蚕神嫘祖。在四川盐亭，每年正月初八蚕过年,农家都要进香朝拜、挂红、抬大蜡烛、奏鼓乐、放鞭炮、耍狮子、舞蚕龙，有的庙宇还唱大戏，

供奉蚕神

先蚕嫘祖（年画）

男女老幼赶庙会，热闹非凡……还有献包面、奉红苕、上清油、供小鞋（酬嫘祖巡回指导养蚕，奔忙费鞋）、供七个茧串等。观其祭祀形式和供品，带着明显的地域特色。湖北宜昌则是另一番景象："西陵峡口的西陵山神庙，每到农历三月十五，要作盛大的嫘祖会。"又"宜昌人好做生日，大概自古皆然。西陵山神庙每年要作三个盛会。每逢盛会……香烟缭绕，钟鼓不绝。"在河南省新郑市，传说："嫘祖传经之后，常伯问嫘祖何时成婚，黄帝与嫘祖商定于绿月绿（农历六月六日，万物盛生之时）。嫘祖说：'我常在始祖山养蚕，就在始祖山上拜天地吧。'至今始祖山上东峰还有拜天地的鸳鸯台遗址。"故"每年绿月绿（农历六月六），不少人登上始祖山拜谒蚕丝鼻祖。"在浙江民间，不仅有与全国其他地方大同小异的祭祀活动，而且从民间年画《先蚕嫘祖》画面上还可看到嫘祖的画像及嫘祖采桑、亲蚕的活动。纵观全国，无论河南、湖北，或是四川、浙江等省市的人民群众祭祀蚕神嫘祖的出发点都是一样的，但形式则因地而异，各具特色，甚至同是嫘祖生日，各地说法也不尽相同。这正如元代王祯所言"事神之祀虽有不同，敬奉之心一也。"丝绸之路开通后，嫘祖的恩惠泽被天下，连韩国、朝鲜及东南亚国家受中华文化影响，亦年年隆重祭祀蚕神嫘祖。在中国古代，嫘祖其实已经化为一种文化符号，成为激励农桑事业不断发展进步的一种动力，含有经济的、科学技术的以及其他方面的各种因素。

男耕女织的农耕文明在中国延续几千年，尽管朝代轮番更替，江山不断易主，但中国的历史始终没有中断，代代统治者和庶民百姓都说自己是炎黄子孙，所以祭祀先蚕嫘祖这条规矩也得以世代传承。千百年来，官方祭祀形成的“礼”和民间祭祀形成“俗”，传承于数千年的历史洪流之中，随巨流的涌动而不断的磨合、逐渐合二为一，成为具有中国特色的嫘祖祭祀文化传统。这个传统不仅抚慰了个人心灵的空虚和不安，也维系了上层社会的运作和平民阶层的凝聚，使祭祀的政治、社会、伦理三大功能得以充分体现。

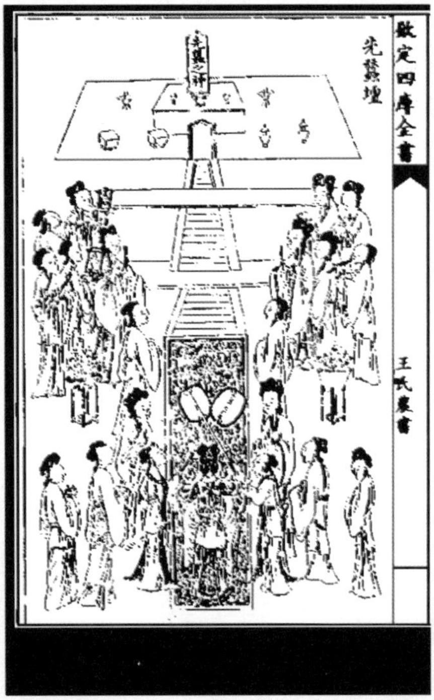

先蚕坛

正如蔡靖泉教授所说：中国人对于祖宗、偶像的崇拜、纪念是中华民族传统文化的重要方面，流行数千年的嫘祖神话传说和礼俗活动，是民族历史的活化石，是历史留给我们十分宝贵的文化遗产，它是我们今天经济、文化发展的重要资源，我们不仅要收集、整理嫘祖神话传说和抢救、传承嫘祖习俗礼仪，而且应该大加宣传并举行各种形式的活动以充分利用、合理开发其资源来促进当今社会主义中国的经济、文化发展。

（七）科技文化

我国的蚕桑丝织业历史源远流长，人们在长期的生产实践中，积累了丰富的栽桑养蚕、缫丝织绸经验，发明创造了各种先进的生产工具和精湛的生产技术。那些透亮如蝉翼的薄纱，灿烂如云霞的锦缎，胜过原作的缂丝书画，精致典雅、美轮美奂的丝绸产品，融汇了不同时期劳动人民的技术发明和创造。这些高水平的蚕桑丝织技术，是中国也是世界珍贵的科技文化遗产的重要组成部分。

传说中的黄帝时代，以嫘祖为代表的原始先民首创植桑养蚕伟业。当年，嫘祖和她的伙伴把样子丑陋的野蚕小心地带回家，精心地喂养，仔细地观察，然后总结出桑蚕从孵化幼蚕到结茧、变娥、产卵的人工饲养的规律，说起来容易，但对于刚刚走出茹毛饮血的原始蒙昧状态的人类来说，是多么不易。凭着造福民众的强烈愿望，她们迎难而上，攻克了无数难关，经历了无数次的成功——失败——成功，发明了“水煮蚕茧抽丝”的缫丝技术，用简单的H型架子绕丝，用纺锤捻出丝线，发明“木杵捶打法”、“草木灰浸泡日晒法”等练丝和练帛技术，用“手经指挂”和原始织机织出了丝绸布，最后为了让丝绸颜色好看，又用天然矿物颜料如红色的赤铁矿、白色的云母、黑色的石墨和植物中的蓝草、红花、紫草汁液染出各色丝绸布，制作成各色各样的衣裳来供人类享用。这些发明绝不逊于后世发明指南针、火药的功绩。

从古代遗物看，黄帝时代人们纺纱的工具最初以纺锤为主。纺锤由纺轮和锤杆两部分组成，锤杆一般用木、竹或骨制成，纺轮一般是用石片或陶片经简单打磨而成。纺锤的结构看起来很简单，但它的工作原理却很科学。它巧妙地

纺车图（汉画像石）

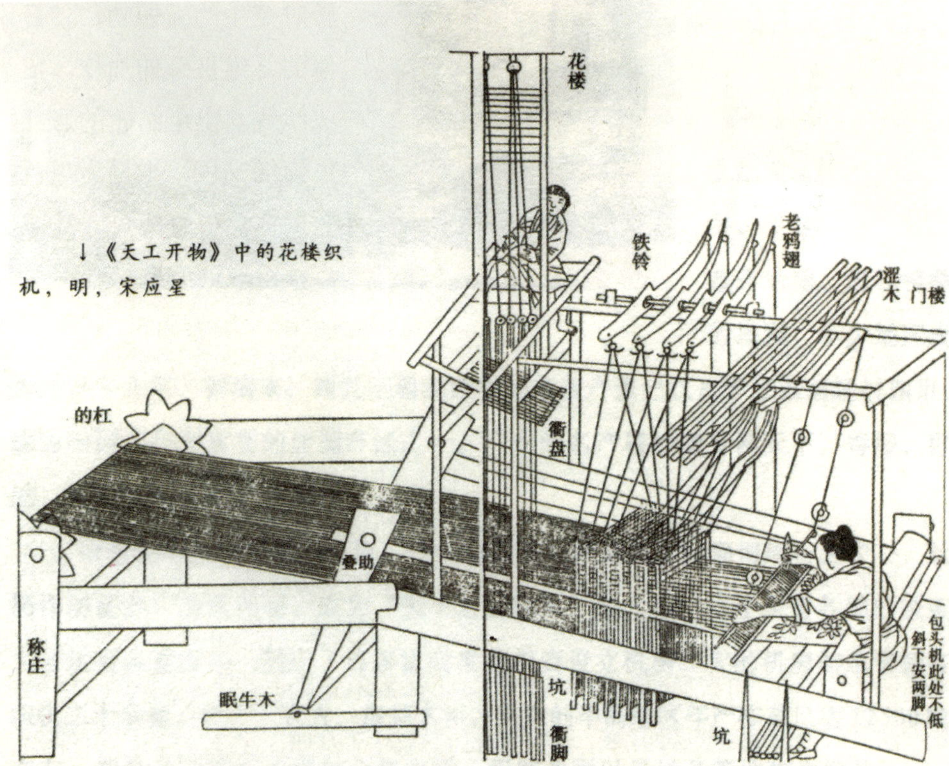

↓《天工开物》中的花楼织机，明，宋应星

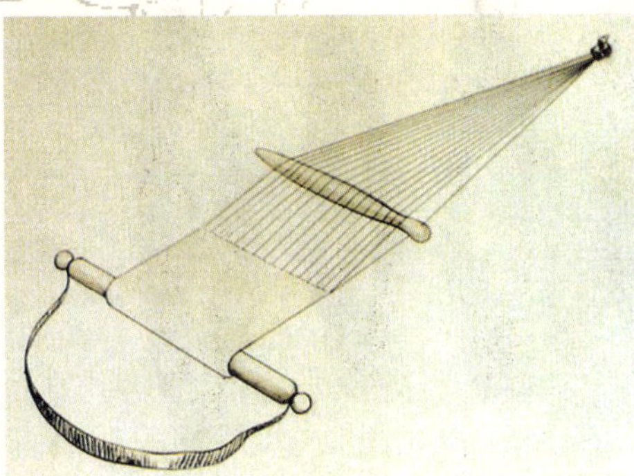

古代纺织工具

织机（杨德清　提供）

络子（金春赞 摄）

利用物体自身的重量和它旋转时产生的力做功，使乱麻似的纤维被牵伸加捻，撮合成纱线。出土纺轮的彩绘，多为红褐色，少量为黑色或黑褐色，以直线、弧线或卵点纹组成同心圆、辐射线等图案。这种装饰，其目的不仅仅是为了好看，而且是为了在旋转加捻时比较容易判断捻向，起到匀捻作用。纺锤的出现，给原始社会的生产带来了巨大的变革，是我国纺纱工具发展的起点。

我国在远古时是以“手经指挂”来完成“织纫之功”的（《淮南子》）。所谓“手经指挂”是将一根根纱线依次绑结在两根木棍上，再把两根木棍固定的纱线绷紧，用手和指像编席或网那样进行有条不紊的编结。“手经指挂”的编结方法费工而且纱线易纠缠。后来我们的祖先又发明了具有开口、引纬、打纬三项主要织造运动的原始织机。原始织机虽然简单，只有那么几根木棍，却包含了近代织机的主要运动，并能成功地织出简单布帛。它的出现不仅使原始织造技术得到了重大改进，也为后世各种织机的出现奠定了基础，因此可以说它们是现代织机的始祖。这些原始的工具和

梭子（金春赞 摄）

技术在纺织工具发展史上所起的作用是不可抹杀的，这些都是我国古代科学史上的重要发明。

科学技术是社会发展的第一动力。以嫘祖为代表的原始先民们发明的看是简单的工具，却是人类在纺织事业上迈出关键的第一步，是我国纺织事业的第一缕曙光，它永远照耀着后人前进的步伐。从原始的简易的纺锤到现代化的大型纺织工具，每一次技术革新，都凝聚着无数人们的心血和汗水，那些美丽的绫罗绸缎纱是众多丝织工用聪明的智慧和勤劳的双手织出的一幅幅美丽的作品，是他们为中国赢得了“东方丝国”的美誉，是他们谱写了中华民族五千年的丝绸文明史。今天，我们继承的不仅是物质财富，更重要的是大无畏的开拓创新精神，让科技文明之花在中华大地上开得更加璀璨夺目。

二、嫘祖文化与民族文化、民族精神

（一）嫘祖文化是民族文化重要组成部分

嫘祖文化是在黄河、长江及周围地域形成，在绵延几千年的历史长河中，以华夏民族为主体的中华民族各地域文化长期地、不断地交流、渗透、竞争和融合的结果，是中华民族共同的文化、共同的社会心理与习俗的结晶，嫘祖文化起源于上古贯穿到现在，根植于中华民族五千年的文明史，是中华民族传统文化重要的组成部分。

嫘祖文化的传播体现了民族文化的融合性

学者张德水认为：“考古学和古史研究均表明，黄帝时代，中国处在一个民族文化急剧融合的时期，各个族团之间有着广泛的交流。目前发现的仰韶文化遗址达5000多处，主要分布在河南、陕西、甘肃、河北、山西等地。在新石器时代文化中，仰韶文化是分布范围最广的一种。尤其是在庙底沟时期，仰韶文化表现出强烈的扩张性，强盛时西到甘青，东抵沿海，南到长江南北，北达长城内外，几乎遍及大半个中国。因此，嫘祖文化作为黄帝文化一个重要组成部分，就有可能随着族团活动范围的扩大而传播至更加广泛的区域。考古学上除表现出仰韶文化向四周的扩张与传播之外，同时也受到周边地区文化的影

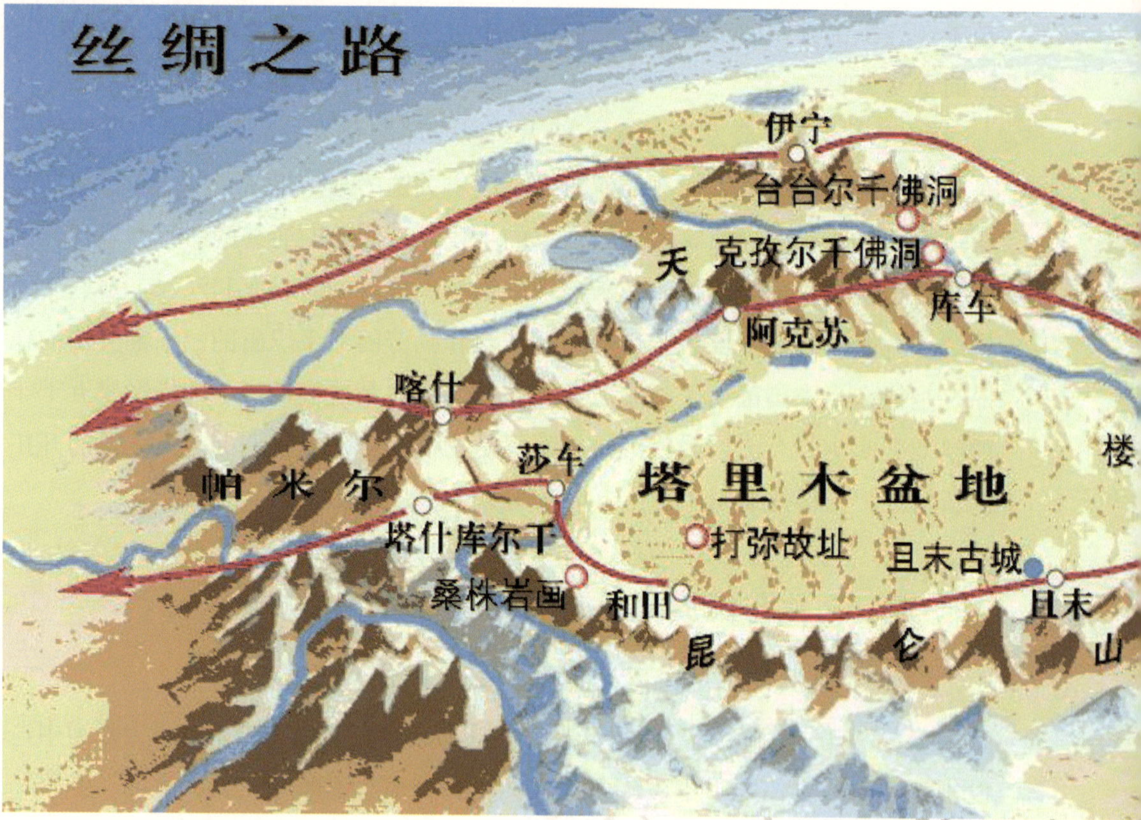

响。河南中部的仰韶文化，既包含有来自长江中游屈家岭文化因素，又有东方大汶口文化因素的存在，表现出各文化之间的密切交流和相互融合。因此，从文化传播与融合的角度来看，有关嫘祖的传说遍布中国南北，其中比较重要的如四川、湖北、湖南、浙江、江苏、山西、陕西等地，有着丰富的嫘祖传说故事，这些也并非空穴来风，而是源于中原嫘祖文化的影响所致。位于长江流域的四川、湖北、浙江等地，同样具有桑蚕文化生成的生态环境，在黄帝时代文化融合的大背景下，共同创造并丰富了中国桑蚕文化。嫘祖文化的传播，体现出了华夏民族文化融合性这一主旋律。”

汉代张骞通西域，“丝绸之路”逐步形成。以丝绸为代表的东西方贸易及文化交流缓慢地由沿途各地民族特别是中亚民族作为中介进行运转，为正常

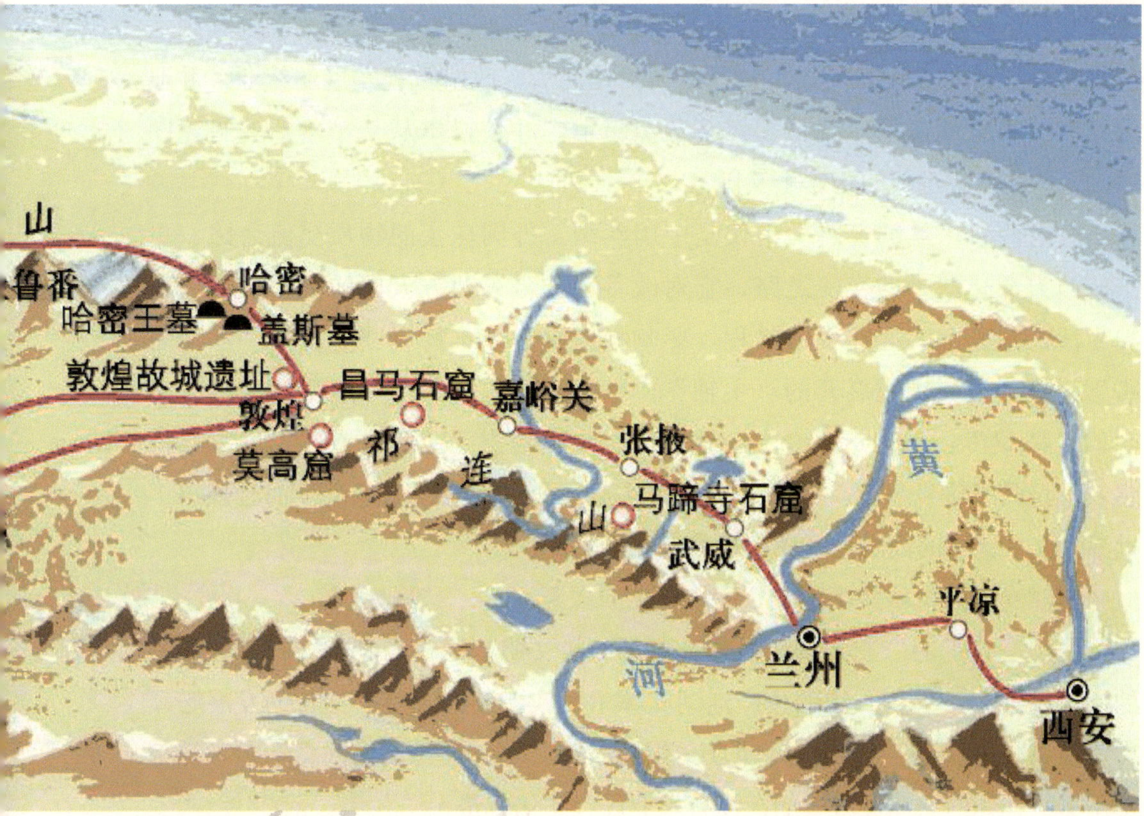

丝绸之路

的经济交流开辟了道路。丝绸对外贸易的发展，不仅极大刺激了国内桑蚕的生产，也成就了中国西部众多边远城市的名声，古楼兰、吐鲁番出土的历代精美丝绸，于阗出土的各国钱币，如汉五铢钱、唐开元通宝、波斯银币、罗马金币等，无不反映出这些古代名城昔日活跃的丝绸贸易。汉朝用丝绸换回了国防急需的良马，同时也依靠丝绸与西域大小王国建立起了紧密的关系，促进了沿途各少数民族之间与汉民族的了解与融合。

丝绸是中国古老文化的象征，中国古老的丝绸业为中华民族文化织绣了光辉的篇章，同时对促进人类文明的发展做出了不可磨灭的贡献。丝绸之路开通后，中国大量的丝绸及技艺流向国外，对传入国的政治、经济、文化产生了深远的影响。如13世纪意大利经济迅猛发展，成为欧洲文艺复兴的起始国，是和大力发展丝织业分不开的；17世纪后期，法国经济形势好转，成为欧洲强国，也是与丝织业的兴起有关；再如日本明治维新后，政府重视发展丝织业，并通过开拓国外生丝市场，使日本经济蒸蒸日上，并使日本从一个落后的封建国家，迅速转变成近代的资本主义国家。

海陆两条“丝绸之路”不仅是中国丝绸、外国珠宝的物质交流之路，更是东西方文化技术的交流之路，它对改善和丰富东西方人民的物质生活和精神生活，对整个人类文明的进程，影响极为深远，难怪有些学者把“丝绸之路”比喻为世界历史展开的“主轴”，世界主要文化的“母胎”和东西方文明的“桥梁”。以习近平总书记为首的党中央提出了“一带一路”的战略构想。不仅具有进一步深化改革开放的现实意义和深远的历史意义，而且赢得了世界上众多国家的高度重视和积极参与。

男耕女织的农耕文明是中华民族文化的本源

中国是古老的农业大国，男耕女织的农耕文明从远古贯穿到近代。在漫长的历史发展中，男耕女织的生产活动支撑了民族文化的发展。文化的发展必须有物质条件做保证，如我国的饮食文化、服饰文化、医药文化、文学艺术等都是由男耕女织的农业做后盾的，没有农业民族文化就是无源之水。

男耕女织的农业活动还构建了原始科技和哲学产生的舞台。农耕文明的深厚土壤直接培育造就了包容、和谐、内敛、天人合一的儒家文化，是本源文化发育成长的摇篮。先秦时期诸子百家虽各执一词，但都是在中国这块农耕文明土壤上发育起来的思想派别。中国的哲学无论是自然哲学或者是带伦理特征的社会哲学，均脱胎于农业生产活动，特别是自然哲学与农业生产的关系更为密切。例如我国的阴阳五行思想，“天时、地利、人和”，“因时制宜”，“因地制宜”等，实质上正是我们祖先在农业生产和与自然作斗争中所认识、所总结出来的自然哲学宇宙观。

农耕文明还孕育了多彩的农业文化类型，包括语言、诗歌、科技、戏剧、民歌、风俗及各类祭祀活动等等，农业文化是中国存在最为广泛的文化类型，这些文化类型都与男耕女织的农业有着千丝万缕的联系。农业文化作为中华文明的本源文化，在广大人民群众的生产生活实践中不断创造演绎、积累进步，成为我国浩瀚无垠、博大精深的民族文化的重要组成部分。

丝绸文化——民族文化的象征

自从丝绸诞生后，中国每一段历史时空里都有它的身影，随着华夏文明前进的脚步，丝绸在政治、经济、文化、艺术等方面均散发出灿烂的光彩，形成了丰富多彩的丝绸文化。可以说，丝绸在某种意义上代表了中华民族悠久灿烂的文化。

蚕桑丝织业对中国古代语言文字、文学艺术影响巨大。就中国文字而言，据有关学者统计，甲骨文上有一百多个与蚕桑丝织相关的文字。以《说文解字》为例，其中就收录了有关丝绸和染色工艺的字几十个，如属于丝绸品种的有锦、绮、绫、纨、缣、绨（ti）、绢、缦、绣、缟，属于丝绸缫练的有缫、绎、练，属于丝绸染色的有绿、绯、缥、缬、絑、纁、绌、绛、缙、綪（qian）、缇、縓（quan）、紫、红、繻、绀、綥（ji）、缁、纔（cai）、緂等，另外，见于其他书中的还有很多，这里不再多举，由此即可窥见一斑。

海上丝绸之路

我国以蚕桑丝织为题材的文学作品丰富多彩，历代文人墨客留下大量吟咏古代种桑养蚕、缫丝织绸的诗词篇章。以《诗经》为例：《豳风·七月篇》："女扎懿筐，遵彼微行，爰求柔桑。"《秦风·东鄰篇》："阪有桑，隰有杨。"《郑风·将仲子篇》："无伐我树桑"。《魏风·十亩之间篇》："十亩之间兮，桑者闲闲兮。"《卫风·氓篇》："桑之未落，其叶沃若。"又"氓之蚩蚩，抱布贸丝。"《鄘风·桑中篇》："期我乎桑中"，又《定之方中篇》："降观于桑。"《曹风·鸤鸠篇》："鸤鸠执在桑，其带伊丝。"《唐风·鸨羽篇》："肃肃鸨行，集于苞桑"等等，这些诗篇都涉及采桑养蚕，丝衣绸服，广泛而深刻地反映了那个时代的生活场景和人们的情感世界。唐诗宋词中关于蚕桑丝织的诗句更是美不胜收。"燕草如碧丝，秦桑低绿枝。"（李白）"宣城太守知不知，一丈毯，千两丝。地不知寒人要暖，少夺人衣作地衣。"（白居易）"春蚕到死丝方尽，蜡炬成灰泪始干。"（李商隐）"柔桑采尽绿荫稀，芦箔蚕成密茧肥。"（王安石）"千丝为衣被，一茧自缠缚。"（沈与求）丝绸除了用于制衣被，战国时代开始用于书写和绘画，称作帛书与帛画，其在传承和保存民族文化遗产方面发挥了独特的作用。最具代表的是长沙子弹库战国楚墓中出土的楚帛书和帛画。帛书900余字，内容有伏羲、女娲、共工、禹、契等，还涉及天象、灾变及四时、昼夜形成的神话

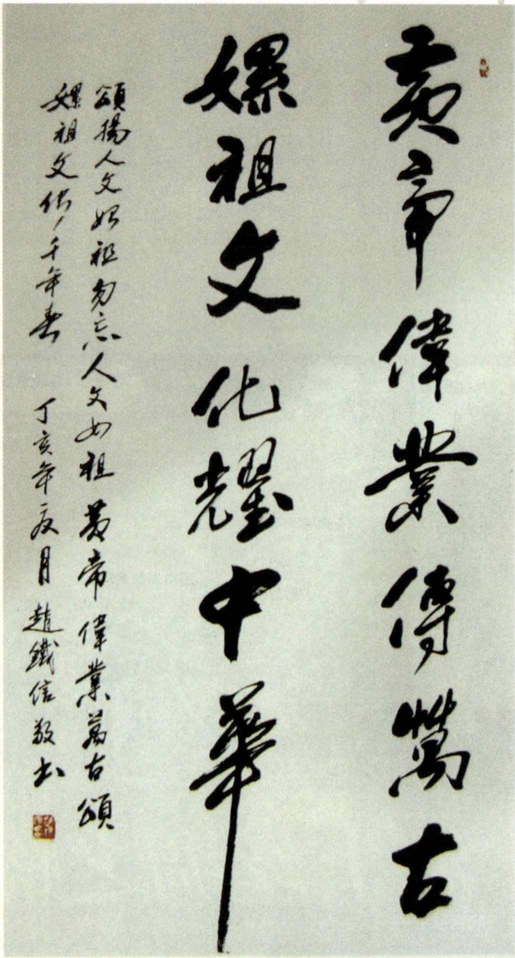

中国民协原副秘书长 赵铁信题词

等。帛画长37.5厘米，宽28厘米，画面绘有一个高冠长袍的佩剑男子驾龙船而行，船下有鱼，船后有鹤，喻示墓主人的灵魂在神灵动物的引导下飞升。长沙马王堆一号汉墓出土的彩绘帛画，画面分三部分：上部为天国景象，有女娲、神鸟、扶桑树、金乌太阳与8个小太阳，弯月、蟾蜍、玉兔、乘龙飞入月宫的女子，天门双阙、守门人及护豹；中部为人间景象，画有墓主人在人世间生活的场景，下部为地下的景象，整个画面想象丰富，色彩绚丽，线条流畅，是帛画中的极品之作，突出反映了汉代高超的蚕丝缫纺技术，这些都是我国古代绘画史上的珍宝。

中国四大名绣（苏绣、湘绣、广绣和蜀绣）、三大名锦是丝绸与中国传统文化结合的极品，至今在世界上仍享有很高的声誉。从那一幅幅精致、典雅、美轮美奂的刺绣作品中可以看出中国人对丝绸的热爱与生俱来，中国人把自己的观念、智慧、灵感都融入到那些绚烂如云霞的锦缎，丰富多彩的刺绣作品中。在各个时期的丝绸花纹里，我们能感觉到更广阔的文化背景。比如汉代的云气纹，是由于汉代人喜好神仙，幻想升天；唐代的瑞兽葡萄纹、团花，则是因为当时流行国外的花样，因而极显富贵。丝绸上的忍冬纹、莲花纹、联珠对鸟、对狮纹是随佛教传入而流行起来的。

纵观历史可以发现，丝绸不但与国家的政治、经济、文化相关联，而且与人们的衣食住行、礼仪活动密切相关。“我们也许可以说，丝绸就像中华文明的一件特殊外衣，它那精细的质地和柔软的外表，是作为某种不可缺的民族精神的一部分而附载到文化的诸多方面去的。”丝绸文化的历史源远流长，文化底蕴深厚，民族特色鲜明，是中国古老文化的象征，是中华民族文化的瑰宝。

（二）嫘祖文化与民族精神

“民族精神是能促进民族发展的积极传统”，它是一个民族共同的心理和思想倾向，是一个民族赖以生存和发展的精神支撑。嫘祖文化承载着创新发展、和谐发展、关注民生、民富国强、以德治国的理念，嫘祖身上体现着自强不息、无私奉献、大爱无疆以及通达明理、男女平等、夫妻和谐的家庭美德，

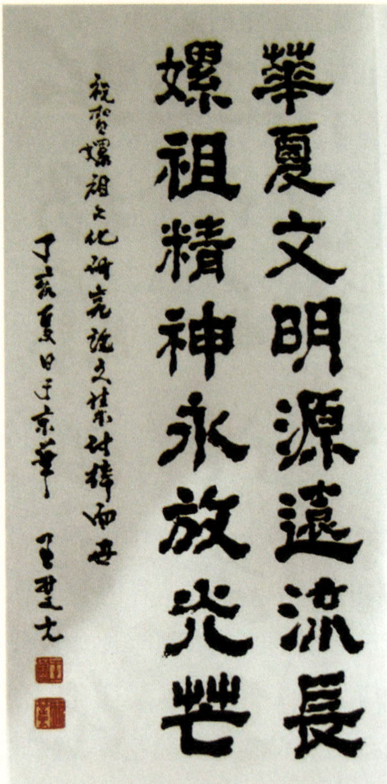

中央文史馆原副馆长、国务院参事室原副主任 王楚光题词

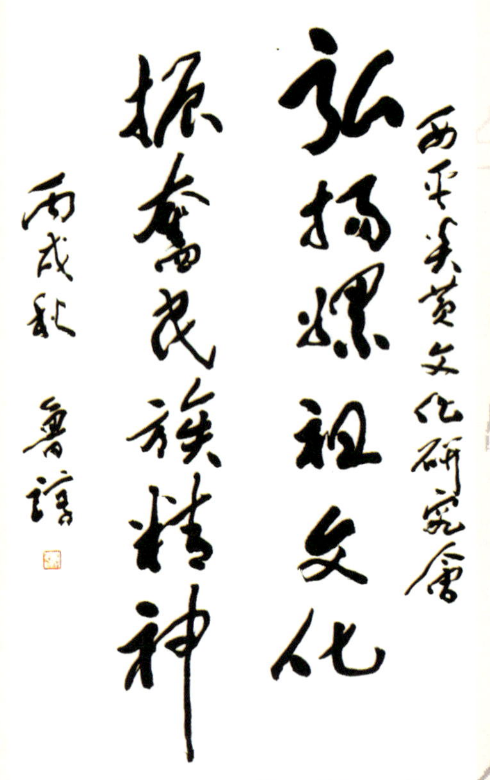

中华炎黄文化研究会常务副会长 鲁谆题词

这些思想意识经历史的长期沉淀已成为中华民族文明史上的精髓所在，成为中华民族生生不息、薪火相传的精神动力，它不仅对古代社会的发展而且对当今社会的进步，都发挥着重要作用。

嫘祖首创植桑养蚕、缫丝制衣事业，是我国古代的重大发明之一，它为我国经济的发展开辟了广阔的道路，为推动世界文明的发展做出了重大的贡献，这正是中华民族自强行建，创新发展的具体事例。中华民族能够长久不衰，就是因为生存在这片土地上的人们从来没有停止过探寻、创造的脚步，中华民族是自立自强开拓创新的民族。

嫘祖所处的时代正是母系氏族社会向父系氏族社会过渡的时期，各部族为各自利益不断发生战争。在这个特定的历史背景下嫘祖与黄帝结为百年之好，促成了西陵部落与有熊氏部落的联盟，奠定了华夏族的基础。为支持轩辕黄帝成就统一大业，通达明理，顾全大局的嫘祖首先让自己的儿子改为姬姓，并协助黄帝联合炎帝齐心合力打败蚩尤，实现了各部族的统一。为解决苍生饱暖问题，嫘祖和黄帝一道四处奔波，他们亲力亲为，不畏艰险，披荆斩棘、开拓创新，居无定所，在普天下传播农耕和蚕桑技术，开创了男耕女织的农耕文明，仁爱惠及四方，他们的无私奉献换来了华夏的和谐统一，国家的富强和民族的强大。

为了维护各部族的团结，建立巩固大一统的国家，嫘祖向黄帝提出“定蚕桑、制衣裳、兴嫁娶、尚礼仪”的治国之策，促使黄帝确定了一条以德治国的和平统一路线。“黄帝即位，施惠存天，一道修德，唯仁是行，宇内和平”，这种以德治国、构建和谐统一的思想对以后的中国历史产生了深远的影响，至今尚保存着旺盛的生命力。

嫘祖文化深深地熔铸着中华民族的生命力、创造力和凝聚力，对构建我国社会主义核心价值体系，完善社会主义思想道德体系，建设社会主义先进文化都有重大意义，我们应珍惜这份文化遗产并发扬光大，让嫘祖文化成为中华民族发展的精神灵魂和一面旗帜。

三、嫘祖文化的传承与发展

嫘祖文化的发展，有古今传承问题，也有中外融合问题，结合国情和民族文化特点，对嫘祖文化进行整合和创新。寓时代精神和现代文明于嫘祖文化中，使嫘祖文化逐步走向现代化，融进世界文明进步的历史潮流中。

（一）恢复国家祭祀嫘祖的大典，倡导民间祭祀活动

中华民族牢固的稳定性和巨大的凝聚力扎根于深厚的民族传统文化之中，传统文化是华夏儿女共有的民族根基和精神家园。炎黄子孙一致认同和祭拜共同的民族先祖，对增强世界华人的凝聚力，振奋民族精神，具有特殊重要的意义。学者蔡靖泉讲道：在中华民族发展过程中，嫘祖和黄帝早已成为中华民族

神圣化的先祖偶像和理想化的国家象征，成为民族文化心理认同的人文始祖。我们应该像祭祀黄帝一样祭祀嫘祖，恢复国家祭祀嫘祖的大典，倡导民间祭祀活动，以保持中华传统女祖文化的连续性，努力使我国纪念嫘祖的传统活动办成即有民族、国家传统文化的统一主体及明确的宗旨和基本内涵，又有不同省市地域文化的丰富内容、多样形式和独具特色，从而增强中华民族的亲和力、向心力、凝聚力，使之产生全国乃至世界性的广泛影响，切实有效地促进全国及各地的经济文化发展。

省级非物质文化遗产保护项目匾牌

（二）以嫘祖为形象设立中华母亲节

“节日问题不是一个小问题，而是关系一个国家、一个民族的历史文化传承，历史身份认同，国家信仰与民族凝聚力的大问题。”

嫘祖是中华民族之母，嫘祖文化承载着中华民族优秀的文化内涵和民族精神，是维系中华文化血脉，培育中华文化精神的最佳载体。我们应吸收借鉴外国母亲节中的优秀文化内容，以嫘祖为形象设立中华母亲节，并赋予母亲节以中华文化的内涵。让广大人民群众尤其青少年能够知道中国厚重的历史，灿烂的文明，了解先民的智慧，增强民族自信心，在中国与世界各国愈来愈深的文化交流中，保持自己的本色与特色，将中华民族自强不息、开拓创新的精神永远发扬下去。

嫘祖作为中华民族之母，是天下亿万炎黄子孙的根之所系，魂之所萦，情之所牵，血之所凝。以嫘祖为形象代表设立中华母亲节，更容易保持中华民族的认同感，增强民族的凝聚力，对中华民族起到“同根同祖同源”的凝聚作用。以嫘祖为形象代表设立中华母亲节，还有利于弘扬中华母亲文化，发扬爱母、尊母、敬母、孝母的良好社会风尚，让人们认识母亲在社会发展中的作用，提高女性的社会地位，培养女性自尊自爱、自立自强的精神，承担起社会赋予女性的崇高职责，进而营造家庭和睦，社会和谐局面。

（三）将嫘祖文化申报为世界非物质文化遗产

随着全球经济的一体化，世界各国的文化也正在相互碰撞中融合，各国为

中国嫘祖文化之乡匾牌

节庆中国榜奖牌

维护文化的主体性而努力申报世界非物质文化遗产。嫘祖文化作为民族文化的重要组成部分，既承载中华民族文化的生命密码，又是体现世界文化的多样性，维护民族文化独立于世界文化之林——文化身份和文化主权的基本依据，我国应积极将嫘祖文化申报为世界非物质文化遗产，加强相关的保护传承工作。

（四）打造以嫘祖文化为内容的旅游品牌

从民族文化角度看，旅游文化是一个民族的共同文化传统在旅游过程中的特殊表现。它包括只有这个民族、这个国家独有的哲学观念、审美习惯、风俗人情等文化形态。由于民族文化具有地域性、民族性、传承性等特点，往往为一个国家和地区所独有，很难模仿和复制，因此，在竞争中就减少了可比性，具有垄断的地位，加上民族文化还能满足旅游者高级而复杂的精神文化的需求，因此易形成强有力的竞争能力，也易于创出自己的特色和名牌效应。

嫘祖文化内涵丰富，具有旅游业不可缺少的民族文化底蕴和灵魂，其独特的文化内涵正是打造旅游文化品牌的资源优势。其一：嫘祖为“中华民族之母”的神圣地位无可替代。黄帝统一万国，肇启文明，功业浩浩，被后人誉为中华民族之父，嫘祖德配黄帝，养蚕制衣，造福万代，尊为中华民族之母。其二：嫘祖文化的核心是蚕桑之源、丝绸之源。嫘祖作为蚕桑丝织业的创始人，被奉为“先蚕”，即“蚕神”，历朝历代受到上至皇室下至庶民的祭祀和膜

中国嫘祖文化研究中心匾牌（崔宝轩　摄）

拜。其三：嫘祖“首倡嫁娶”，开一代文明婚姻新风，被誉为婚姻鼻祖。其四：嫘祖一生追随黄帝，征南战北，足遍天下，终身致力于推广、传播养蚕织丝技术，最后客死于道，黄帝念其德，封她为“祖神”，后人祭为“行神”、“道神”，亦称“旅游之神”，是现代旅游爱好者的始祖和保护神。

保护、开发嫘祖文化资源，把丰富的独具特色的嫘祖文化资源转化成文化旅游产业，例如以嫘祖故里为依托，建设朝拜、祭祀圣地，让华夏儿女在观光旅游中增强民族的向心力、凝聚力、亲和力和自豪感，以嫘祖文化中丰富的民俗为载体，建设民俗村，让游客观光、体验男耕女织的农耕文明等等，让国内外旅游者从中了解中华民族悠久的历史和绚丽多彩的文化，让嫘祖文化世代传承、发扬光大下去。同时还要谨记：严格恪守“在保护中开发，在开发中保护”的原则，这是华夏儿女义不容辞的责任。

中国民间文艺家协会

民协发[2007]36号决定　　　　签发人：白庚胜

关于命名西平县为“中国嫘祖文化之乡”并同意建立“中国嫘祖文化研究中心”的决定

河南省民间文艺家协会并西平县人民政府：

所报《关于申请“中国嫘祖文化之乡”并建立“中国嫘祖文化研究中心”的函》收悉。依照中国文联及中国民间文艺家协会命名中国民间文化之乡的有关条例规定，经组织专家实地考察、论证，中国民间文艺家协会认为：所报材料属实，符合规定要求，手续齐备，申报规范。经研究，同意命名西平县为“中国嫘祖文化之乡”并同意建立“中国嫘祖文化研究中心”。

请河南省民间文艺家协会、西平县人民政府在获得以上命名后，按照相关规划努力做好各项工作，切实抢救、保护和弘扬优秀民间文化艺术。中国民间文艺家协会将对命名后开展的有关工作适时进行检查，并继续给予扶持和指导。

特此决定。

中国民间文艺家协会
2007年7月 日

第四章 嫘祖文化的保护与传承

嫘祖首创植桑养蚕，缫丝制衣，为中华民族从蛮荒时代迈向农耕文明做出了卓越贡献，她协助黄帝定鼎中原，把和谐文明写入史册，留下了极其宝贵的物质财富和精神财富。嫘祖文化『根于西陵古国，衍于有熊，广布于华夏』，是中华民族优秀的传统文化之一，是中华民族的精神支柱，发掘、保护、传承嫘祖文化是历史赋予我们的重大责任。西陵儿女将加倍珍惜『中国嫘祖文化之乡』的这份荣誉，努力担当起『中国嫘祖文化研究中心』的重担，把嫘祖文化的研究与开发利用推向新的阶段，使之成为展示民族文化的窗口，联结四海友谊的纽带，发展合作交流的载体，促进民族复兴的力量。

授牌庆典（崔宝轩 摄）

二〇〇六年元月，中共西平县委、西平县人民政府为加大对嫘祖文化研究发掘、传承弘扬、保护开发力度，建立健全了相关组织制度，采取了一系列必要措施，使西平县嫘祖文化保护与传承工作走向了快车道。

一、研究申报与宣传推介

二〇〇六年元月九日，西平县炎黄文化研究会成立，按照县委、县政府指示，组织历史、民俗、姓氏、考古等方面的专业人才，对嫘祖文化做了大量的调查研究、挖掘整理工作，为保护和弘扬嫘祖文化奠定理论基础。

查阅文献　嫘祖文化研究是个新课题，资料少，县炎黄文化研究会成立不久，就以县图书馆为依托，成立资料搜集整理小组。不仅查阅县图书馆、史志办、档案馆史料、还派专人或登录网络到河南省图书馆、北京大学图书馆、上海图书馆等单位查询，获取了大量珍贵的史料和图片。特别是《水经注》“县，故柏国也，其西吕墟，即西陵亭也，西陵平夷，故曰西平”的记载；《三国志》和洽进封“西陵乡侯”的记载;《武威汉简》“汝南西陵县”的记载；《王杖十简》图片、清代《水经注·潕水》地图等史料，同史书中关于黄帝正妃嫘祖始蚕、制衣的记述相印证，为嫘祖故里在西平及发明植桑养蚕的历史功绩提供了有力的佐证。为体现“资源共享”的原则，县炎黄文化研究会把搜集到的资料汇集成“嫘祖文化资料索引”分别赠给国内高校、科研单位的有关专家学者，为他们进行专题研究提供了方便，加速了研究进程。

外出考察 为开阔视野，防止研究工作中可能出现的坐井观天、盲目片面倾向，县炎黄文化研究会多次组织专业人员出外考察、学习。在河南新郑、淮阳和陕西黄陵，学到了研究、开发三皇五帝时期文化的宝贵经验；在河南开封、湖北宜昌、四川盐亭等嫘祖文化研究起步较早的地方，做了大量的调查，并在真诚、友好的氛围中与当地学者进行了研讨与榷商，从中学到了对方的长处，

当地文化工作者与嫘祖文化传承人座读了解《嫘祖祭奠》（陈向阳 摄）

考古学家蔡全法（左一）走访群众（陈向阳　摄）

考古学家蔡全法（左一）鉴别董桥遗址出土文物（陈向阳　摄）

找到了自己的不足，经过一番深入地比对研究，对于嫘祖故里在何处、嫘祖在中华文明创建、延续和发展中的历史地位、研究与开发嫘祖文化的现实意义等问题，在各地研究者中间达成了初步共识。

调查群众 嫘祖虽然生活在远古，但由于植桑养蚕、缫丝制衣、德配黄帝、泽被华夏而被后人敬之以神。因此，她的传说故事在民间世代广为流传，风情民俗中也存储着嫘祖始蚕的大量信息。为取得第一手材料，县炎黄文化研究会联合文化局，文联，组织历史、民俗、文艺等方面的专业人才多次深入到师灵、吕店、出山等乡镇找年过古稀的老人、“故事篓子”、民间艺人采风寻宝，不仅采集到了大量反映嫘祖文化的民间传说故事、曲艺、民歌、谚语、民俗资料，还发掘整理出了长期流传在民间的《嫘祖祭典》，更进一步印证了西平蕴藏着丰厚的嫘祖文化积淀。

实地勘测 请求河南省文物考古研究所派出考古工作队，对省保单位董桥遗址进行了全面的调查、测量、钻探，不仅发现了大量的秦砖汉瓦，还发现了一些远古陶片、石器和红烧土。从遗址上检选到186件文物标本，包括5000年前的生产工具和生活用具残件、残片。经过认真的研究，写出了调查报告，证实董桥遗址是一处保存完好的新石器时代遗址，总面积1232000平方米，核心面积48万平方米，不仅有仰韶、龙山文化遗存，还有二里头等文化遗存，为嫘祖文化研究提供了重要的考古依据。

组织研讨 内外结合，强化研究，提高认识，求同存异，巩固成果，是嫘祖文化研究的一项重点工作。2006年以来，多次举办高规格的研讨会：

文物工作者实地勘察（陈向阳　摄）

河南省炎黄文化研究会会长王仁民（中）听取研讨会筹备情况汇报（陈向阳　摄）

研讨会专家考察董桥遗址（陈向阳　摄）

中国河南西平嫘祖文化研讨会（陈向阳　摄）

首届中华母亲节研讨会（胡军华　摄）

2006年5月12日，西平县嫘祖文化研究与开发领导小组，召集本县历史、方志、民俗、音乐、舞蹈、考古方面的专业人员举行研讨会，就嫘祖文化研究与开发进行了广泛深入的探讨，一致认定嫘祖故里在西平，西平有丰厚的嫘祖文化积淀。这次会议对西平深入开展嫘祖文化研究起了个好头。

2006年5月18日，由河南省炎黄文化研究会主办、西平县炎黄文化研究会承办的“郑州嫘祖文化研讨会”在省社科院举行。会上著名学者许顺湛、马世之、张维华、李绍连、张新斌、张国硕、蔡全法等发表了精辟的见解，这次研讨会对西平嫘祖文化的研究与开发起到了巨大的推动作用。

2006年10月13－15日，由中华炎黄文化研究会、河南省炎黄文化研究会主办、西平县人民政府承办的“中国·河南西平嫘祖文化研讨会”在西平召开，来自全国34所高校、科研单位的著名专家学者70余人参加了会议，共收到论文62篇。43人在会上发了言，并实地考察了董桥新石器时代文化遗址，不同观点经过充分的研讨，达成了共识：嫘祖是当之无愧的中华人文女祖；嫘祖发明植

爱母孝亲演讲活动（牛齐瑞　摄）

评审验收汇报会（崔宝轩　摄）

桑养蚕、缫丝制衣，功莫大焉；嫘祖故里在西平，并以《纪要》的形式公之于世。经常组织理论研究、研讨，不仅为嫘祖文化的传承弘扬、开发利用提供了理论根据，而且培养了一支理论研究队伍。

2013年4月14日，举办“中国·西平首届中华母亲节研讨会”。著名学者李汉秋、马世之、孙希岳、何新华等50名专家、学者参加了研讨。

2014年4月4日，举办了“中国·西平第二届中华母亲节暨母亲文化研讨会”。李汉秋、马世之、刘文学、蔡全法、张翠英、徐耀国等30余名专家、学者参加了研讨。驻马店市政协副主席闫超、驻马店市炎黄会会长陈文云、西平县政协主席王梅军、中共西平县委宣传部部长管保臣、中共西平县委统战部长李斌等领导参加了会议。

积极申报　为推进研究工作不断深入，申报相关部门鉴定认可，进而达到保护开发利用研究成果的目的。县炎黄会组织专人提供材料，协助县委、县政府搞好多项申报工作。

中国民协专家考评组实地考察（崔宝轩　摄）

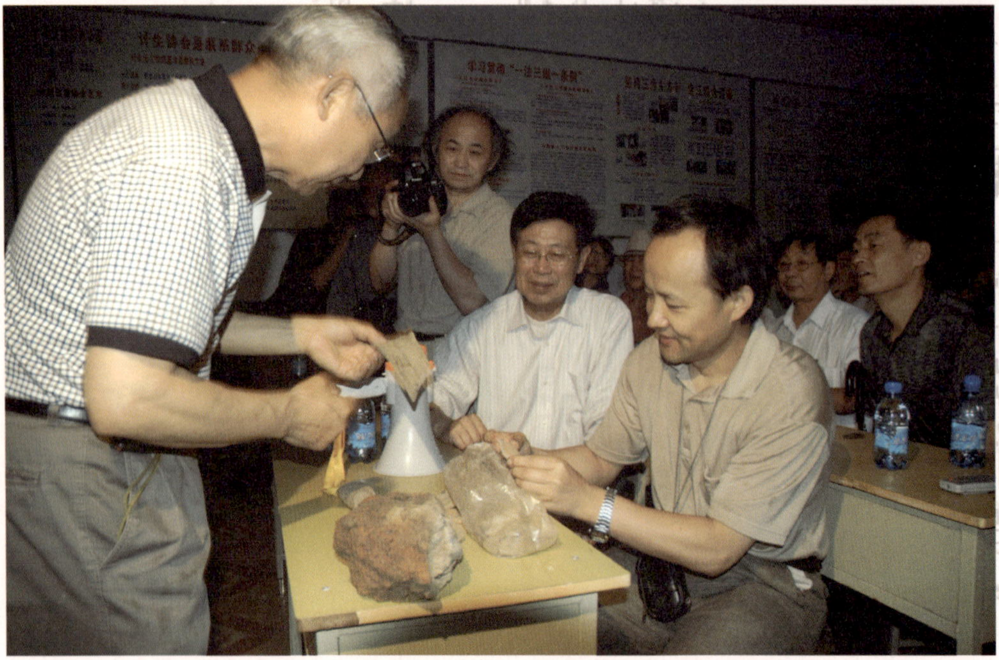

中国民协专家考评组实地考察（崔宝轩　摄）

“西平县嫘祖故里文化旅游产业开发建设项目可行性研究报告”已经驻马店市发改委[2006]607号文件批准立项。

《嫘祖祭典》由河南省人民政府[2007]11号文件公布为河南省非物质文化遗产保护项目。

以嫘祖为形象设立“中华母亲节”项目被评为2006—2007年度河南省十大最具投资价值的文化产业创意项目之一，且位列榜首。

中国民间文艺家协会[2007]36号文件批准西平为“中国嫘祖文化之乡”并同意建立“中国嫘祖文化研究中心”。

2012年12月，人民网编辑政策委员会、中国节庆创新论坛委员会授予 西平县嫘祖故里拜祖大典（中华母亲节）为“2012节庆中国榜——最具品牌影响力人物类节庆”，同时授予西平县“2012节庆中国榜—最具投资发展潜力文化旅游县”的荣誉称号。

新闻发布会（崔宝轩　摄）

宣传推介 创造条件，抓住机遇，采用多种形式，宣传推介研究成果。2006年以来：（1）印制嫘祖文化宣传彩页，在县内外散发。（2）利用河南省炎黄文化研究会年会，向大会汇报嫘祖文化的研究情况，散发相关资料。（3）在县内经常组织专题报告会、讲座。大至县委工作扩大会、科级干部培训班、妇女干部培训班，小至二、三十人的讲座。（4）定期举办展览，展示嫘祖文化的研究成果。（5）制作专题片6部。（6）在媒体上发表消息、专论。（7）利用举办嫘祖文化研讨会、拜祖大典期间，举办文艺专场演出。（8）《嫘祖文化研究》、《西陵嫘祖》等专著已公开出版。（9）根据县委、县政府指示，组织报刊专版：《 金秋十月会中原，西陵故国话嫘祖》（2006年11月2日人民政协报专版）；《西平：嫘祖故里谱新篇》（2007年11月7日河南日报专版）；《大河之南古西陵》（2007年11月15日人民日报专版）等。（10）举办“两个文化之乡”授牌庆典。2007年11月12日，隆重举行了“中国嫘祖文化之乡”、“中国冶铁铸剑文化之乡”授牌庆典。国家民协领导党组书记罗扬、四委办主任杨吉

嫘祖故里书画展（陈向阳　摄）

星，河南省人大常委会副主任袁祖亮、政协副主席张玉麟、省长助理张泉砀、省委宣部副巡视员李新全、省文联副主席何伯鸥、省炎黄文化研究会会长姚如学、省炎黄文化研究会会长王仁民，中国民协副主席河南省民协主席夏挽群、驻马店市委书记宋璇涛、市长化有勋、副书记丁巍、人大常委会主任段腊梅、政协主席邓来法等市领导，洛阳、漯河、新郑、舞钢及驻马店市、县、区相关领导光临庆典，西平县社会各界万余人参会见证了这一历史时刻。庆典上罗扬等领导代表中国民协郑重将“两个之乡” 匾牌授予西平。杨吉星、何伯鸥、丁巍等发表了热情洋溢的讲话。授牌结束，接着是大型文艺演出。央视录制90分钟专题片并在央视七套黄金段连续播出两场。（11）筹划、组织、恢复嫘祖拜祖大典。2008年农历三月初六，西平县炎黄文化研究会会同社会各界在嫘祖故里董桥恢复举行了戊子年嫘祖故里拜祖大典。河南省、市、县电视台及江苏电视台录制并播放了电视新闻。央视10套播放的专题片《丝的旅行》中多处辑录了展示西平嫘祖文化的镜头。之后形成一年一度的嫘祖故里拜祖大典。（12）2013年4月14日—16日，举办“中国·西平首届中华母亲杯书画大赛”。

二、保护计划与开发规划

（一）保护计划

嫘祖文化产生于5000年前的远古时期，由于历史久远、朝代更替以及地质条件的变迁，代表嫘祖文化的物质文化遗产和以口头传承为主的民间传说、民俗等非物质文化遗产已处于严重的濒危状态。保护和传承嫘祖文化遗产已成为当务之急。为对嫘祖文化进行切实有效的保护与开发，西平县委、政府制订了第一个五年计划，具体保护内容是：

静态保护 把嫘祖文化、嫘祖故里研究列入县社会科研重点攻关项目，编辑出版了《嫘祖文化研究》、《西陵嫘祖》等，以巩固研究成果。

在省内外征集“嫘祖形象”设计方案，树立嫘祖塑像，利用电视、网络、宣传资料、演讲会、知识竞赛等手段，宣传嫘祖文化，开展形象塑造活动。

黄淮学院院长介小磊（中）驻马店市炎黄文化研究会会长陈文云（左）
西平县人民政府原县长聂晓光（右）在签约仪式上（郭超　摄）

发动各界群众和民间文艺工作者收集整理嫘祖文化、嫘祖故里有关的民间故事，民俗民谣等，建档保存，结集出版。

成立写作班子，创作反映嫘祖始蚕的戏剧剧本和影视剧本。

注册诸如嫘祖、西陵亭、九女山等商标、域名，进行知识产权保护，并开发相关产品。

动态保护　在嫘祖故里董桥恢复嫘祖庙，建设嫘祖民俗文化村；在西平县城西部建设高规格的集旅游观光、农耕体验、祭祀人文女祖、展示嫘祖文化于一体的嫘祖文化苑。

加强对董桥遗址的保护，划定保护范围，确定专人看护。

通过市场引导，有计划的发展植桑养蚕、缫丝织锦等，并逐步形成产业。

举办一年一度的农历三月初六嫘故里拜祖大典。

积极申报以嫘祖为形象代表的中华母亲节。

全国人大常委会原副委员长许嘉璐（前左）观看嫘祖文化研究成果展览（郭超　摄）

（二）开发规划

加强组织领导　为贯彻落实河南省委提出的实现文化资源大省向文化强省跨越的战略部署，促进文化大发展、大繁荣，西平县委、县政府充分利用“中国嫘祖文化之乡”这一文化资源，加大对嫘祖文化的研究和开发力度，通过弘扬嫘祖文化，打造文化名县，以促进西平和谐社会建设及社会的全面进步。2006年11月，经中共西平县委研究决定成立了以县委副书记任组长，县政协主席、县委宣传部长、分管文化的副县长、县炎黄文化研究会会长为副组长，各有关职能部门主要领导为成员的嫘祖文化保护与开发领导小组，加强领导，制订规划和措施，优化资源配置，集中人力、财力、物力，全面推进嫘祖文化开发工作。

制定建设规划　为使嫘祖文化开发工作形成规模，早见成效，县政府拨出专款，对嫘祖故里、嫘祖文化苑等建设项目进行勘测、规划、设计、建设，主要

原河南省长李成玉（前左）陪同国家政协原副主席周铁农（前右）考察嫘故里文化产业
（崔宝轩　摄）

原驻马店市委书记宋璇涛（二排左一）陪同原河南省委书记徐光春（前中）视察嫘祖故里西平
（崔宝轩　摄）

原河南省政协主席王全书（前中）参加嫘祖故里向黄帝故里敬献轩辕乾坤剑仪式
（崔宝轩　摄）

县委书记聂晓光（前右一）县长申保卫（前左二），副书记孙清华（前左一）陪同中国纺织工业联合会副主席孙瑞哲（前右二）、驻马店副市长李国胜（前中）考察嫘祖苑建设
（胡军华　摄）

县委书记聂晓光（中）县长申保卫（左）副书记孙清华（右）在嫘祖苑施工现场调研
（胡军华　摄）

内容包括：

1、在董桥嫘祖故里整修嫘祖墓园（已完成）、修复嫘祖宫（在建）。

2、在西草河沿岸、九女山、蜘蛛山等处栽培桑林，形成规模，充分发挥西平植桑养蚕的传统优势，发展植桑养蚕业。

3、在董桥嫘祖故里建设民俗村，再现中华民族传统的男耕女织农耕文明。

4、在县城建设以祭拜人文女祖、展示嫘祖文化、休闲观光游览、农耕文化体验为一体的嫘祖文化苑（在建）。

5、通过典型带动、市场引导，在西平县恢复植桑养蚕、织锦、刺绣等产业项目。

6、打造文化创意项目—中华母亲节。中华民族具有悠久而浓厚的事亲孝亲传统文化。西平作为中华之母——蚕神嫘祖的故里，传说中农历三月初六为嫘祖的生日。为彰显寻根孝母传统的回归，倡议将农历三月初六定为“中华母亲节”，让海内外华人用我们自己的方式感念母爱。该项目2007年，在河南省文化产业协会、河南文化产业网、东方今报等单位举办的河南省最具投资价值的文化产业创意评奖活动中，获得最佳创意奖。

7、努力构建以“中国嫘祖文化之乡”为主体的寻根拜祖、观光旅游、休闲度假、生态农业观光等为内容的文化产业格局，推动西平外来投资、农副产品加工、餐饮服务、交通运输及长期的多元的文化产业发展,拉长产业链条，争取在五到十年内，塑造出“嫘祖文化之乡”的品牌，形成社会综合效益和规模经济效益。

三、保护传统的《嫘祖祭典》

《嫘祖祭典》是西平县千百年来祭祀先蚕嫘祖的典章，起源于嫘祖的降生地西平县吕店乡董桥村（吕墟即西陵亭），遍及全县城乡。

2006年春，西平县炎黄文化研究会组织历史、民俗、音乐方面的专家，先后深入到吕店乡、师灵镇、出山镇等一些农村进行调查采风，根据董桥等村老农回忆，记录整理出了流传在民间的几近灭绝的《嫘祖祭典》辞章和乐谱。每年农历三月初六，当地如期举行隆重的祭典仪式，祭祀先蚕冥诞，还要唱三天大戏。活动内容和形式以民间口传身授世代沿袭，程序规范而不显繁杂，乐舞粗犷而不失庄严，具有浓重的乡土气息，集中体现了嫘祖家乡老百姓对先祖的尊崇和浩浩功业的赞颂，也表现了农耕社会劳动人民祈求先蚕保佑的传统观念。流传在西平县的《嫘祖祭典》已收录在2006年河南省首批非物质文化遗产名录。祭典共分六章：“迎神”、“上香”、“上供”、“祭拜”、“献舞”、“送神”。祭典结束，鸣锣开戏。三天大戏唱罢，在鼓乐声中送神复位。

现在，能完整颂唱、演示《嫘祖祭典》的人已不多见。原有的民间传承人已不多，最年轻的也已70多岁，且大多体弱多病。今正着手物色、培养较年轻的接班人，务必使嫘祖文化传承后继有人。

嫘祖文化传承人

1 传承人栗发祥（上香者）（陈向阳　摄）
2 传承人孙发聚（中）（陈向阳　摄）
3 传承人潘旺根（中）（陈向阳　摄）
4 传承人张富安（左一）（陈向阳　摄）
5 传承人孙玉山（左二）（陈向阳　摄）

《嫘祖祭典》的民间传承人（见下表）：

	代别	姓名	性别	出生年月	文化程度	传承方式	居住地址
传承谱系	清	栗万峰	男	1856	私塾	口传	西平董桥村顾庄
	清	栗　金	男	1878	私塾	口传	西平董桥村顾庄
	清	孙振明	男	1880	私塾	口传	西平董桥村孙庄
	清	孙　全	男	1898	文盲	口传	西平董桥村孙庄
	清	张毛义	男	1903	文盲	口传	西平董桥村顾庄
	清	孙富润	男	1897	私塾	口传	西平董桥村孙庄
	清	栗丙坤	男	1900	私塾	口传	西平董桥村顾庄
	清	潘　闯	男	1910	文盲	口传	西平董桥村孙庄
	民国	孙俊前	男	1918	私塾	口传	西平董桥村孙庄
	民国	张连发	男	1926	文盲	口传	西平董桥村顾庄
	建国后	栗发祥	男	1926	私塾	口传	西平董桥村顾庄
	建国后	孙玉山	男	1926	私塾	口传	西平董桥村孙庄
	建国后	潘旺根	男	1936	初小	口传	西平董桥村孙庄
	建国后	孙发聚	男	1942	文盲	口传	西平董桥村孙庄
	建国后	张富安	男	1946	高小	口传	西平董桥村顾庄

为更好的传承弘扬嫘祖文化，2008年4月22日（农历三月初六），在董桥嫘祖陵前恢复举行了建国后首次拜祖大典活动。之后，一年一度例行举办拜祖大典并逐步扩大范围，扩大影响。

第五章

专家学者论嫘祖文化

2006年5月，由河南省炎黄文化研究会在郑州主持召开了嫘祖文化研讨会，2006年10月，由中华炎黄文化研究会、河南省炎黄文化研究会组织国内高校、科研单位、著名专家学者，召开了中国·河南西平嫘祖文化研讨会，专家学者分别从历史学、考古学、民族学、民俗学、社会学、姓氏源流学等诸多方面阐述了自己精辟独到的观点。为嫘祖文化的深入研究和开发利用奠定了坚实的理论基础。

2007年，中国·河南西平嫘祖文化研讨会上的专家论文集《嫘祖文化研究》一书由文物出版社出版。本章内容精选了书中著名学者朱绍侯、许顺湛、魏嵩山、曲英杰、马世之、蔡全法、蔡万进、卫斯、刘文学等对嫘祖故里地望的精辟论证；摘录了著名学者杨东晨、袁义达、李绍连、谢钧祥等对嫘祖姓氏及民俗文化的独特表述；选录了著名学者张新斌、陈昌远、周书灿、蔡靖泉、彭情深等对嫘祖文化的内涵与外延做出的精深诠释。

一、故里地望

河南省炎黄文化研究会会长、河南博物院研究员许顺湛 在《寻找嫘祖故里》一文中说：

有熊氏的地望在新郑，是黄帝故里。西陵氏是嫘祖的故里，但其地望在何处，这是本文要讨论的主题。其实前边所讲的一些情况，都是为寻找嫘祖故里划圈。黄帝、嫘祖、玄嚣、昌意以及有熊氏、西陵氏都属于黄帝时代，黄帝时代大体在距今4900年至距今6000年前，对应考古学文化是仰韶文化。黄帝都有熊、玄嚣居江水、昌意居若水均在河南境内，也就是说嫘祖的通婚族和她的子族均在河南境内。因此以嫘祖为代表的西陵氏的地望，只有在这个时地框子里去找。国内有许多西陵地名，在每个西陵地域内，首先要查看一下有没有仰韶文化。第二，要看看这个西陵是否在黄帝、玄嚣、昌意居地的大范围之内。如果不符合这两个条件的西陵，虽有嫘祖的传说故事，也只能视为次生性质的地名，属于其后代迁徙派生出来的地名。如果有的西陵连嫘祖传说故事也没有，其地名当另有来历，与嫘祖为代表的西陵毫无关系。本着这个原则来审视河南境外的西陵，全部不符合西陵氏原生地的条件。因此，嫘祖故里西陵氏地望，只有在河南境内来找。近几年马世之、郑杰祥、蔡全法、高沛等许多学者，在寻找嫘祖故里方面做了大量的研究工作，一致认为嫘祖故里在驻马店地区的西平县。汉简记载西平在汉代曾设西陵县，《水经注》说：西平县“其西吕墟，即西陵亭也，西陵平夷，故曰西平”。在河南其他所有县市都没有这个记载，西陵在西平县只此一说。在驻马店地区有几十处仰韶文化遗址。在西平县同样发现了不少仰韶文化、龙山文化遗址，最引人关注的是，《水经注》里所说的西陵亭（吕墟）所在地，即西平县城西27.5公里吕店乡董桥村，发现了一处大面积的仰韶文化遗址，命名为董桥遗址，遗址高出邻近地面5米多，其核心面积约48万平方米，为河南省重点文物保护单位。2013年5月国务院公布为全国重点文物保护单位，遗址东距师灵（西陵）古镇3公里，董桥遗址所在的师灵冈（西陵冈）总面积达26平方公里。遗址文化层堆积1-3米不等。河南省文物考古研究所蔡全法研究员专门进行了实地调查，在路沟边断层发现了灰坑6处，采集到仰韶文化的器物有纺轮、陶鼎、陶碗、陶罐等残片，还有石斧、石磨棒、石镞等。董桥仰韶文化遗址与西陵亭对应，不能不引起人们联想到当年的西陵氏。在西平董桥仰韶文化遗址不远处有一片墓葬区，传说是嫘祖坟。20世纪40年代，西平县境内尚存嫘祖庙6座。传说嫘祖的生日在农历三月初六，十里八乡的群众便聚集到董桥与

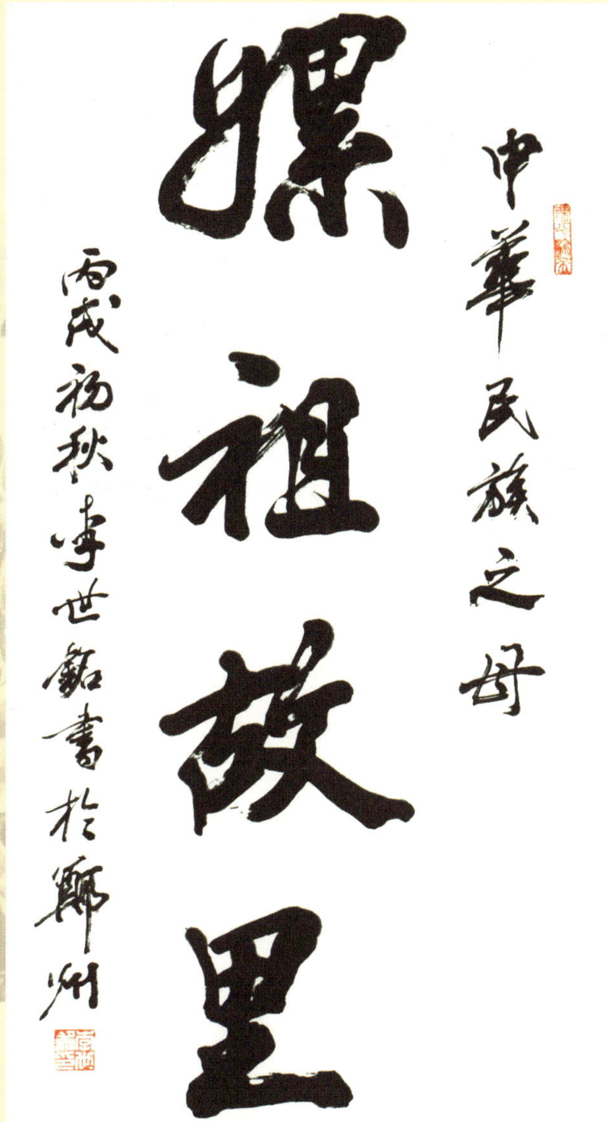

河南李世铭书

郑州嫘祖文化研讨会（县文化馆提供）

顾庄之间，唱大戏、做寿面，给嫘祖过生日。每年的“小满”节城乡居民举办庙会，祭祀蚕神嫘祖，养蚕户和蚕商兑钱唱三天大戏。流传下来的民俗和嫘祖庙等不能说它是无源之水、空穴来风，一定是有历史缘由的。

根据以上介绍分析的情况，我们要找的嫘祖故里，除了西平别无选择。因此，我说：嫘祖故里在西平。

复旦大学历史系教授巍嵩山　在《西陵氏嫘祖故里地望分析》一文中说：

《汉书·地理志》载汝南郡，高帝置，领县三十七，其一为西平。《水经·灖水注》：“县，故柏国也……汉曰西平。其西吕墟，即西陵亭也。西陵平夷，故曰西平。汉宣帝甘露三年（前51年）封丞相于定国为侯国。王莽更之曰新亭。”其县治所原在今河南西平县西师灵镇，唐移治今址。1981年甘肃武威出土了汉简，其一简上刻：“河平元年（前28年），汝南西陵县昌里，先，年七十受王杖”。则西平县既得名于西陵，西汉又名西陵县。今西平县北至黄帝

中国·河南西平嫘祖文化研讨会（陈向阳　摄）

所居今新郑市轩辕丘约120公里，地处丘陵地带，宜桑蚕，当地传说嫘祖出生于此，有多处嫘祖祠、嫘祖庙，近年又在县境董桥发现了新石器时代仰韶和龙山文化遗址，正与黄帝、嫘祖所处的时代一致。因此将这里定位为黄帝妻子西陵氏嫘祖故里应该是符合实际的。

陕西省社科院历史研究所研究员卫斯　在《嫘祖故里“西陵”历史地望考》中讲道：

如何来确定嫘祖故里“西陵”这个历史地望？在此，我们不仅要重视历史文献记载，而且要借助现代考古学手段，来确认与“嫘祖文化”有关的每一项发现。为此，笔者提出确定嫘祖故里“西陵”历史地望所应具备的三个条件：1、该地不仅在黄帝的活动地域范围之内，而且就在黄帝故里附近。2、该地不仅在年代上、规模上有足以代表黄帝时期“西陵氏”部落的文化遗址，而且在地域文化上透析出人工养蚕，缫丝织绸的信息。3、该地在全新世中期不仅有“桑树”、“野蚕”广泛分布，而且在进入历史时期以后，这里的人民仍有栽桑育蚕，缫丝织绸的传统，有祀奉嫘祖的习俗和嫘祖发明植桑养蚕的传说故事。只有符合了这三个条件，笔者认为，这才算找到了真正意义上的嫘祖故里——西陵……上述我们列举出有关嫘祖故里的十三种说法，但完全符合笔者所提出的三个条件的地方，唯只有河南省西平县一处。

河南省炎黄文化研究会副会长、河南省社科院研究员马世之 在〝河南郑州嫘祖文化研讨会〞上说：

首先，西平之西陵与黄帝所居之轩辕，青阳所居之江水（淮河），昌意所居之若水（汝水）较近，适合于远古部落之间的交往。其次，嫘祖文化为炎黄文化的亚文化，从考古发现来看，西平属于仰韶文化范畴，这里有仰韶文化和龙山文化遗址。再次，西平所处的驻马店地区，西部是伏牛山余脉，东部为

中国河南西平嫘祖文化研讨会会场（陈向阳　摄）

专家考察董桥遗址（陈向阳　摄）

淮北平原。洪河、汝河横贯东西，气候属东亚大陆性季风型亚湿润气候。对于早期人类而言，可提供从事生产活动的优越条件，既可耕可收，宜粟宜稻，有利于采集、狩猎和捕捞，非常适宜植桑养蚕。从此，亦可透出先蚕故里在西平的信息。同时，地方志、《水经注》、《三国志》对西平之西陵都有明确的记载，特别是武威汉简，更是确凿的佐证。综合各种因素，我认为，西陵古国在今驻马店市境，河南西平应是嫘祖的故里。

浙江工商大学教授徐日辉 在《河南西平为嫘祖故里考》中说：

在源远流长的中华文明中，大凡为社会做出过杰出贡献的人物，总会被后人视为神祖享受供奉，嫘祖就是其中的一位。作为伟大的女性，嫘祖始教民养蚕、缫丝，织制衣物，改变了长期以来人们“冬日麑裘，夏日葛衣”的传统，因而被“后世祀为先蚕”。又由于嫘祖好远游，死于去衡山的途中，因此后人又祀她为行走神。嫘祖对中国丝绸文化和旅游文化的贡献无可非议，但对嫘祖的家乡具体何在却有着多种说法，在诸种说法当中，本人认为以今河南省西平县为是。

河南大学教授、河南大学出版社总编辑、中国秦汉史研究会副会长、中国魏晋南北朝史学会常务理事朱绍侯 在《嫘祖文化研究·序》中说：

《武威汉简》是出土文物，所以，最具有权威性、不可替代性，说明汉代西平确实称西陵。如果没有《武威汉简》这一条，嫘祖出生地在哪里就不好说，因为《史记》虽指出嫘祖是西陵之女，但并未说西陵在何处，而且这个争论由来已久，分歧很大，你凭什么说西平就是古西陵?再一个材料就是《水经注·溵水》载："县，故柏国也，《春秋左传》所谓江、黄、道、柏方睦于齐也。汉曰西平，其西吕墟，即西陵亭也。西陵平夷，故曰西平。"这段话证明，西平原来叫西陵，后来西陵平夷改为西平。这个材料和《武威汉简》联系起来看，也是相当准确的，可靠的。有了这个材料，所以后面的《三国志·和洽传》中提到的"西陵乡"，清人杨守敬、熊会贞《水经注疏》中说的西陵亭和西汉西陵县是一脉相承的，当然也顺理成章可以作为根据了。再加上1984年文物普查时发现的西平县董桥遗址，即郦道元称作吕墟的地方，是一处新石器时代遗址，核心面积达48万平方米，出土有与黄帝、嫘祖生活年代相当的仰韶、龙山文化时期的生产工具和生活用具，包括用来抽丝捻线的红陶纺轮，这就更有说服力了。还有一点也相当重要，那就是黄帝故里和嫘祖故里的距离。远古时代，由于气候恶劣，加上山川、河流、湖泊、沼泽的阻隔，造成人烟稀少，无人地带面积大，人类活动的半径小。试想：大禹治水离黄帝时代相去千年，当时仍然是洪水遍地，何况黄帝时代呢！再者嫘祖是黄帝的发妻，按常理当时黄帝应该还很年轻，华夏尚未一统，他

《人民日报》《人民政协报》《河南日报》专版报道 陈向阳 摄

的势力范围主要在黄河流域中的中原地带，他的主要精力也在中原，还要对付蚩尤作乱，在这种情势下，跑到他势力范围千里之外的地方去娶亲几乎是不可能的。而西平嫘祖故里和新郑黄帝故里仅距120公里，两个部落属地缘性联盟，是通婚族，嫘祖又才貌双全，通婚合情合理。另外，西平地处亚热带向暖温带过渡区，气候温和，雨量充足，适宜植桑养蚕。千百年来，西平不仅流传着大量的嫘祖传说和植桑养蚕的风情民俗，还有独特的祭祀嫘祖文化。所以无论从历史学、考古学分析，从民俗学、姓氏学论证都能说明"嫘祖文化根于西陵古国，衍于有熊，广布于华夏。西平嫘祖文化是地地道道的原生文化，而其他地方之蚕桑文化，应视为次生文化，它主要是由文化传播和族群迁徙而形成的。"

中国社会科学院历史所研究员曲英杰　在《西陵考》中讲道：

古西陵为嫘祖故国，战国时期属楚国，西汉时期沿置西陵县，与西平县等同属汝南郡；西汉末省废，沿置西陵乡，后又改设西陵亭。西汉时期西平县当在今河南西平县址，乃因于古柏国，而《太平寰宇记》等所记其县西七十里有"故西平城"、"故柏国"、"冶炉城"，很可能即为西汉时期西陵县之所在。

河南省炎黄文化研究会副会长、河南博物院研究员张维华　在《西平——嫘祖故里》中讲道：

西平位于河南中南部，地势海拔53-550米，伏牛山余脉延续至此，形成西部山区向平原过渡的浅山、丘陵、平原地貌特征。其水系归属为淮河流域的洪汝河水系。地处亚热带向暖温带过渡地带，属东亚大陆性季风亚湿润气候。大地景观，由低山、丘陵、平原、湖泊与河流、沟谷纵横镶嵌和相互交错，具有强烈的空间异质性。在这些地理单元的边缘形成生物多样性、种群高密度化、食物链长、生物金字塔基底宽。这样和谐的自然环境，为人类提供了优越的经济生产和生活条件。可耕可牧，宜粟宜稻，狩猎捕捞，得天独厚。特别适宜植桑养蚕。西陵氏的先民们，在柏皇氏化蚕的基础上，受到蜘蛛织网的启示，训化野蚕，终于织成了布帛，缝制了衣服。人类终于取得了史无前例的伟大成功，发明了蚕茧治丝。这项发明，嫘祖终于确立了中华圣母的地位。嫘祖文化，根于西陵古国，衍于有熊，广布于华夏。由上可知，嫘祖文化它是道道地地的原生文化，而其他地方之蚕桑文化，应视次生文化。它主要由文化传播和族群迁徙形成的。

河南省炎黄文化研究会副会长、河南省文物考古研究所研究员曹桂岑 在《嫘祖考》中详细谈道：

黄帝文化的特征、黄帝文化与嫘祖文化的关系，最后指出：西平是嫘祖故里，研究嫘祖，必须与研究黄帝文化相结合。

河南省社会科学院考古所研究员郑杰祥 在《嫘祖故里探论》中讲道：

我认为嫘祖原居地在今河南省西平县一带更为有据，理由有三：其一西平古有西陵，其二此西陵地区古有房国，房国当即为嫘祖母家方雷氏族的后裔，其三近年来考古工作者在今师灵和吕店镇的周围即古西陵地区发现有多处新石器时代仰韶文化和龙山文化遗址，其中以董桥遗址规模最大，文化内涵也最为丰富。

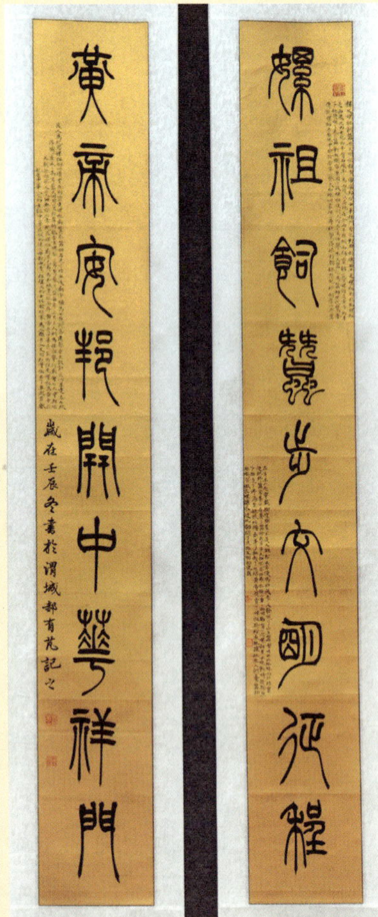

山西郝有芃书

郑州大学历史学院考古系教授、博士生导师张国硕 在《嫘祖故里探寻》中说：

探寻嫘祖故里，最为关键的途径是要在嫘祖所属的西陵氏部族与黄帝部族的关系上下大功夫。黄帝轩辕氏的活动中心是今天的河南新郑地区，属于黄帝文化的仰韶文化分布的中心区域在豫西。那么与黄帝部族有姻亲关系的嫘祖西陵氏部族，应位在距离新郑及豫西不太远，且属于仰韶文化分布区的某一地方。西平一带属于黄帝文化圈的东南部，嫘祖故里应在西平。

河南省文物考古研究所研究员蔡全法 在《从西平董桥遗址看西陵氏族之兴起》中讲道：

西平县董桥遗址近山、临水、面对平原，又为交通要衢，自然条件优越。

遗址中的主要遗物，代表着仰韶文化早期前段的特征，其来源于中原地区的裴李岗文化，与石固Ⅳ期有着密切的传承关系。考古学文化与文献记载相对应，董桥遗址中的仰韶文化当与炎黄时代西陵氏嫘姓古国有关，西陵氏也是黄帝氏族的通婚族。嫘祖为黄帝元妃，利用养蚕纺织技术加速了黄帝氏族集团的文明化进程，也曾为黄帝氏族统一各部落，完成由母系社会向父系社会的转变做出了贡献。有关嫘祖的传说和西陵氏族兴起之地域，遍及我国南北方诸多地方，这不仅是一种祖宗崇拜，英雄崇拜，而且也是一种民族文化之根的认同。如果从历史学、考古学角度去分析，来认识西平董桥的地理位置，考古学文化定位与历史文献记载，西陵氏族兴起于西平则是较为可信的。

洛阳市第二文物工作队研究员、中国科技大学科技史与科技考古系外聘博士生导师、中国先秦史学会副会长蔡运章 在《论西陵氏的族属、地望及其迁徙》中讲道:

黄帝元妃“嫘祖”为西陵氏之女，因嫘与蟜、娲及陵与蜂的名义相通，故黄帝妻家西陵氏当是远古时代女娲、有蟜氏的族裔。黄帝族居住在今郑州地区，西陵氏居住在今豫西南地区。西平本是西陵氏的故乡，也是嫘祖文化的重要发祥地。湖北、四川、浙江等地的“嫘祖”传说，当是春秋战国以降西陵氏的支族向四方迁徙的产物。

河南大学特聘教授、博士生硕士生的牵头导师、河南大学中国古代史学科带头人李玉洁 在《蚕神嫘祖及其故里考源》中讲道:

考证中国古史传说中的先蚕（蚕神）及其故里，我认为中国各地虽然有许多关于蚕神的传说故事，如汉代菀窳妇人和寓氏公主也曾作为蚕神享受祭祀，但是后周以后，因其地位低而被淘汰；至于蚕丛氏、马头娘等，只是地方诸侯国或民间传说的蚕神；而接受封建王朝正统祭祀的古代中国的蚕桑主神是黄帝的元妃嫘祖。嫘祖的故里在今河南省西平县。

中国先秦史学会会员、浙江缙云仙都文化研究会学者王达钦 在《黄帝元妃嫘祖考略》中讲道:

河南西平县东部平原，远古时为黄帝的官柏常封地，西部高坪，为炎帝西陵氏黄帝正妃嫘祖的封地。西平县蕴藏着丰富的嫘祖文化。

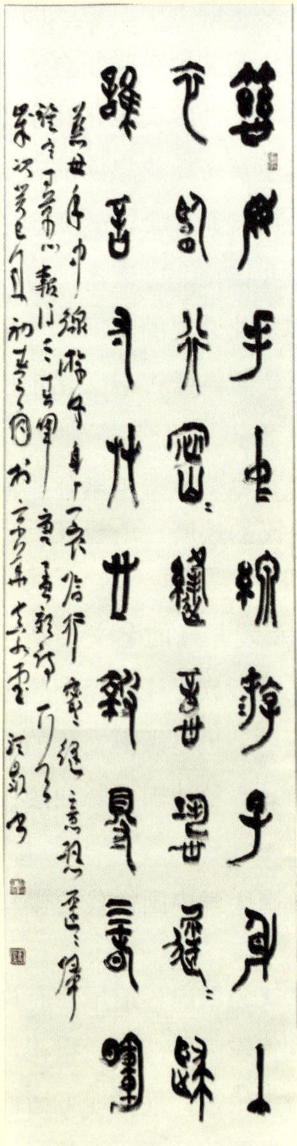

清华大学汪凯书

首都师范大学历史系研究员蔡万进（汉简专家）在《西陵、西平与嫘祖故里》中讲道：

《二年律令》是吕后二年施行的法律。“西陵”与“西平”同书一简，表明西汉初年县级行政区划中既有西陵县，又有西平县。西陵与西平县名两者不存在因袭沿革关系。实际情况有可能是在西汉并行设置二百余年的西陵与西平两县，至东汉光武帝时，由于光武帝“以官多役烦乃省并郡国十县道侯四百余所”，西陵县被省并，而西平县得到了保留，这可以从《后汉书》、《三国志·魏志》等史籍中的有关记载得到证实，《后汉书章帝纪》：“徙广平王为西平王。”《后汉书·陈敬王羡传》：“章帝以广平在北，多有边费，乃徙羡为西平王，分汝南八县为国。”终东汉一代以至魏晋，西平为县不改；相反西陵被省并后却被沦降为乡、亭，如《魏志·和洽列传》：“和洽字阳士，汝南西平人也……明帝即位，进封西陵乡侯。”《水经注》：“汉曰西平。其西吕墟，即西陵亭也。”西陵之乡、之亭与西平之县同处一地，这又反证了西汉西陵与西平同处一郡为县并相邻的事实。西陵一名，渊源久远，《史记·五帝本纪》：“黄帝居轩辕之丘，而娶于西陵之女，是为嫘祖。嫘祖为黄帝正妃，生二子，其后皆有天下：其一曰玄嚣，是为青阳，青阳居江水；其二曰昌意，降居若水。”张守节《正义》曰：“西陵，国名也。”古国名多与族名相同，是知嫘祖故里当即古西陵国所在地。西陵这一因西陵氏、西陵国而得名的地名，西汉时又与西平同为汝南郡属县，东汉初省并西陵县以后其地先后设置为西平县之乡（西陵乡）、之亭(西陵亭)，古西陵不仅在历史上的西平，而且同样也在今天的河南省西平，西平县是中华人文始祖嫘祖的故里。

河南省社会科学院历史研究所副研究员陈建魁 在《西陵氏与西平》中讲道：

关于何地为嫘祖故里，共有13种说法。这些地方之所以都被称为“嫘祖故里”，是因为这些地方大多在不同时期都曾有称为“西陵”的地名出现。上述诸说中，以河南西平说、湖北宜昌说、四川盐亭说等影响较大，而以西平说可信度最高。其一，西平一带称为西陵的时间最早。其二，嫘祖所生二子所居之江水（淮水）与若水（汝水）与西平不远。其三，嫘祖文化应属仰韶文化范畴，而西平及其所在的驻马店地区，遍布仰韶文化遗址。故此，嫘祖故里在今河南西平县应无疑义。

郑州大学历史学院教授、博士陈朝云 在《嫘祖其人与西平》中讲道：

嫘祖不仅是蚕桑事业的发明者、传播者，而且还是辅助黄帝实现统一、促成炎黄联盟的实现者。嫘祖辅助黄帝正确处理部族纷争，从而实现了各部族人民的团结稳定、长治久安，形成了以华夏民族为正统的多民族团结的大统一国家。嫘祖文化以嫘祖发明的桑蚕文化、丝绸文化及其传播和相关的民俗风情为内容，形成了一个博大精深、丰富多样且又相对独立的特色文化体系，是整个华夏文明的渊源之一。而作为嫘祖故里——西陵（即西平），在中华文明探源研究与嫘祖文化研究中应义不容辞地担当重任。

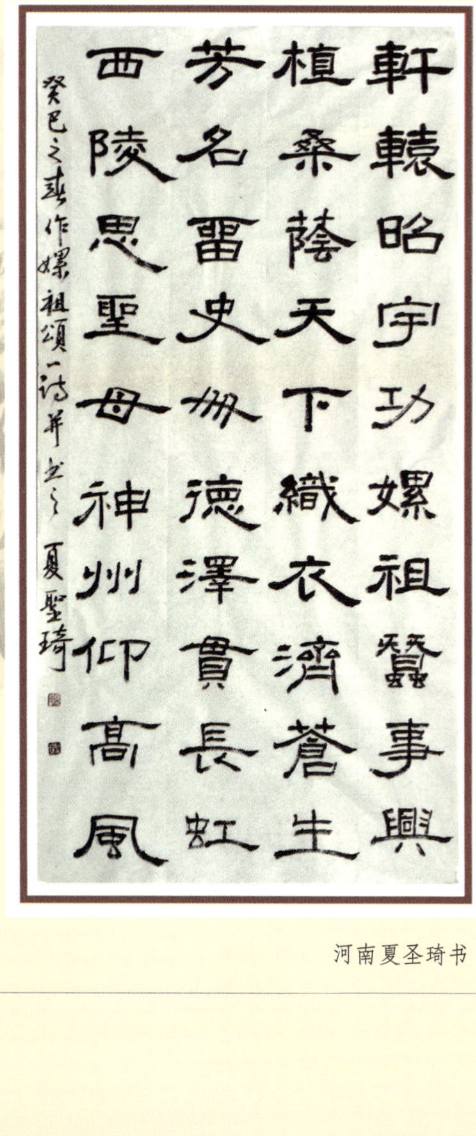

河南夏圣琦书

新郑市黄帝故里文化研究会会长赵国鼎 在《嫘祖出生在那里》一文中说：

西平县作为嫘祖故里有充分的文献证据：1、《史记·五帝本纪》曰“黄帝居轩辕之丘，而娶于西陵之女，是为嫘祖。”2、《水经注》记载西平县名来源于“西陵平夷，故曰西平。”3、《三国志》记载，在魏明帝时，西平依然沿用有西陵乡这一地名。4、甘肃出土的《武威汉简》记载，在西汉成帝年间，汝南有一个西陵县。据历史考证，这个西陵县即是今天的西平县。这些历史文献，都与司马迁《史记》记载“黄帝娶于西陵之女”地名是一致的，历史典籍给我们提供了无可辩驳的证据材料——嫘祖故里在西平。

新郑市黄帝故里文化研究会副会长著名学者刘文学 在其主编的《黄帝故里志》中说：

目前有西陵地名或自称为嫘祖故里的地方有10处，但是作为嫘祖之出生地，只能有1处。”为此，他提出四个判断标准：一是其地必须有西陵这个地名；二是这个西陵之名必须是在秦汉以前已有；三是这个西陵与黄帝所居轩辕丘所处位置相距较近；四是这个西陵地的考古学文化应与黄帝的考古学文化相同。根据上述四条标准分析对比，他认为“河南西平为嫘祖西陵故国的可能性最大。”

平舆文物保护管理所副研究员张耀征 在《先蚕嫘祖国族源流考》一文中认为：

汉司迁《史记·五帝本纪》云：“黄帝居轩辕之丘，而娶于西陵之女，是为嫘祖”。以后淮南王《蚕经》、《路史国名纪》、《路史后纪》、《通鉴外纪》皆从其说。西陵其地，当是汉代的西平故城。东汉班固《汉书·地理志》曰：“西平，有铁官，莽曰新亭”。继《汉书》之后，

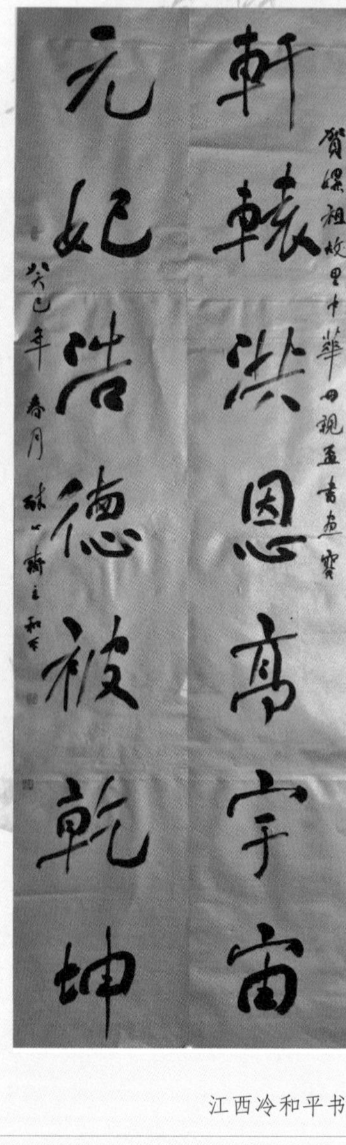

江西冷和平书

宋代范晔的《后汉书·郡国志》汝南郡篇中亦载："西平有铁，有柏亭，故柏国"。著名的学者钱书林先生注："西平，西汉置，因县西有西陵亭，西陵平夷，故名西平。"

二、姓氏与民俗文化

关于嫘祖的姓氏源流，姓氏专家认为：嫘祖所在的西陵氏姓源属炎帝氏系。嫘祖的祖姓为方雷氏，西陵氏是方雷氏的一支。

陕西历史博物馆研究员、中华伏羲文化研究会副会长杨东晨 在《中华先蚕嫘祖考——黄帝正妃嫘祖及本姓后裔的事迹》中认为：

嫘祖的本姓"嫘"（累、傫）后演化为雷姓、方姓、房姓、复姓方雷、方累、方垒、方纍等。据考中华姓氏大部分出自黄帝，而出自黄帝氏族的姓氏，从母系上说，基本上都是嫘祖的后代。在中华民族的繁衍发展中，嫘祖与黄帝同样重要，嫘祖是中华民族的伟大母亲和共同的人文女祖。

中国科学院遗传研究所研究室主任、华夏姓氏源流研究中心研究员袁义达在《嫘祖的族源及其后代》中认为：

嫘祖是西陵氏之女，西陵是古国名，也代表西陵古国所处的地域，即地名也。西陵古国地在河南西平，而西平为古柏国之地，已姓。嫘祖的母国西陵氏的血统应属于散居于黄帝部落周边的炎帝系统的己姓部落中的一支。嫘祖的后裔为青阳氏和昌意，他们的后代分别为颛顼帝和帝喾，两帝的后裔十分庞大，在《路史·国名纪》中明确提到的分别有95个和302个，近400个国名所代表的民族在发展中和其他氏族融合过程中，产生了许多姓氏，我们今天使用的汉族姓氏中大约有三分之二来源于他们，即黄帝与嫘祖结合的后代。对于嫘祖的族源的探索有助于对炎黄时期历史的了解，分析血缘的关系能加深了解中国母系社会与父系社会之间过渡和进化的机制，同样有助于对中国人姓氏的产生、演化的了解，进而对中国人传统血统思想的根源，民族间融合和同化，中华民族内聚力的形成的了解也定能起到帮助。

河南省中原姓氏研究所所长、研究员谢钧祥 在《嫘祖与姓氏》中认为：

以全国汉族人口的90%以上的120大姓为研究对象，从血缘关系上看这些姓氏分别属于三个族系，即黄帝族、炎帝族、东夷族。其中，属于黄帝族的有86姓，占120姓的72%；兼属黄帝族与炎帝族的有11姓，占120姓的9%；兼属黄帝族与东夷族的有9姓，占120姓的7%。这些姓氏，从母系上说，又基本上都是黄帝之妻嫘祖的后代。因此，嫘祖被誉为“人文女祖”，不仅事出有因，而且更是凿凿有据的。

河南省地方史志办公室地方史志协会秘书长、河南年鉴社副社长兼副总编辑刘翔南 在《嫘祖与方雷氏》中认为：

嫘祖的父族是古西陵氏部族，嫘祖的祖族为方雷氏，西陵氏乃是方雷氏的一支，因封于西陵之地，又称西陵氏，西陵氏、方雷氏均属于炎帝族团。有关黄帝娶西陵氏、方雷氏等部族之女为妻的种种传说，反映了中国远古华夏部族融合的历史过程，史载方雷氏之后分衍出方、雷、房、嫘、纍诸姓，其中方氏、雷氏都发展成为当今中国的大族。据研究，这些姓氏主要分布于今河南省外方山之东隅，新密、新郑、禹州市以南，南阳盆地以北地区。如新密、禹州、襄城、叶县、西平、遂平等市县，都有方雷氏活动的遗迹和传说。这一地区是豫西山地与黄淮平原的交接地带，这些市县山水相连，又均距黄帝之都新郑市不远，绝非偶然。西平县位于叶县东南、遂平县北，正处于此区域腹心，古名西陵，应是方雷氏支族古西陵国的所在地。

河南省炎黄文化研究会副会长、河南省社会科学院历史研究所研究员李绍连 在《嫘祖人神论》中讲道：

在古代把有超人能力和创造伟大历史功绩的真人神化，这是把英雄人物视为神并祀之，这些事不足为奇。其原因是炎黄子孙都有尊祖敬神的文化传统，数典不忘祖；同时又因为深受这些祖先的恩泽，有恩必报，把他们当作神祀之，这也是“感恩戴德”的一种方式。嫘祖是黄帝正妃，她首先教民养蚕织丝，是中华蚕文化的创始人，古代人视她为蚕神，置室祭祀。其实她与黄帝一样是人。今要还其历史人物真身，考定其故里在河南省西平县境，为的是弘扬中华蚕文化。

郑州大学历史学院教授、博士生导师王星光 在《嫘祖被尊为蚕神的由来》中认为：

嫘祖被尊为蚕神和蚕桑丝织的鼻祖，北周之后世代祀奉。究其原因在于传说嫘祖活动的时代与考古所见养蚕治丝的起源基本上处于同一时期；嫘祖为黄帝元妃，将嫘祖奉为蚕神更有权威和影响力；嫘祖被尊奉为蚕神更是为了促进蚕桑丝绸业的发展，进而促进纺织业的发展。这在中华文化史及科技史上均具有深远的意义。

三、嫘祖文化及其现代意义

河南大学教授、河南大学出版社总编辑、兼任中国秦汉史研究会副会长、中国魏晋南北朝史学会常务理事朱绍侯 在《嫘祖文化研究·序》中说：

嫘祖文化近年来引起如此众多专家学者的密切关注，至少有下述几个原因：一是作为远古传说人物，历史记述本不详尽，加上数千年来男权社会忽视女性的历史功绩，对女性人格尊重不够，造成了对女性文化的记述和研究少之又少，而且多有不公。今天，能在全国出现嫘祖文化研究热，不能不说这是历史发展的一大进步。二是近些年来，伴随全球经济一体化的进程，泊来文化大量涌入，严重地冲刷着我们民族的记忆，“人们心里面的中华传统丢失得太多，外来的文化水土不服，出现了社会上的文化饥渴。”不少有识之士在困惑中沉思，在沉思中清醒，这是不能等闲视之的大问题。随之出现了自上而下的全民族保护物质文化和非物质文化遗产的大规模行动。在这种情势下，出现嫘祖文化研究热，当然也在情理之中了。三是中华民族源远流长，尽管朝代更

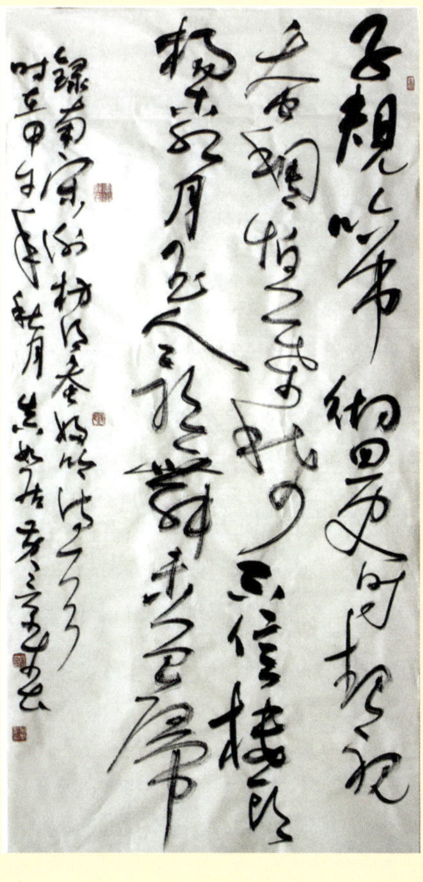

河南黄景春书

替，分分合合，但历史绵延数千年而传统文明从未中断，这在世界上是独一无二的。其重要的原因之一，就是华夏儿女对炎黄文化的认同，炎黄子孙同祖同根，这是凝聚中华民族永不衰败的根本所在。炎黄二帝是中华人文始祖，嫘祖同样是中华人文始祖，这不仅是血脉的传承，也是文化的认同。四是嫘祖发明了植桑养蚕，缫丝制衣，和黄帝一道开创了中华男耕女织的农耕文明，被后人祀为先蚕和祖神（旅游之神）而世代尊崇。她自强不息，开拓创新的精神永远是激励华夏儿女奋斗的动力。面对经济全球一体化的浪潮，继承发扬这种精神显得尤为重要。五是嫘祖所属的西陵氏族是炎帝部落的一个支族，黄帝和嫘祖的结合，在炎黄两大势力的融合上起了催化作用。在靠战争夺天下的时代，嫘祖却以另外一种方式协助黄帝征服人心，那就是传播植桑养蚕、缫丝制衣的先进技术，教化文明，崇尚和谐，让百姓得到实惠，从而对黄帝感恩戴德，归顺有熊氏，并逐步建成大一统的华夏文明。这对于今天构建和谐社会仍具有借鉴意义。六是中国人经过近30年改革开放的努力，社会财富大量增加，人民生活水平普遍提高，社会消费结构也悄然变化。加上全球经济一体化诸多因素的影响，促使中国旅游业得到了迅速发展，旅游文化、文化旅游的内涵在人们心目中也随之拓宽和提升。有人说文化是很硬的软实力，也是促进社会和经济发展的重要因素，因此出现了整合文化资源，精心培育文化经济优势，大力开发创意性文化产业的热潮，这是嫘祖文化研究热出现的重要背景。

河南省炎黄文化研究会副会长、河南省社会科学院历史研究所所长张新斌在《嫘祖与上古中华人文女祖群体的文化学考察》中认为：

嫘祖的贡献主要有二个方面：一是蚕神，即养蚕治丝的发明者。《淮南子》："黄帝元妃西陵氏始蚕，即为先蚕。"《蚕经》："黄帝元妃西陵氏始蚕，盖黄帝制衣裳因此始也。"《路史·后纪》："黄帝元妃西陵氏曰倮祖，以其始蚕，故又祀之先蚕。"类似的记载还有，《通鉴外纪》："西陵氏之女，为黄帝元妃，始教民养蚕，治丝茧以供衣服，后世祀为先蚕。"所谓"先蚕"，意为"养蚕之始"。《路通·疏仡纪》则又云："黄帝命西陵氏劝稼蚕。"反映嫘祖的始创之功与黄帝密不可分。《隋书·礼仪志》："皇后乘翠辂，率三妃、三妐、御媛、御婉，三公夫人，三孤内子至蚕所，以一太牢亲祭，进奠先蚕西陵氏神。”《纲鉴易知录》亦云：“西陵氏之女嫘祖，为黄帝元妃，始教民育蚕治丝茧，以供衣服，而天下无皴瘃之患，后世祀为先蚕。”由丝织开始的衣服的发明，是人类历史上的一大进步，也是人类文明的标志。无论对人的进化，还是社会的发展都具有里程碑意义。嫘祖作为“蚕神”，至少在隋朝已列为祭祀的神祇，而且也成为历代皇后的楷模。二是道神，即徒步远游之祖。《宋书·礼志》注引崔寔《四民月令》：“祖，道神也。黄帝之子曰累祖，好远游，死道路，故祀以为道神，以求道路之福。”《集韵·平脂》：“黄帝娶西陵氏女，是为嫘祖。嫘祖好远游，死于道，后人祀以为行神。”《云笈七签·轩辕本纪》：“帝周游时，元妃嫘祖死于道，帝祭之以为祖神。”嫘祖作为元妃，随行黄帝征战八方，并因此死于远游的道路之途。嫘祖作为道神与行神，实际上也是旅行者之祖。嫘祖作为“道神”被后人祭祀的时间，实际上比“蚕神”的时间还要早。

河南大学历史系教授、河南大学先秦文化研究中心副主任陈昌远 在《有关嫘祖文化研究中的几个问题》中讲到：

根据昆虫学家研究，野桑蚕在我国东、西、南、北部分有代表性的产地包括：（1）杭州野桑蚕；（2）周至野桑蚕；（3）安康野桑蚕；（4）重庆野桑蚕；（5）武汉野桑蚕；（6）合肥野桑蚕；（7）镇江野桑蚕；（8）浒关野桑蚕；（9）吴江野桑蚕；（10）许昌野桑蚕；（11）沈阳野桑蚕。这11个县具有地域代表性的中国野桑蚕中陕西——四川——重庆一带的野桑蚕遗传背景较为复杂，而且遗传距离表现为：野桑蚕以陕西为中心向其它地区辐射。西平县处在野桑蚕向家蚕的辐射区内，其附近的许昌地区就是中国11个具有地域代表性的家蚕起源地之一，所以科学研究的成果，也从一个侧面证明西平可能是中国家蚕养殖的起源地之一。

苏州大学社会学院教授周书灿 在《嫘祖文化流变述论》中讲到：

战国、秦汉以来有关嫘祖的传说应是以诸多先秦、秦汉以来流传于民间的不同旧说作为基础，应包含有若干可信的历史素材和大量有价值的历史线索。蚕桑和丝绸文化构成嫘祖文化的核心内容。蚕桑、丝织业是在我国许多地方先后开始的，所以有关嫘祖的传说在全国各地流传颇为广泛。有关嫘祖的传说在周边地区各族流传已久的旧说的基础上，经过古代学者的改造和统一，最终定型，在中原地区尤其是在称为天中地区的西平一带广为传颂。

应该说，嫘祖的传说应该是中原地区的华夏民族在融合了周边地区各族流传已久的有关嫘祖的传说的基础上，加以综合、概括、整理和加工而逐步形成，并最终融合于中原地区炎黄文化系统。

西北民族学院西北民族研究所长、研究员彭清深 在《中华之母——嫘祖》中认为：

在中国古代，嫘祖其实已经化为一种文化符号，成为激励农桑事业不断发展进步的一种动力，含有经济的、科学技术的以及其他方面的各种因素。同时，作为黄帝元妃，嫘祖受到历代皇室包括少数民族所建政权的高度尊崇，因而又被赋予了中华民族人文女祖的崇高形象，和中华民族凝聚力源头所在的文化内涵。

河南博物院研究员张德水 在《关于嫘祖文化内涵的几点认识》中讲道：

嫘祖文化是黄帝文化的重要组成部分，嫘祖文化是中国蚕桑文化之源，嫘祖文化的传播体现了中华民族文化的融合性。

华中师范大学教授、华中师范大学楚学研究所所长蔡靖泉 在《西陵、西陵氏、嫘祖》中认为：

我们应像祭祀黄帝一样祭祀嫘祖，而且应该大祭特祭，借以增加中华民族的历史光荣感和文明自豪感、强化中华民族的文化认同心理、巩固中华民族的团结、弘扬中华民族刻苦耐劳和勤于创造的优良传统。同时，我们也应该认识到，流行数千年的嫘祖神话传说和礼俗活动，是十分宝贵的文化遗产，是我们今天经济、文化发展的重要资源，我们不仅要收集、整理嫘祖神话传说和抢救、传承嫘祖习俗礼仪，而且应该大加宣传并举行各种形式的活动以充分利用、合理开发其资源来促进当今社会主义中国的经济、文化发展。

驻马店黄淮学院副教授、《天中学刊》副主编、天中历史文化研究所所长郭超 在《论嫘祖文化及其现代意义》中讲道：

嫘祖是教民治桑育蚕、缫丝制衣的伟大祖先，是一位在中国历史上与黄帝齐名的伟大女性。受近年来国际国内大环境及旅游热潮的影响，逐渐形成了以颂扬和纪念嫘祖功德为主要内涵的“嫘祖热”。嫘祖文化内涵主要有：植桑养蚕，开拓创新；辅佐黄帝，安邦定国；以德治国，构建和谐；男女平等，光照千秋。宣传和弘扬嫘祖文化，具有重要意义。它是中华文化的重要组成部分，丰富了中国文化的宝库；是对人们进行道德教育的重要内容，对于构建和谐社会有着重要的意义；嫘祖文化有利于人们寻根问祖；嫘祖文化是旅游开发的重要资源。

河南省社科院中原文化研究所副所长、研究员、李立新 在《从甲骨文“蚕”“桑”等字看嫘祖传说与中国丝织文化》中讲道：

远在3000多年前的商代，我国已经形成了高度发达的桑蚕丝织业。甲骨文中的“蚕”、“桑”、“丝”等字，说明早在汉字造字之初，中国的蚕桑丝织业已经存在。中国汉字产生于甲骨文之前的两三千年，约距今5000余年前，此时应该是中国蚕桑丝织业起源之时，这一时代正是我国古史传说的炎黄时代。考古发现的新石器时代的蚕桑丝织遗存和文献记载印证：养蚕治丝是黄帝元妃嫘祖发明的传说，并非空穴来风，中国的蚕桑丝织业与中国的文明史一样悠久，源远流长。

河南省文物考古研究所研究员王龙正 在《嫘祖发明蚕丝织品的历史贡献》中指出：

人类的服饰当以兽皮与麻布为其最早形态，到黄帝时代嫘祖发明了蚕丝纺织技术，从而增加了一种上等的衣服面料——丝绸。嫘祖的这项发明，不仅美化了人们的生活，为古代中国创造了不小的经济价值，为中华民族赢得了荣誉，而且对人类服饰业的发展与进步起到了十分积极的推动作用。

河南省社科院考古研究所副研究员张玉霞 在《从出土文物看我国先秦时期的丝织文化》中讲道：

我国是世界上最早的养蚕缫丝发源地，文献记载和考古发现都说明，在新石器时代晚期我们的先人就已经开始使用丝织品。传说最早发明、推广养蚕技术的是黄帝的元妃嫘祖。至春秋时期，我国出现了丝织业的中心。当时的丝织业中心有据可查的有两个，一个是以陈留、襄邑为中心的平原地区，一个是以临淄为中心的齐鲁之地。丝织业中心的出现，是丝织业生产水平发展到一定高度的重要标志，必然要有长久的生产经验的积累。西平紧邻着丝织业中心襄邑，又是嫘祖的故里，很有可能就是中国养蚕缫丝的发源地。

河南省社科院考古研究所助理研究员李建华 在《关于西平嫘祖文化资源研究与开发的思考》中讲到：

文化品牌是一种文化现象和文化追求，也是一个地域文化精神的集中体现。只有创造了文化品牌，才能产生注意力经济的市场效应。嫘祖文化集始祖文化、丝帛文化、女性文化于一体，具有打造文化品牌的资源优势，主要体现在以下几点：1、嫘祖“民族之母”的神圣地位无可替代。2.嫘祖科技创新精神。嫘祖是教民治桑育蚕，缫丝制衣的伟大祖先。本来蚕只有野生的，人们还不知道蚕的用处。嫘祖始教妇女养蚕，缫丝，织衣，打那时候起，就有丝和帛了。这是一项极其伟大的发明，她使人类从此脱去了树叶、兽皮，步入了文明社会，才有了“黄帝垂衣裳而治天下”的记载。嫘祖也被奉为“先蚕”，民间也尊称为“蚕神”。3.嫘祖被誉为“行神”，是旅游之神。嫘祖一生跟随黄帝出游，死于途中。那时的旅行，没有现在先进的交通工具，只能靠步行，最多是坐木轮大车。嫘祖历经艰辛，跋山涉水，教民育蚕、缫丝。最后死于路上，后人奉她为“行神”。《宋书·历志》载：“祖，道神也。黄帝之妃曰累祖,好远游，死道路，故祀以为道神，以求道路之福。”现在嫘祖也可以称为“旅游之神”，也是现代爱好旅游者的始祖。

重庆涪陵长江师范学院中文系教授王文平 在《中西方人类母亲的文化人类学意义》中讲道：

“只有文化和历史活着，一个国家才活着。”今天，人们渴望回归人类灵魂的家乡，回归到人类母亲温暖的怀抱，是对人类本源的回归溯源，是对倚椆望归母亲的顶膜礼拜，也是对人类历史与未来的展望和歌颂。文化人类学（cultural anthropology）是研究人类文明发展进程、研究人和自然、社会、政治、经济、人与人、人与自我关系的学科。从人类的起源、发展、变迁和进化过程，研究各民族、各部落、各国家、各地区、各社区的文化异同，发现文化的普同性和各种特殊的文化模式。从而解释人类生活、行为、信仰的差异性及其成因。在文化人类学家眼中，人被视为大千世界唯一的文化动物（cultural animal），文化成为人之所以为人的决定性要素。

文化人类学的核心范畴是解决人与自然的关系，人与人的关系，人与自我的关系，以及由此产生的政治、经济、哲学、伦理等文明形态。无论是中国的女娲、姜嫄、嫘祖，还是西方的该亚、瑞亚、赫拉、皮拉、夏娃等，其共同特征是：她们都是人类母亲的符号。善良、包容、坚韧、忍受人类的苦难，生育繁衍后代，妻性、母性、女性是她们的主要特征。首先，她们肩负人类的苦难，当世界一片蛮荒的混沌状态下，她们辛勤理家，辛劳耕作，筚路蓝缕，用自己柔韧而坚韧的身躯，开拓奋斗，担当家族和人类命运领袖的调遣周旋重任，首当其冲、冲锋陷阵。其次，她们用胸怀无边无际、浩瀚如银河般洁白而甘甜的乳汁，抚养哺育千千万万的子孙后代，特殊的生理构成，决定着她们以羸弱柔美的躯体，义无反顾地担负起人类种族繁衍生息的重任。她们养育儿女，抚养子孙后代。以便人类种族得以延续，传承绵延不断，千秋万代，永无止息，使人类不至于断绝烟火。其三，她们感情丰富，勇敢坚强，用包容深广，善良慈祥修补家庭的支离破碎，维持家庭的祥和稳定，用辛勤耐劳料理家庭亲人的饮食起居；教育人类祛除傲慢无礼，唐突孟浪，用智慧、理性、拼搏得来的实践经验、聪明和睿智教育子孙后代，使人类文明伸展延续，发扬光大。其四，她们和男人一起，顶天立地，血雨腥风中征战杀伐，果敢和计谋不亚须眉，和平环境中纺织耕种，从事家庭和田园里辛苦劳作，幸福来临时候平和安详，狂风骤雨到来的时候，心理和意志大都超乎想象的比男人刚强。中西方人类母亲的功勋美德与天地同辉，与日月同长。

黄淮学院副教授，黄淮学院学报副编审刘清珍 在《嫘祖研究需要重视的三个问题》中强调：

还“中华民族之母”以公正，给中华民族的“人文女祖”以崇高的历史地位，让中国所有的母亲都受到与父亲一样的尊重，这是每一个中华民族子孙的责任。不忘祭父，更需祭母，毕竟母亲是最伟大的！中国人祭祀和缅怀先人的心理和传统也该得到彻底矫正了。

神如筆意
垂仰昆侖軒
轅鴻功磅礴
我思江河耀祖
懿德浩浩湯湯
今夫西平之地
古乃西陵之鄉
青山如屏野
膏腴而禾秀秀
碧水縈帶
霖豐沛而朵朵
旺地茂嘉木天
生嫘嫘金鳳
羽之而舞青
凱風之而驤仙
姿如風拂玉樹

雲靄潮海
滄婚遍各部
勸桑麻抒量
剔枝繁葉茂
而低綿之蜿蜒
鳳起黎民攘攘
治大國千秋領
譽育後昆
弟古今之有
擇宗寰以大義
君臨天下敬
昌之以大仁德
延綿長更隆哺
其顯頭祥光
六合沐浴育

嶺女媧煌之
天降嫘祖文
明之華光綿綿
之懸寰宇傳
揚今懷先祖
百轉柔腸
乃為頌曰
浩浩神州
巍巍中
嫘嫘祖
郁郁桑秀
熠熠蠶絲
飄飄袂新
赫赫軒轅
灌鴻功

第六章 艺文选辑

中国是养蚕缫丝制衣最早的国家，丝绸文化源远流长，在长达数千年的历史长河中，蚕桑丝织业与人们的生活息息相关，是农耕社会主要的产业之一。历代文人墨客饱含激情，留下了大量的反映劳动人民植桑养蚕、缫丝织绸的诗文和画作，流光溢彩，美不胜收。为后人研究历史，体察农耕文明留下了宝贵的遗产。

在长期的农耕社会中，古代文人或诗或文，或书或画，留下大量文学艺术精品，反映了先民植桑养蚕、缫丝制衣的艰辛和欢乐。这些作品中，有颂扬先蚕丰功伟绩、祈求蚕神护佑、渴望蚕茧丰收的祭文，有植桑养蚕技能的总结，有借物寄情的吟咏，有感时讽政的呐喊……限于篇幅，本书仅选少部分古代诗文和画作，同时也选取了一些近现代描绘嫘祖文化的文艺作品。为了让书画作品紧贴本书的内容，在编排时特将一部分书画、剪纸、篆刻作品分别插到相关章节。

一、古代蚕桑文化作品选

蚕 赋

【战国】荀况

有物于此，儳儳兮其状，屡化如神，功被天下，为万世文。礼乐以成，贵贱以分，养老长幼，待之焉而后存。名号不美，与暴为邻。功立而身废，事成而家败。弃其耆老，收其后世。人属所利，飞鸟所害。臣愚而不识，请占之五泰。五泰占之曰：此夫身女好而头马首者欤？屡化而不寿者欤？善壮而拙老者欤？有父母而无牝牡者欤？冬伏而夏游，食桑而吐丝，前乱而后治，夏生而恶暑，喜温而恶雨。蛹以为母，蛾以为父。三俯三起，事乃大已。夫是之谓蚕理。

咏 蚕

【唐】蒋贻恭

辛勤得茧不盈筐，
灯下缫丝恨更长。
著处不知来处苦，
但贪衣上绣鸳鸯。

簇蚕辞

【唐】王建

蚕欲老，箔头作茧丝皓皓。场宽地高风日多，不向中庭晒蒿草。神蚕急作莫悠扬，年来为尔祭神桑。但得青天不下雨，上无苍蝇下无鼠。新妇拜簇愿蚕稠，女洒桃浆男打鼓。三日开箔雪团团，先将新茧送县官。已闻乡里催织作，去与谁人身上著。

织妇词

【唐】元稹

织夫何太忙，蚕经三卧行欲老。蚕神女圣早成丝，今年丝税抽征早。早征非是官人恶，去岁官家事戎索。征人战苦束刀疮，主将勋高换罗幕。缫丝织帛犹努力，变缉缭机苦难织。东家头白双女儿，为解挑纹嫁不得。檐前袅袅游丝上，上有蜘蛛巧来往。羡他虫豸解缘天，能向虚空织罗网。

郊行

【宋】王安石

柔桑采尽绿荫稀，
芦箔蚕成密茧肥。
聊向村家问风俗，
如何勤苦尚凶饥？

题耕织图（选四首）

【元】赵孟頫

（一）

三月蚕始生，纤细如牛毛。
婉娈闺中女，素手握金刀。
切叶以饲之，拥纸散周遭。
庭树鸣黄鸟，发声和且娇。
蚕饥当采桑，何暇事游遨。
田时人力少，丈夫方种苗。
相将挽长条，盈筐不终朝。

青铜采桑图（杨富安　摄）

数口望无寒，敢辞终岁劳？

（二）

四月夏气清，蚕大已属眠。
高首何昂昂，蛾眉复娟娟。
不忧桑叶少，遍野如绿烟。
相呼携筐去，迢递立远阡。
梯空伐条枚，叶上露未干。
蚕饥当早归，秉心静以专。
饬躬修妇事，黾勉当盛年。
救忙多女伴，笑语方喧然。

（三）

五月夏以半，谷莺先弄晨。

老蚕成雪茧，吐丝乱纷纭。
伐苇作薄曲，束缚齐榛榛。
黄者黄如金，白者白如银。
烂然满筐筥，爱此颜色新。
欣欣举家喜，稍慰经时勤。
有客过相问，笑声闻四邻。
论功何所归，再拜谢蚕神。

（四）

釜下烧桑柴，取茧投釜中。
纤纤女儿手，抽丝疾如风。
田家五六月，绿树阴相蒙。
但闻缫车响，远接村西东。
旬日可经绢，弗忧杼轴空。
妇人能蚕桑，家道当不穷。
更望时雨足，二麦亦稍丰。
酤酒及时饮，醉倒妪与翁。

采桑妇

【明】于谦

低树采桑易，高树采桑难。
日出采桑去，日暮采桑还。
归来喂叶上蚕箔，谁问花开与花落。
二眠才起近三眠，此际只愁风雨恶。
割鸡裂纸祀蚕神，蚕若成时忘苦辛。
但愿公家租赋给，一丝不望上侬身。
丁男幸免官府责，脂粉何须事颜色。
收蚕犹未是闲时，却共儿夫勤稼穑。

皇后采桑歌一章

（乾隆七年定制）

躬耕礼成诏躬桑，蚕月吉巳迎辰祥。

金华紫闕五翟光，瑞云彩映椒涂黄。

坛南宿戒帷宫张，西陵展事摇珩璜。

斋肃恭敬柔雍彰，金钩绿籧懿筥筐。

尚宫司制奉以将，柔条在东涵露香。

鞠衣三摘鸣鸠翔，月灵临贲龙精昌。

黼黻五色质且良，昭事上帝祠烝尝。

仪刑宇宙帅妃嫱，衣食滋殖被万方。

祀 谢

清·康熙版《耕织图》题诗

劳劳拜簇祭神桑，喜得丝成愿已偿。

自是西陵功德盛，万年衣被泽无疆。

祀 神

清·雍正版《耕织图》题诗

丰祀报先蚕，洒庭伫来格。

醽酒注罇罍，献丝当圭璧。

堂下趋妻孥，堂上拜主伯。

神惠乞来年，盈箱赐倍获。

二、当代蚕桑文化作品选

嫘祖赋

屈金星 薛刚

母仪天下，泽被黎苍。德誉华夏，辅佐国纲。凤配轩辕，助雄邦以柔肠；哺育子孙，乳生民以琼浆。巧驯银蚕，理金丝织华夏锦绣；遍览莽原，佐圣君开神州气象。吾仰昆仑，轩辕鸿功磅礴；我思江河，嫘祖懿德浩荡！

今夫西平之地，古乃西陵之乡。青山如屏，野膏腴而禾秀；碧水萦带，霖丰沛而桑旺。地茂嘉木，天生娇嫦。金凤为之而舞，青虬因之而骧。仙姿如风拂玉树，花容似天赐丽妆。劳作于吕墟，桑郁郁而徒碧；求索于董桥，蚕碌碌而空忙。嫘祖手巧，植桑驯蚕而孜孜；先蚕心灵，缫丝织锦则朗朗。撷叶蔽体，从兹匿迹；谋皮为裙，于此消亡。衣锦而行，诀蒙昧之粗犷；垂裳而治，启文明之堂皇。

美服焕然，名播四方。有熊爱慕，出嫁离乡。满腹锦绣，教黎民迎祥纳瑞；一片赤诚，佐黄帝治国安邦。男耕女织，倡以养蚕栽桑；谷丰桑茂，九域海晏河畅。追随轩辕，常施惠于五岭；呵护子民，每播爱于三江。青岚叠翠，寻芳巴蜀；碧水卷雪，观潮海沧。婚通各部，协和万邦。是则枝繁叶茂，瓜瓞绵绵；蛟腾凤起，黎蒸攘攘。

治大国千秋饮誉，育后昆万古流芳。授玄嚣以大义，君临天下；教昌意以大仁，德延绵长。更复哺其颛顼，祥光六合沐浴；育其帝喾，圣德百

嫘祖像（山西张英豪　作）

世荡漾。至若尧舜之崇高；禹功之伟壮。夏启之拓土；子契之开疆。后稷之仁慈，胤续之可仰。莫不渊源于嫘祖一脉，光大于寰宇万方。是则圣恩彪炳，丽山河而常新；母仪昭垂，耀日月而同光。

嗟夫！西陵平夷，吕墟沧桑。椽笔纵横，歌吾故乡。潕水浪涌，长河浣文明之衣裳；铁炉鼎沸，宝剑耀华夏之光芒。紫气漫天，乃圣母播施之吉祥；锦霞铺地，若先蚕编织之辉煌。乃知天道阴阳，地道柔刚，人道仁义，德风流长。父恩巍巍，母爱煌煌。天降嫘祖，文明华光。丝绸之魅，寰宇传扬。今怀母祖，百转衷肠。乃为颂曰：

泱泱神州，巍巍天中。婷婷嫘祖，郁郁桑青。

熠熠蚕丝，飘飘裙影。赫赫轩辕，浩浩鸿功。

眷眷姻缘，绵绵苍生。行行足迹，处处峥嵘。

翩翩凤仪，矫矫龙腾。煌煌华夏，猎猎国风！

（屈金星：河南西平人，屈原后裔，北京资深媒体人，文化策划人、诗人、辞赋家。薛刚：江苏徐州人，青年诗人，辞赋家）

中华之母嫘祖赋

刘清珍

古之西陵兮，今之西平。紫气东来兮，伏牛西行。居天中而形胜兮，融六合而文通；溯史源而久远兮，集风流而高穹。河归淮兮向东海，山远脉兮出昆仑。峰不高兮有仙居；水不深兮有龙腾。盘古造人山相望；伏羲画卦亭为邻。栢地女娲之列国；韩非法家之大成。郅恽德高兮入汉书；和洽封侯兮流芳名。冶铁炉中翻火焰；宝岩寺内香火盛。干将莫邪铸剑术，历经风雨传到今。真所谓福域贵土，实可称人杰地灵。噫嘻呼！千古人和事，都付笑谈中；永恒日和月，才堪比母亲。

炎黄创世时，嫘祖初长成。出口常听媚人语，行动若见惊飞鸿。远而望之兮，皎若旭日升朝霞；近而察之兮，灼如清水出芙蓉。不施铅华兮，满面春色；无需粉黛兮，玉树临风。品品巍巍兮，高山仰止；志志泱泱兮，五湖溢容。其德厚也，恩泽天下黎庶；其智多也，教化四方苍生；其手巧也，织制锦衣华裳，其技高也，驯育野蚕山虫。西陵寓凤兮，轩辕藏龙，龙凤呈祥兮，享配有熊。天作之合兮，播爱于三山五岳；世间绝配兮，师范于九州万民。人类社会兮，从此铺上锦绣路；历史长河兮，自始打开铁闸门。

遥想五千年前，满目愚昧迷蒙。人似兽兮形如鬼；叶遮体兮皮缠身。蜘蛛山上察桑蚕，董桥村内驯精灵。茹毛衣皮终揖别，缫丝制衣始文明。华服之美兮，已成旷世；丝绸之路兮，自此有根。嫘祖辅佐黄帝，华章奏响太平：垂衣裳而治天下，课农桑而重织耕；善教子而世泽长，祐五帝而华夏成。传绝技兮而巡九州，伴圣君兮而海内行；具丰功兮而传千古，积厚德兮而昭后人。赓续中华文明之星火；绵延万世无疆之功臣。

嗟夫！可叹吾生才学浅，女祖伟业难尽穷。无奈媚俗喊口号，笑料留给后人评：伟哉，中华民族之母；美哉，先蚕旅游之神！

（刘清珍：现为驻马店市炎黄文化研究会副会长，退休前系黄淮学院副教授）

嫘祖颂

胡吉祥

中华女祖出西陵，鸾凤和鸣居有熊。
黄帝挥师平战乱，元妃创业启文明。
育蚕织帛兆民福，布德施仁万里程。
长缅丰功垂后世，丝绸之路接寰瀛。

咏嫘祖故里

嫘祖故乡何处寻？武威汉简指迷津。
董桥遗址存文物，潕水扬波漂锦纶。
归瘗英魂留凤冢，赢来美誉敬蚕神。
生民景仰西陵地，海角天涯竞觅根。

（胡吉祥：中国楹联学会理事，河南诗词楹联学会副会长，平顶山市炎黄文化研究会副会长，退休前长期从事行政工作。）

西平西陵一线连

马紫晨

西平西陵一线连，亦韩亦楚天地间。

棠溪铸就国威剑，笑醒嫘祖也潸然。

（马紫晨：河南省艺术研究院研究员，著名戏剧理论家）

蜘蛛山怀古

张维华

春蚕鸣叫四月天，英雄论剑棠溪源。

韩非治国崇法制，嫘祖始蚕话巨篇。

伏羲西陵二国君，柏皇遗族多圣贤。

蜘蛛山上拜始祖，五帝三代六千年。

（张维华：河南省博物院研究员）

嫘 祖 颂

陈文云

显赫嫘祖，故里西平。

史书文物，据有铁证。

植桑养蚕，美誉蚕圣。

缫丝织布，丝神之称。

制作衣裳，始启文明。

辅佐黄帝，南战北征。

治理江山，智明慧聪。

政制改革，倡导农耕。

经济发展，改善民生。

嫘德娴淑，社稷安定。

丝绸大道，今更繁荣。

黄帝伟业，嫘祖半功。

人文女祖，德高恩崇。

祖宗虽远，谒拜虔诚。

母亲节日，高香仰敬。

（陈文云：驻马店市炎黄文化研究会会长，退休前为黄淮学院副教授）

吕墟抒怀

高沛

丙戌春，偕友吕墟，听妪叟讲古，寻先蚕遗踪。得见红陶纺轮、鼎足等远古遗物，甚慰，命笔记之。

舞水东流向远天，

逝者如斯须臾间。

数茎嫩草戴朝露，

半条古道隐故园。

郁郁桑林还依旧，

悠悠田歌已更旋。

莫怨东风留不住，

村翁指冢说先蚕。

随专家学者考察吕墟即兴

高沛

丙戌秋日，天高气爽。七十余名来自祖国各地的专家、学者云集吕墟考察，百姓闻之，聚者逾千。沉睡五千年的古西陵惊醒了，静静的西草河沸腾了！此刻，嫘祖在天之灵不知做何感想。

谁泼丹青染秋山，

古道金风迎群贤。

简书汝南西陵县，

图标吕墟潕水边。

石斧劈开混沌世，

纺轮捻出锦绣衫。

丝绸路遥连欧亚，
千古一丝出先蚕。

西陵嫘祖

高 沛

西陵嫘祖轩辕妇，
未出故园惊世殊。
佐夫垂衣天下治，
化戈为帛拜冕旒。

西草河丽影

高 沛

西草河畔春风暖，
嫘祖曾此育桑蚕。
艳阳金辉映倩影，
不知是人还是仙。

（高 沛：中国民间文艺家协会会员，河南省作家协会会员）

春访蜘蛛山

陈集伦

人文女祖天下尊，
育桑养蚕第一人。
爱及山河慰民愿，
功耀华夏用情真。
蜘蛛桑坡依旧在，
满目青山气象新。
开拓创新传千古，

先贤遗风化三春。

游棠溪峡

陈集伦

十里春蝉鸣绿峡，
满目松柏披云纱。
石径蚰蜒行人少，
林荫深处闻应答。
蜘蛛洞窟寻古韵，
跑马山岭论物华。
莫道柏国无圣地，
此有蚕神嫘祖家。

（陈集伦：豫南商会会长，退休前长期从事外事工作）

嫘祖咏句

翟玉堂

一

华夏悠悠星河灿，蚕丝著衣几经年。
先民何人倡农桑，原系嫘祖脱荒蛮。

二

慧心巧手抽丝线，一丝抽得时光鲜。
鸿蒙走出靓丽女，开启新元锦绣天。

三

梦中穿越吕墟村，深恐惊动上古尘。
青青叶底鸣鸟韵，浅浅桑下隐蚕神。
目眩村姑抽丝茧，神迷女仙转陀轮。

挥管写下咏蚕曲，中华之母耀星辰。

（翟玉堂：退休干部，河南作协会员）

题嫘祖

谢文华

人文怀女祖，棠溪正清明。

德被五千载，恩泽十亿荣。

梨花承露白，草色沐雨青。

举杯祭萱堂，华夏共一宗。

题西草河

谢文华

蜿蜒西北入东南，波光潋滟水映天。

绿漪曾照浣纱影，千古文明此发源。

题西陵古道

谢文华

古道横亘贯西东，荒草萋萋几枯荣。

当年正妃省亲地，辇辙留痕桑梓情。

西陵寻古

谢文华

千古祖母今何在，寻觅遗踪西陵亭。

古道植桑荫子孙，西草浣纱济苍生。

陇间瓦砾追繁华，庙里古钟记升平。

莫道云烟成往事，懿德垂范著丹青。

西陵怀古

谢文华

师灵冈上怀先蚕，德辅轩辕功齐天。
南极潇湘披荆榛，北逐荒漠战狼烟。
栉风浮槎溟海水，披星履险崆峒山。
华夏金瓯成一统，男耕女织开新元。

西陵抒怀

谢文华

欣逢盛世意纵横，来向西陵歌大风。
嫘祖德馨千秋仰，西草河绿万古荣。
嵩岳巍巍正跃虎，黄河滔滔已腾龙。
母仪昭昭垂宇宙，尧舜十亿天下雄。
（谢文华：退休干部，河南作协会员）

邵兴治古风三首

吕墟祭祖

一

西陵肇域是此塬，
春风过处绿浪翻。
只为老母懿德在，
儿女祭祀四海还。

二

远古金凤栖吕丘，
而今形无神仍留。
寻根拜祖三月六，
你来我往人如流。

仙人洞

神婴三日厄此山，
为遮风雨百鸟旋。
狼乳虎暖豹铺窝，
凤歌凰舞助催眠。
至今迹渺穴亦空，
唯有蛛网缀其间。
撮土拈枝代香案，
俯首躬身拜先蚕。

（邵兴治：退休干部，河南作协会员）

嫘祖之歌（节选）

王欣敏

兴嫁娶，传宗嫡，
部族联姻血脉系。
生玄嚣，育昌意，
繁衍生息香火续。
江水长流延基业，
若水依依民安居。
轩辕西陵氏族亲，
鸡犬相闻人相惜。
尽心力，侍黄帝，
良母贤妻西陵女。
广植桑，多制衣，
天下生民添福祉。
南征北战随黄帝，
中原逐鹿定社稷。
一统华夏兴帝业，

万方乐奏大天地。

（王欣敏：退休干部，河南作协会员）

三、古代皇家祭拜嫘祖文选

嘉靖九年定享先蚕乐章

迎神，贞和之曲：于穆惟神，肇启蚕桑。衣我万民，保我家邦。兹举旷仪，春日载阳。恭迎霞驭，灵气洋洋。

奠帛，寿和之曲：神其临只，有苾有芬。乃献玉盦，乃奠文纁，仰祈昭鉴，淑气氤氲。顾兹蚕妇，祁祁如云。

初献，曲同奠帛。

亚献，顺和之曲：载举清觞，蚕祀孔明。以格以享，鼓瑟吹笙。阴教用彰，坤仪允贞。神之听之，鉴此禋诚。

终献，宁和之曲：神之格思，桑土是宜。三缫七就，唯此茧丝。献礼有终，神不我遗。锡我纯服，藻绘皇仪。

彻馔，安和之曲：俎豆具彻，式礼莫愆。既匡既敕，我祀孔虔。我思古人，葛覃唯贤。明灵歆只，永顾桑阡。

送神，恒和之曲：神之升矣，日霁霞蒸。相此女红，杼轴其兴。兹返玄宫，鸾凤翔腾。瞻望弗及，永锡嘉徵。

望燎，曲同送神。

祭先蚕六章

乾隆七年定

乾隆七年定 仲吕清角立宫，大吕清宫主调。先蚕坛乐，以云锣代钟，方响代磬，与中和韶乐微异。乐章正义后编列入先农坛之次，从之。

迎神庥平 轩辕御籙时，西陵位正妃。柔桑沃，载阳迟。黼黻玄黄供祀事，称茧更缫丝。龙精报贶，椒屋宗师。

初献承平 春堤柳绽金，鸧鹒有好音。衣袆翟，致精忱。后月躬应教织纴。拓馆式斋心。黄流初荐，肸蚃如临。

亚献均平 清和日正长，灵坛水一方。纡香陌，执籧筐。桑叶阴浓风澹荡，八育普嘉祥。玉鬯再陈，降福穰穰。

终献齐平 神皋接上园，葭芦翠浪翻。莺声滑，藕花繁。天棘丝丝初引蔓，三荐洁蘋蘩。云依宝鼎，露浥旌幡。

彻馔柔平 公宫吉礼成，有斋奉豆登。僮僮被，肃肃升。废彻毋迟咸祇敬，法坎不常盈。万方衣被，百福齐朋。

送神洽平 神风拂广筵，灵香下肃然。仪不忒，礼无愆。骉马流星相炳绚，玉蝀亘平川。彤管司职，瑞茧登编。

四、当代嫘祖故里西平祭拜嫘祖文选

（一）西平县民间传统的《嫘祖祭典六章》：

迎神：轩辕正妃，先蚕娘娘。始教民蚕，制衣作裳。泽被中华五千年，名垂玉宇万古扬。西陵氏神，伏惟尚飨！

上香：轩辕正妃,先蚕娘娘。教化万民 ,此情绵长。泽被中华五千年，名垂玉宇万古扬。西陵氏神,伏惟尚飨!

上供：轩辕正妃，先蚕娘娘。巡游天下，保我家邦。泽被中华五千年，名垂玉宇万古扬。西陵氏神，伏惟尚飨！

祭拜：轩辕正妃，先蚕娘娘。追随黄帝，统一八荒。泽被中华五千年，名垂玉宇万古扬。西陵氏神,伏惟尚飨！

献舞：轩辕正妃，先蚕娘娘。大贤大德，业绩辉煌。泽被中华五千年，名垂玉宇万古扬。西陵氏神，伏惟尚飨！

送神：艳阳高照，惠风和畅。天人合一，其乐洋洋。先蚕降福施仙露，桑林荫浓蚕事忙。西陵氏神，伏惟尚飨！

（二）2008年至2014年嫘祖故里拜祖大典拜祖文

戊子年嫘祖故里拜祖大典拜祖文

维公元二〇〇八年四月十一日，农历岁次戊子，时值季春初六嫘祖冥诞，西平县炎黄文化研究会会同社会各界人士，齐集于西陵故国之西草河畔，谨具雅乐清醇，芳花果蔬，恭祭于中华民族之母嫘祖陵前而告慰曰：

中华泱泱，文明惶惶，寻本溯源，西陵滥觞。伏牛苍苍，潕水汤汤，百兽献齐瑞，仙鹤鸣祯祥。昔天蛮地荒之时，稼穑初创之际，生存维艰，少食无裳。先蚕嫘祖，发愤履险，首创植桑养蚕，开服饰文明之曙光；辅助黄帝，中原逐鹿，征战八方，成就华夏之一统；壮游天下，劝稼蚕桑，播撒文明，万古传扬。黄帝以降，曰颛顼、帝喾、唐尧、虞舜、大禹，凡五帝；曰商周、春秋、战国、秦汉、三国、两晋、南朝、北朝、唐宋、元明，至清迄今，凡百代，中华民族，源远流长；同根共祖，一脉继昌！

欣逢盛世，神州花韵醉春景；缅怀祖德，嫘祖恩泽被世长。万众一心，继往

嫘祖故里首届拜祖大典（谢文华　摄）

中国民协副主席省民协主席夏挽群（左一）河南省炎黄文化研究会会长王仁民（中）驻马店市政协副主席闫超（右）敬献花篮（崔朝辉　摄）

开来，构建和谐，图新自强，厉马扬鞭，与时俱进，同心同德，共创小康。中华复兴，再造辉煌。伏惟尚飨！

戊子年三月六日

己丑年嫘祖故里拜祖大典拜祖文

时序三春，日丽而惠风融；节届清明，雨润而万物萌。维公元二〇〇九四月一日，岁次农历己丑年三月初六，中国人民政治协商会议河南省西平县委员会、西平县炎黄文化研究会暨各界代表，汇聚于西陵故国，溉水之滨，谨以鲜花雅乐，聊表至诚之心，拜祀我先祖母嫘祖曰：

厚德载物，行健自强。嫘祖精神，万古炳扬。

人之初始，宇宙洪荒。生灵维艰，缺衣无裳。

我祖嫘祖，西陵以降。不畏艰辛，道义敢当。

发愤励志，格物观象。殚精竭虑，养蚕植桑。
缫丝织布，制衣作裳。移风易俗，文明肇创。
壮举昭昭，天下景仰。德配轩辕，珠璧祺祥。
辅助黄帝，拓土劈疆。挥斥八极，内安外攘。
西极崆峒，东至溟洋。北逐塞漠，南征蜀湘。
竞逐群雄，定国安邦。华夏一统，鸿业共襄。
教民养蚕，以供衣裳。男耕女织，劝稼农桑。
壮游天下，旅游首倡。道途崩殂，躯捐国殇。
鞠躬尽瘁，万世共仰。母仪天下，懿德绵长。
黄帝肇始，五帝三王。春秋战国，秦汉隋唐。
元宋明清，人丁兴旺。民国共和，子嗣泱泱。

游子回乡拜祖：退休将军冯文成（左）退休厅级干部翟宗洲（中）
退休外事干部陈集伦（右）（陈向阳　摄）

柏氏宗亲代表（中）上香（陈向阳　摄）

繁衍四海，播迁五洋。同族同根，一脉继昌。

恭拜女祖，伏惟尚飨。

己丑年三月六日

庚寅年嫘祖故里拜祖大典拜祖文

维公元二〇一〇年四月十九日，农历庚寅年三月初六吉时，值中华人文女祖嫘祖冥诞之日，中国人民政治协商会议西平县委员会同社会各界，相聚嫘祖故里，谨以鲜花雅乐之仪，恭拜中华民族人文女祖嫘祖。文曰：

西草河畔，嫘祖天降，虽历九死而后生还，遭遇万劫柔中寓刚。聪颖睿智，勤劳善良，披艰涉险，励志不移，革故鼎新育蚕植桑。斗转星移，春暖秋凉，静观桑林蜘蛛结网，师而从之制衣作裳。泽被苍生，惠及万邦，遮羞御寒告别皮苇，肇启文明谱写华章。德配黄帝，辅佐有方，战涿鹿榆罔宾服，除蚩尤功德无量。

追思吾祖，子孙繁昌，五千年之悠悠岁月，中华民族数经沧桑。夏、商、周、秦，汉、晋、隋、唐……黄河长江东流依旧，虽有分合根系炎黄。

万里神州，春风浩荡，社会和谐财富共享，科学发展再铸辉煌。两岸三地，一国两制，同根共祖源远流长，江山一统斯民所望。

伏牛钟灵，溵水毓秀，嫘祖恩泽山高水远，嫘祖文化万代传扬。今日西平，百业兴旺，众志成城奋发图强，政通人和同奔小康。告慰吾祖，伏惟尚飨。

庚寅年三月六日

辛卯年嫘祖故里拜祖大典拜祖文

惟公元二〇一一年四月八日，农历三月初六，岁在辛卯，良辰吉日，春和景明，惠风艳阳。政协西平县委员会、西平县炎黄文化研究会会集各界代表聚首嫘祖圣诞之地，谨以虔诚景仰之心，恭具酒醴佳果之礼，鸣奏钟磬和谐之乐，致祭于黄

工商界代表上香（陈向阳　摄）

新郑黄帝故里代表上香（陈向阳　摄）

帝元妃嫘祖陵前，并祭颂以文曰：

古柏国，滶水畔；清明祭，追先远。

我中华，五千年；国之本，民为天。

昔远古，曰玄黄；人之初，地洪荒。

灾害侵，禽兽殃；民生苦，着无裳。

我嫘祖，西陵降；悯黎元，忧思长。

发宏愿，解倒悬；观物象，蜘蛛山。

披月辉，戴朝熹；蛛结网，启神思。

灵感出，养桑蚕；缫蚕丝，制衣衫。

驱蒙昧，解民艰；肇文明，开新篇。

壮举出，天下仰；功昭著，美名扬。

有熊国，配轩辕；封元妃，珠璧联。

佐黄帝，创伟业；睦友邻，饬瓯缺。

极崆峒，至溟洋；逐北漠，征蜀湘。

逐群雄，安家邦；领天下，和万方。

教民蚕，供衣裳；兴耕织，劝稼桑。

华夏族，成一统；农耕纪，从此兴。

百业旺，四海同；万民乐，享升平。

礼下士，访民苦；倡旅游，奔于途。

呕心血，劬劳苦；终成疾，道崩殂。

江河水，流不绝；盖世功，悬日月。

为民生，为家邦；我嫘祖，懿德长。

逢盛世，展宏图；春光好，沐万物。

巨龙跃，醒狮舞；我华族，惊世殊。

古西陵，和云蔼；百业兴，天地覆。

十二五，开局年；今吾侪，拜先贤。

疗民瘼，解民难；图振兴，更奋鞭。

中华兴，母祖襄；柏子国，当自强。

承懿德，沐恩光；继遗绪，增瑞祥。

人为本，民至上；振经济，兴城乡。

恤百姓，福一方；构和谐，奔小康。

奋神威，呈福昌；华夏耀，龙凤翔。

缅怀母祖，鉴我衷肠。伏惟尚飨！

辛卯年三月六日

壬辰年嫘祖故里拜祖大典拜祖文

维公元二〇一二年三月二十七日，岁在壬辰三月初六，乾坤明朗，万象更新。中国人民政治协商会议河南省西平县委员会、西平县炎黄文化研究会敬邀各界贤达及海内外炎黄子孙于西陵故国，溵水之滨，谨备鲜花清醴，恭祭我中华之母嫘祖。文曰：

中华母亲节促进会会长李汉秋恭读拜文（陈向阳　摄）

滍水凝翠，春和景明。恭拜嫘祖，在天之灵。
文明万载，一脉承绪。寻根追远，炎黄祖宗。
昔我嫘祖，降我西陵。疾风骤雨，地动天惊。
当世之时，天下洪荒。衣食无着，水火苍生。
我母嫘祖，慈悲萦怀。殚精竭虑，长夜耿耿。
格物观象，植桑养蚕。缫丝织布，制衣发蒙。
厚德载物，天下景慕。德配轩辕，肇造文明。
教民养蚕，劝稼农桑。和谐天下，开创农耕。
殊世伟业，万代共仰。懿德昭远，惠泽苍生。
辅佐黄帝，逐鹿群雄。巡游天下，于道驾崩。
子嗣绵延，夏商周秦。春秋两汉，唐宋明清。
炎黄子孙，繁衍四海。播迁五洋，一脉同宗。
嫘祖大德，有口皆颂。盖世殊勋，青史勒名。
母仪垂范，厚德创新，自强不息。世代风行。

今逢盛世，人和政通。民殷国富，文化繁荣。

母亲节立，九州尊崇。四海归心，天下认同。

伏惟尚飨！

壬辰年三月六日

癸巳年嫘祖故里拜祖大典拜祖文

维公元二〇一三年四月十五日，岁序癸巳，三月初六，河南省西平县炎黄文化研究会暨各界代表，会聚于西陵故国，潕水之滨，谨以鲜花雅乐，聊表至诚之心，拜祀我中华民族之母嫘祖曰：

嵩岳巍巍，黄河汤汤。中华文明，中原滥觞。

人之初始，宇宙洪荒。生灵维艰，缺衣无裳。

我祖嫘祖，西陵以降。不畏艰辛，道义担当。

发愤励志，格物观象。殚精竭虑，养蚕植桑。

缫丝织布，制衣作裳。移风易俗，文明肇创。

德配轩辕，珠璧瑞祥。农耕阔疆，神州安康。

壮游天下，行神首倡。道途崩殂，黎庶怀想。

鞠躬尽瘁，万世旌彰。母仪天下，懿德绵长。

黄帝肇始，五帝三王。春秋战国，秦汉隋唐。

宋元明清，人丁兴旺。民国共和，子嗣泱泱。

繁衍四海，播迁五洋。蒙藏回满，一脉继昌。

爱我嫘祖，恩泽难忘。嫘祖懿德，世代颂扬。

民族贤母，嫘祖堪享。四海归心，天下景仰。

结草衔环，母恩难忘。春晖寸草，一瓣心香。

敬母孝母，中华美德。尊母爱母，堪褒堪奖。

我辈子孙，慎终追远。鲜花一捧，骨肉情长。

挚情祭母，天地可鉴。伟哉吾母，伏惟尚飨！

癸巳年三月初六

社会各界缅怀嫘祖（县文化馆供稿）

甲午年嫘祖故里拜祖大典拜祖文

维公元二〇一四年四月五日，岁在甲子，三月初六，节属清明。当此嫘祖圣诞之季，惠风和畅、生机盎然、春暖花开、万象更新。河南省西平县炎黄文化研究会暨各界代表，会聚于西陵故国，谨以鲜花雅乐，肃拜恭祀我中华民族之母嫘祖曰：

华夏文明，源远流长。天下之中，九州之央。

伏牛逶迤，颍汝激荡。天降嫘祖，西陵荣光。

启迪蒙昧，告别洪荒。教民养蚕，劝事农桑。

缫丝织布，制作衣裳。丝绸之路，肇始华章。

赫赫伟业，惠泽八方。播撒文明，万古流芳。

德配黄帝，定国安邦。修德振武，拓土开疆。

宇内一统，和合共襄。四海宾服，民以物享。

繁衍子孙，远播五洋。根脉赓续，乃至今昌。
恩泽懿德，世代颂扬。母仪天下，万众景仰。
民族复兴，百年梦想。时不我待，改革开放。
炎黄子孙，念祖思乡。发展经济，民富国强。
内强素质，外树形象。关注民生，共奔小康。
科教立国，文化兴邦。慎终追远，正气弘扬。
英才辈出，奋发向上。社会和谐，人民安康。
中原崛起，指日可望。文明古国，雄立东方。
缅怀祖德，恭献馨香。谨告我母，伏惟尚飨！

甲午年三月初六　清明节

附 录

附录一 会议纪要

西平县嫘祖文化研究与开发研讨会纪要 2006年5月12日，西平县嫘祖文化研究与开发领导小组，召集本县历史、方志、民俗、音乐、舞蹈、考古等方面的专业人员举行研讨会，就嫘祖文化研究与开发进行了广泛深入的探讨，一致认定嫘祖故里在西平，西平有丰厚的嫘祖文化积淀。

一、典籍记载

司马迁《史记》称“黄帝居轩辕之丘，而娶于西陵之女，是为嫘祖。”司马迁虽未直书嫘祖故里在何处，但明确告诉世人，嫘祖是西陵之女。北魏郦道元《水经注·㵲水》载：西平县“故柏国也，其西吕墟，即西陵亭也，西陵平夷，故曰西平”；《三国志·魏书》记载魏明帝时西平有“西陵乡”；甘肃武威汉简记载有“汝南西陵县”；民国《西平县志》写道：“魏明帝即位，进封和洽为西陵乡侯。郦道元《水经注》曰：西平，其西吕墟，即西陵亭也，当指此。”等等，据此不难看出：就全国而言，对古西陵和今所属地有如此翔实的记载，西平是独有的。

二、考古发现

西平县董桥遗址，即吕墟，又称西陵亭，属仰韶文化时期遗址，已公布为河南省重点文物保护单位，经专家论证：在时空上与黄帝嫘祖生活的年代相当，而且出土有远古时期的生产工具石斧、石锤，生活用具鼎足、夹砂红陶碗、罐等残片，特别是红陶纺轮的出土更近一步说明距今约5000年的时候，这里植桑养蚕、缫丝制衣技术已经出现。

三、地方风情

由嫘祖发明植桑养蚕而衍生的地方风情民俗在西平无处不在。

（1）生产习俗。传统的养蚕、缫丝、制衣是女人的事，这也是男耕女织的农耕社会分工所使然。西平养蚕，为防止资源枯竭，一年只养一次。“男采桑，女养蚕”、

"三月清明蚕等叶，二月清明叶等蚕"、"春蚕不吃小满叶"、"麦熟一晌，蚕老一时"等农谚，是对传统养蚕生产习俗的高度概括。（2）祭祀习俗。过去西平家家户户植桑养蚕，敬蚕神，逢每月的初一、十五由家庭主妇上香祷告。二十世纪四十年代末，西平尚有嫘祖娘娘庙六座。《嫘祖祭奠》就是源于西平民间祭祀先蚕的典章，而且是一年二祭：一次在农历三月初六纪念嫘祖冥诞，一次在农历四月小满节举办蚕桑节谢蚕神。（3）民间文艺。与会的同志一致认为：西平为嫘祖的出生地、始蚕地，所以反映嫘祖文化的民间传说故事、戏剧曲艺、民谣民谚、剪纸绘画等，千百年来靠老百姓口传身授，世代相沿。时至今日，由于时代的变迁，虽然盛况大不如前，但在农村，尤其高龄人群中仍可听到、看到。另外，西平，民间还长期流传着与嫘祖文化密切相关的"六月六追节"、"老妮归宗"等婚姻、丧葬习俗。

四、嫘祖文化研究与开发的意见

如何把研究与开发结合起来，使嫘祖文化资源变成文化产业是会议讨论的热点。大家一致认为：要下大决心建设一个华夏儿女寻根拜祖的旅游胜地，计划利用5-10年的时间，建成一个和新郑黄帝故里南北互应的黄金旅游线。

（1）做好充分准备，在今年第三季度召开一次全国性的嫘祖文化研讨会，为嫘祖文化开发奠定理论基础。（2）强化硬件建设，加快恢复嫘祖故里的嫘祖宫、西陵亭，争取2008年初具规模，具备公祭条件。同时启动嫘祖文化苑的工程建设，尽快造就一个高标准的集祭祀、体验农耕生活、展示民俗文化为一体的嫘祖文化苑。（3）在九女山和一些乡镇开展植桑养蚕试点，同时筹备丝绸工艺品制作等产业。（4）加强嫘祖文化民俗调查研究，收集农耕时代纺纱织布的工具，为展再现农耕时代植桑养蚕、缫丝制衣的生产过程做准备。

参加会议的有：

中国西平县委常委、县委宣传部长李贵喜

西平县人大常委会副主任、驻马店市民协主席、中国民协会员高庆民

西平县炎黄文化研究会会长、中国民协会员、省作协会员高 沛

西平县文联副主席、中国音乐家协会会员谭胜功

西平县炎黄文化研究会副会长、省音协会员、省民协会员李清彦

西平县炎黄文化研究会副会长兼秘书长、西平县文化局局长丁国顺

西平县史志办公室主任、《西平县志》副主编姬军政

中共西平县委宣传部副部长张惠如

西平文联主席、炎黄文化研究会副秘书长、省作协会员奚家坤

西平文化局创作室主任、省作协会员王新敏

西平县图书馆副研究员、省图书馆学会理事耿翠花

西平县图书馆员、县政协常委、中国民协会员高蔚

《西平县志》副主编张连合

《西平县志》副主编李金世

西平文化局文化艺术股长、省舞蹈家协会会员陈丽雅

西平县文化局创作员、县民协主席谢文华

西平县文物管理所所长、省考古学会会员康晓华

西平县文化馆馆长、省艺术摄影协会会员陈向阳

西平县图书馆副馆长、馆员张焱

河南郑州嫘祖文化研讨会纪要　2006年5月18日，河南省炎黄文化研究会在河南省社科院主持召开了嫘祖文化研讨会，与会专家学者有河南省博物院研究员河南省炎黄文化研究会会长许顺湛、河南省博物院研究员河南省炎黄文化研究会副会长张维华、河南省社科院考古所所长研究员河南省炎黄文化研究会副会长张新斌、河南省社科院历史所研究员河南省炎黄文化研究会副会长李绍连、河南省社科院考古所研究员河南省文史研究馆馆员马世之、郑州大学历史学院考古系主任博士生导师教授张国硕、河南省文物考古研究所研究员河南省政协委员蔡全法、西平县炎黄文化研究会会长高沛及副会长李清彦等。会上，高沛会长首先向专家、学者汇报了西平县嫘祖文化研究进展情况和取得的研究成果，与会专家就嫘祖文化的研究与开发充分发表了个人意见。

许顺湛先生说：我们说嫘祖故里在西平，是因为西平之西陵，典籍和方志有多处记载，武威出土的汉简又明确说明西平西汉时称西陵县。西平县董桥遗址，即吕墟，古称西陵，经考古认定为仰韶文化遗址，这绝不是偶然的巧合。西陵国北距有熊国仅百余公里，有熊氏和西陵氏是远古时期的通婚族，嫘祖和黄帝结合是可信的。嫘祖对社会的贡献是发明人工植桑养蚕，缫丝制衣。加大对嫘祖文化的研究和开发力度，从而形成北有

黄帝故里，南有嫘祖故里的黄金旅游链，更有利于华夏儿女寻根问祖。

马世之先生说：两年前，驻马店市天中文化研讨会提到西平是嫘祖的故里。随着接触材料的增多，嫘祖故里在西平逐渐明晰起来。首先，西平之西陵与黄帝所居之轩辕丘，青阳所居之江水（淮河），昌意所居之若水（汝水）较近，适合于远古部落之间的交往。其次，嫘祖文化为炎黄文化的亚文化，从考古发现来看，西平属于仰韶文化范畴，这里有仰韶文化和龙山文化遗址。再次，西平所处的驻马店地区，西部是伏牛山余脉，东部为淮北平原。洪河、汝河横贯东西，气候属东亚大陆性季风型亚湿润气候。对于早期人类而言，可提供从事生产活动的优越条件，既可耕可收，宜粟宜稻，有利于采集、狩猎和捕捞，非常适宜植桑养蚕。从此，亦可透出先蚕故里在西平的信息。同时，地方志《水经注》、《三国志》对西平之西陵都有明确的记载，特别是武威汉简，更是确凿的佐证。综合各种因素，我认为，西陵古国在今驻马店市境，河南西平应是嫘祖的故里。

张维华先生说：古代蚕桑是沿着伏牛、秦岭发展起来的，野蚕从野生到驯化与传说基本照应。随着中原古部族往外迁徙，中原文化在四方都会有类似的记载，但中原是原生地。不否定中原与四方的文化交流，但要坚信中原是原生地，这个观念是客观的，不能改变。西平有三皇时期的文化、有黄帝文化、有冶铁文化等，都是有根脉的，都很耀眼，属国家级的。西平有一大群闪光点，嫘祖文化是闪光点之一。西平是嫘祖故里，是嫘祖文化的原生地，搞旅游开发是大有前途的。

李绍连先生说：过去涉及的嫘祖文化方面的资料是零零碎碎，现在比较充实了，史籍有记载，考古有发现，特别是汉简更可靠。嫘祖和黄帝同时代，当时的婚姻是相邻的部落之间通婚，不可能到千里之外去通婚。嫘祖是蚕桑之祖，研究嫘祖文化必须与植桑养蚕、缫丝制衣结合起来。四川盐亭不符合这三点，和仰韶文化连不到一块。“西陵平夷，故曰西平”，嫘祖和西陵氏联系起来，与黄帝通婚是合情合理的，与司马迁的记述也相吻合，我非常倾向嫘祖故里在西平，可能性比较大。

张国硕先生说：嫘祖故里应该在西平。因为西陵氏应与轩辕氏居地很近。古代地貌复杂，交通条件不便，通婚相距不会太远。新郑距四川太远，攀越巴山蜀水在当时真是难于上青天。新郑距湖北也不是太近，但与西平是邻邦，而且嫘祖又是人工养蚕制衣的发明家，声名远播，黄帝与嫘祖结合顺理成章。黄帝文化与嫘祖文化应该结合到一块研究，黄帝文化与仰韶文化相照应，嫘祖文化属于炎黄文化圈。四川到夏商才开始与中原有所联系，密切联系应该是战国，才真正纳入了炎黄文化圈。说四川是嫘祖故里太牵强，很多地名也太附会。

蔡全法先生说：西平抓嫘祖文化研究工作，从研究历史的角度出发，到发展文化产业很有意义，吃饭穿衣，尤其是在当时是人类社会的两大主题。炎帝解决了农耕，黄帝继承并发展之。嫘祖氏族解决了穿衣问题，解决穿衣是社会的巨大进步，黄帝时代开创了男耕女织的农耕文明，黄帝与嫘祖通婚促进了当时社会的发展。西平之西陵历史的记载比较多，也比较早，嫘祖故里在西平可信度大。

经过充分的讨论，会议上达成了共识；嫘祖故里在西平，西平是嫘祖文化的原生地，蕴含有丰富的嫘祖文化资源。并联合签名向省委、省政协主要领导致信，建议在适当的时候召开一个高规格的全国性的嫘祖文化研讨会，把嫘祖文化的研究与开发推向一个新阶段。

中国·河南西平嫘祖文化研讨会纪要　2006年10月13日-15日，由中华炎黄文化研究会、河南省炎黄文化研究会主办的“中国·河南西平嫘祖文化研讨会”在河南省西平县隆重召开。来自中华炎黄文化研究会、中央文史研究馆、中国社科院历史研究所、中国科学院遗传发育所、中国国家博物馆、湖南省社会科学院、陕西省社会科学院、陕西历史博物馆、西安碑林博物馆、复旦大学、苏州大学、浙江工商大学、浙江缙云仙都文化研究会、河南省社会科学界联合会、河南省社会科学院、河南博物馆、河南省文物考古研究所、河南省地方史志办公室、河南省中原姓氏历史文化研究会、中原姓氏研究所、郑州大学、洛阳大学、黄淮学院、驻马店教育学院、驻马店市炎黄文化研究会、新郑炎黄文化研究会、西平县炎黄文化研究会、西平县地方史志办公室等科研单位、院校的专家学者70余人参加了这次盛会。会议期间，专家学者实地考察了西平董桥新石器时代文化遗址。经过三天紧张热烈的讨论，大家就以下问题达成共识：

丝绸是除四大发明和瓷器之外，另一种可以代表中国的物质文化符号，蚕桑丝织业对中国乃至世界的文明进程产生过重大影响。我国众多新石器时期遗址出土了丝织品遗物，甲骨文中有“蚕”、“桑”、“丝”等字，金文中有“嫘祖”之名，可知我国蚕桑丝织业源远流长。文献关于嫘祖发明蚕桑丝织的记载值得信从，黄帝“垂衣裳而天下治”，黄帝元妃嫘祖功莫大焉。嫘祖还喜欢远游，被后世祀为“先蚕”和“行神”（旅游之神），嫘祖可称为“中华民族人文女祖”。

（二）炎帝后裔主要分布于嵩山以南至南阳盆地一带，如吕氏、许氏、方雷氏等，西陵氏也是炎帝之系，因居住于西陵而得名，今西平县的吕墟也应是炎帝后裔的吕国南迁过程中的遗墟。西平北距黄帝故里新郑仅120公里，黄帝与嫘祖的联姻正是黄帝族和炎帝族的西陵族团的融合，并结成地缘性联盟。武威汉简记载有“汝南西陵县”；《水经注·潕水》载：“西陵平夷，故曰西平。”可知西平县古称西陵，乃嫘祖西陵氏族团初居之地。在西平县吕店乡董桥村，考古发现有核心面积达48万平方米的新石器时代遗址，包括与嫘祖生活时代相当的仰韶文化和龙山文化内涵，遗址及其附近原有嫘祖庙、西陵亭、嫘祖坟、九女山、蜘蛛山等众多有关嫘祖的名胜古迹，董桥村现存有在遗址中出土的原在嫘祖庙里的元代大铁钟。可以认为，河南西平应是嫘祖故里。

此外，不少学者还对嫘祖与姓氏、嫘祖与中华人文女祖群体、嫘祖与丝织技术的起源和传播等嫘祖文化的方方面面进行了全面探讨，提出不少新观点、新见解。

与会专家一致称赞西平县委、县政府研究开发嫘祖文化的举措，并建议把西平县作为丝绸起源地纳入丝绸之路世界文化遗产的申报之中；申报西平县为丝绸文化之乡；建议尽快修复与嫘祖有关的遗迹嫘祖庙、嫘祖宫、嫘祖塑像、嫘祖墓园等，创建嫘祖博物馆；加大对嫘祖文化遗存的保护研究力度，联合考古文物研究部门对有关嫘祖时代的文化遗址进行发掘；出版研究嫘祖的专著和论文集，对嫘祖文化进行全面的开发。

附录二 领导讲话摘录

鲁　谆（中华炎黄文化研究会常务副会长）在嫘祖文化研讨会上的讲话:

嫘祖作为黄帝元妃，历史文献多有记载。尽管具体事迹叙述不详，但嫘祖发明植桑养蚕缫丝织绸，并陪同黄帝巡游各地，是明确的。嫘祖是炎黄时代的重要人物，嫘祖文化是炎黄文化的重要组成部分。尤其是丝绸的发明，在中国文明史和世界文明史上写下了辉煌篇章。中国长达几千年的农业社会，历来是以男耕女织的家庭为单位组织起来的。千家万户的田夫蚕妇，都与炎帝、黄帝、嫘祖始教民农耕、养蚕分不开。因而嫘祖的传说故事在中国民间流传十分久远，非常广泛。中国植桑养蚕的地域辽阔，几乎所有蚕桑之乡无不把嫘祖作为“先蚕”、“蚕神”虔诚祭祀，这样一种历史文化现象，绝不是偶然的。近年来随着旅游业的快速发展，对嫘祖作为“行神”的研究与传播也提上日程。在国际上，自汉唐以来，丝绸之路作为中国文明的象征，中外和谐友好交往的象征，影响极其深远。但是，在很长一段时间，由于对传统文化的忽视，加上对女性文化的歧视，嫘祖被冷落，可说是“打入冷宫”。1994年、1998年的宜昌、盐亭嫘祖文化研讨会，对于推进嫘祖研究、弘扬嫘祖文化，起了好的作用，但只是开了个头。近年来中央提出建设社会主义先进文化，河南提出建设文化大省，都强调要发掘历史文化资源。河南的人文社会科学力量比较强，多年来已形成了一支包括历史、考古、文化、民族、民俗、姓氏等多学科共同研究炎黄二帝及其时代历史文化的专家学者队伍，具备这样优越的主客观条件，我们相信，河南和西平一定会把嫘祖文化的研究与弘扬，大大向前推进一步。

鲁谆在研讨会上题词（陈向阳　摄）

《史记·五帝本纪》载：“黄帝居轩辕之丘，而娶于西陵之女，是为嫘祖。”嫘祖研究与西陵地望密不可分。这个西陵究竟在何处?历来有多种说法。西平近年来围绕嫘祖文化，做了大量工作，特别是有关资料的搜集整理，为大家的研究提供了方便条件。这次研讨会前，又有许多专家学者认真地写出了论文。应当说，西平嫘祖文化有深厚的历史渊源，作为嫘祖故里的主要依据有以下三点：一是甘肃武威出土的西汉王杖简有“汝南西陵县”的记录，而《水经·潕水》注说：“汉曰西平，其西吕墟，即西陵亭也。西陵平夷，故曰西平。”这就把西汉时的汝南西陵县就在现西平县，西平县所属的吕墟汉代曾叫西陵亭，西陵因地势平坦后改称西平的来龙去脉，交代得很清楚；二是西平县董桥等遗址采集了大量仰韶文化、龙山文化器物，其中还有不多见的陶纺轮，从考古年代来看，大体上与黄帝时代相吻合；三是西平距“轩辕之丘”、“有熊之墟”的黄帝故里新郑较近，作为与轩辕氏黄帝联姻的西陵氏，这个地理位置是十分重要的。此外，西平还有不少嫘祖文化遗迹如嫘祖庙等，有植桑养蚕的自然条件、传统技能和民间习俗。嫘祖与炎帝、黄帝、蚩尤等都是距今五六千年前的中华民族人文始祖。由于年代久远，有些问题见仁见智，难有定论，是完全正常的，也为我们留下了进一步研究的课题。有些学者认为，炎帝、黄帝作为族团世袭领袖的称号，都经历了若干代的传承发展，又不断迁徙，嫘祖也应该是同样的情况；因此，他们的故里、陵墓等文化遗址，多处并存就不奇怪了。至于具体年代和孰先孰后，各抒己见，百家争鸣，是学术繁荣和文化普及的好现象，也促使大家进一步学习研究。

我们民族历来有慎终追远的优良传统。现在，全国各地越来越重视弘扬炎黄文化、嫘祖文化，举办的学术研讨会、祭祖大典、文化旅游节等活动越来越多，这不仅对于地域文化、民族文化的研究与普及，地方文化事业、文化产业、文化旅游以至整个经济、社会的发展是一个推动，对于培育和振奋民族精神，增强中华民族的凝聚力，广泛团结海内外炎黄子孙，构建社会主义和谐社会，实现中华民族伟大复兴，也发挥了重要作用。让我们加强团结，紧密合作，继续努力，为此做出更大贡献。

王楚光在研讨会上讲话（陈向阳　摄）

王楚光（原中央文史馆副馆长、国务院参事室副主任）在嫘祖文化研讨会上的讲话：

在全国响应党中央的号召构建和谐社会的形势下，西平召开嫘祖文化研讨会，全力打造嫘祖文化是一件很有意义的文化盛举。弘扬嫘祖文化，我觉得至少有以下四个方面的意义：一是有利于弘扬中华民族优秀的传统文化。嫘祖文化是炎黄文化的组成部分，其最主要的核心内容是嫘祖的创新精神，这对我们建设社会主义事业是很有意义的；二是弘扬嫘祖文化有利于提升地方的文化形象，促进西平文化旅游经济事业的发展，推动社会事业的全面进步；三是中部地区、特别是中原地区的河南省，是中华民族的发源地，最大的优势是拥有中华民族的优秀的传统文化。中部要崛起首先文化要崛起，弘扬嫘祖文化有利于中部地区的崛起；四是有利于构建和谐社会、和谐文化。和谐社会的内涵十分丰富，其中最重要的是要构建和谐文化，西平县委、县政府具有远见卓识，抓住弘扬嫘祖文化这个主题来推动社会发展是很有意义的。

嫘祖的历史地位、嫘祖文化的意义是不容置疑的，是全国公认的。问题是嫘祖作为中华民族共同的祖先，她到底是何方人士，到底出生在什么地方，这是一个有争议的问题，众说纷纭，莫衷一是，看法不能统一起来，对这个问题我有三点看法：

（一）对待学术问题、历史问题不应该急于去下结论。我觉得对这个问题要“风物长宜放眼量”，应该随着时间的发展，随着考古的深入，随着科学技术的进步逐步弄个明白。

（二）嫘祖究竟出生在何方，从现有资料看西平最有条件胜出。很多专家、学者的文章，大量的资料我看后觉得有五个方面的理由，可以判断嫘祖出生在西平：第一根据《史记》记载。《史记》上说：“黄帝居轩辕之丘，而娶于西陵之女，是为嫘祖。”嫘祖故里地望究竟在什么地方，司马迁说得很清楚：是在西陵。现在全国好多地方都有西陵，但西平的西陵在历史上是最早的，汉代以前就有这个地方，其他地方是在汉代以后，这是一个很重要的依据，有地名为证。第二西陵这个地方和有熊国、和新郑轩辕黄帝活动的地方比较近。从当时原始社会来看西陵与有熊国不可能太远，所以湖南说、湖北说、四川说、山东说等可能性就比较小了，那时候人们活动的半径不可能达到那么远。第三就是有大量的史料记载。第四当地有祭祀文化活动的存在。第五是西平当地有植桑养蚕的民间活动习俗，如怎样养蚕、蚕桑节等。从这五个方面看，我个人认为，从目前情况看，嫘祖最有可能是出生在西平这个地方，这里就是古代的西陵。

（三）要在初步确定嫘祖故里在西平后，西平怎样重新打造一个与嫘祖历史地位相称的嫘祖文化，开始各个方面的活动，建立场地，举办文化节日，组织纪念活动以及各种民间活动，使大家都知道西平是嫘祖出生的地方。中国人有个习惯，有庙就有菩萨，有菩萨就有人来拜。通过这次研讨会把嫘祖文化的各项活动丰富地开展起来，通过嫘祖文化活动来带动西平各项事业的发展。

姚如学(河南省政协原常务副主席、河南省炎黄文化研究会会长) 在嫘祖文化研讨会上的讲话：

河南地处中原腹地，是文物大省、文化大省。我在河南工作了多年，走遍了河南的山山水水，曾深深地为河南这块土地上曾有过的光辉灿烂的文化而为之感动。中原文明源远流长，博大精深，内涵极其丰富。这里不但是中华民族的发祥地之一，而且诞生并养育了中华民族的母亲——蚕桑嫘祖，这是我们极其宝贵的文化资源和精神财富。

嫘祖是黄帝正妃，是她发明植桑养蚕、缫丝制衣，为人类的文明进步做出了划时代的贡献。人类社会进入仰韶文化后期和龙山文化早期以后，随着母系社会的解体，以男权为中心的奴隶社会和封建社会在我国持续了几千年。因而嫘祖的事迹虽然在史籍中有所记载，但她对中华民族乃至人类社会的伟大贡献和在历史上的地位却没有得到充分的肯定，以至我们只知道她是西陵之女，而西陵的地望在哪里却众说纷纭，莫衷一是。这次研讨会在河南召开，将为我国远古史、中原文明史、炎黄文化的研究拓展一块新的领域和空间，其深远的历史意义和现实意义是不言而喻的。

近年来，经济全球化的浪潮席卷世界，随着市场经济的成熟和物质生活水平的提高，国内对外旅游休闲、文化创意等产业、产品的需求成为市场消费的热点。特别是我国作为四大文明古国之一，随着综合国力的增强和国际地位的提高，以其绵延不衰的古老文明和传统文化而备受全世界各国人民的关注。作为一个文化大省，在致力于中华民族文化复兴和经济腾飞的新的历史时期，河南有着得天独厚的文化资源优势。通过对资源的优化整合，把文化资源优势转化为文化产业优势，并通过寻根问祖观光旅游，带动河南经济和各项社会事业的发展，已成为河南省委、省政府的战略选择。

张德轩（驻马店市人民政府副市长）在嫘祖文化研讨会上的讲话：

炎黄文化是中华民族的主体文化，根脉文化，源头文化。它博大精深，丰富多彩，源远流长。嫘祖文化是炎黄文化的重要组成部分，它在增强民族团结，促进社会和谐发展方面具有强大的凝聚力、亲和力和向心力。本次会议以嫘祖文化为主题，是中华炎黄文化研究进程中一次重要的学术会议。希望与会的各位专家、学者坚持“百花齐放、百家争鸣”的方针，从考古学、民俗学、历史学、人类学等多学科、多角度对嫘祖文化作出全方位探讨，从中挖掘嫘祖文化的精华，对嫘祖文化的内涵、外延作出科学合理的阐释，并对如何继承、弘扬嫘祖文化做出全面深刻的论证。

西平历史悠久，文化内涵丰富。这里曾是柏皇氏后裔的封国——柏子国；传为中华人文女祖嫘祖的降生地、始蚕地。这里有至今尚存的战国冶铁铸剑残炉，历史上九大名剑就出产在这里。嫘祖文化研讨会选择在河南西平举行，具有特别的意义。相信与会专家、学者通过充分探讨、论证、实地参观考察，定能解读远古文明的密码，以促进中华炎黄文化的发扬光大。

陈文云（驻马店市炎黄文化研究会会长）在嫘祖文化研讨会上的讲话：

这次会议的召开，是西平县委、县政府大力支持的结果，是西平县文化工作者共同努力的结果。这是落实党中央、国务院提出的“发展文化生产力”、建设社会主义和谐社会的体现，是贯彻执行河南省委、省政府提出的建设“文化强省”的具体步骤。因此，它是西平县文化工作的一件大事！

西平县历史悠久，文化底蕴非常丰厚。这里不仅是黄帝正妃嫘祖的故里，也是我国法家思想集大成者韩非的家乡，是董永与七仙女传奇故事的发源地；这里有国家级重点文物保护单位、中国古代最早最大的兵工厂——棠溪冶铁铸剑遗址，有中国民间四大传说之一的牛郎织女故事的最原始版本。这里还是全国柏氏祖先的所在地。这就是说西平文化包含或融合了以嫘祖为代表的桑蚕文化、以韩非为代表的法家文化、以董永遇仙为代表的民俗文化，以棠溪冶铁遗址为代表的冶铸文化、以国家重点文物保护单位宝严寺塔为代表的宗教文化、以孔子停车处为代表的儒家文化、以管鲍分金处为代表的诚信文化、以柏氏为代表的姓氏文化等等。这些都是我们国家最为珍贵的文化资源，更是西平的宝贝。

新中国成立后，特别是改革开放以来，西平县的发展更是突飞猛进。西平曾作为无盲县而受到联合国教科文组织的表彰；西平县人民原有的较为浓厚的商品、市场意识得到了充分的发挥。这里是我国最大的网兜批发市场，招商引资、城市化建设、工业现代化和农业现代化的发展都一直是驻马店市的先进县之一。西平县城还是省级卫生城市。这些都是西平建设文化先进县的重要物质基础和可靠保障。

关于此次会议的主题——嫘祖文化研究涉及的范围很广，包括嫘祖故里、嫘祖文化的内涵和意义、嫘祖在历史上的地位和影响等等，这诸多方面都有许多专家学者给予了充分的论证，我在这里不再重复，只想强调一点，即嫘祖及嫘祖文化的研究固然重要，但更重要的是如何开发和利用好这一宝贵的文化资源，这后者则是西平县政府的责任了。我们建议西平县的决策者们抓着这次会议的大好机遇，抓着新郑市大力开发黄帝故里的大好机遇，形成南北互动，极力推进嫘祖故里的开发，使其成为西平县新的经济增长点，打造出新的文化产业。机不可失，时不待我。我们坚信，具有战略眼光的西平县的决策者们一定会再创奇迹，再铸辉煌！

赵国鼎（联合国中国组委会荣誉委员　中国社会科学著名研究员　中华炎黄文化研究会理事）在嫘祖文化研讨会上的讲话：

嫘祖，中华民族人文始祖轩辕黄帝的正妃，被誉为——中华民族之母，祀为先蚕，即植桑养蚕的鼻祖。司马迁《史记》中称嫘祖为西陵之女。后又有多家文献记载嫘祖为西陵氏之女，西陵国之女，西陵山之女，等等。

关于嫘祖故里的历史地望有多家之说，由中华炎黄文化研究会领导人参加的嫘祖文化研讨论证会，我受到邀请参加的有三处：一是四川盐亭县，二是湖北宜昌市，三是今天这个会。盐亭传说有唐代所立的《嫘祖圣地碑》，有一千多年的历史。湖北宜昌，有地名“西陵峡”，还有古嫘祖庙。

新郑市西二十五里辛店，也有一个西陵岗，当地人称双陵岗，那里也有一个嫘祖庙，每年正月十九日，有个古庙会，是纪念嫘祖的，也有人认为这里是嫘祖出生地。

但这三处地方，我认为都不大可能。因为黄帝故里在中原，他是伟人，是开拓家，文明创始领袖人物，不是一般平民。他选妃，特别是正妃，条件是很严格的。这个条件，一是嫘祖故里在远古时不可能离黄帝故里太远，嫘祖所在的氏族应与黄帝氏族是通婚族。二是嫘祖必须是贤能大德之人，能辅助黄帝建功立业。四川盐亭虽然有唐碑为据，但离黄帝故里太远，且那个《嫘祖圣地碑》也仅仅是口碑资料；湖北宜昌虽然有“白起拔我西陵之说”，但同样远离中原；而新郑辛店虽然有地名，但典籍和文物均没有证据，这三处为嫘祖故里都不足为凭。

2006年1月9日，西平县炎黄文化研究会成立，约我会几位老同志前往参加。在会上我听了西平县炎黄文化研究会专家学者有关嫘祖故里的研究论文，加深了我对西平县即古西陵国所在地——嫘祖故里的认识和了解。今天这次盛会接触了来自全国各地著名专家学者的研讨、论证，使我确信嫘祖故里应在离新郑很近的西平。

西平的可信根据在哪里？

首先，西平县作为嫘祖故里有充分的文献证据：1、《史记·五帝本纪》曰：“黄帝居轩辕之丘，而娶于西陵之女，是为嫘祖”。2、《水经注》记载西平县名的由来时明确说西平古为西陵，“西陵平夷故曰西平。”3、《三国志》记载，在魏明帝时，西平依然沿用有西陵乡这一地名。4、出土的《武威汉简》记载，在西汉成帝年间，汝南有一个西陵县。据历史考证，这个西陵县即是今天的西平县。

这些历史文献，都与司马迁《史记》记载“黄帝娶于西陵之女”地名是一致的，历史典籍给我们提供了无可辩驳的证据材料—嫘祖故里在西平。

其次，最近河南省文物考古研究所专家蔡全法同志，到西平考古，对古西陵的所在地——董桥遗址进行了调查，拣选到不少文物标本，经鉴定是黄帝时代仰韶文化时期文物，使西平作为嫘祖故里获得了考古学的有力支持。

其三，在西平县有千百年来流传至今的有关嫘祖的风物掌故、历史传说、民间故事等等，这使西平县作为嫘祖故里在民俗学方面得到了印证。

其四，西平县离古有熊国仅一百多公里，可以说两个邦国鸡犬相闻，加上嫘祖是养蚕缫丝制衣的发明者，而且聪慧有德，在当时的历史条件下通婚最方便、最有可能。

综上所述，我认为嫘祖出生地在西平，这是我通过综合考查和分析论证得出的结论，但也仅仅是一家之言，请方家给予指正。

罗 杨（中国民协分党组书记）在“中国嫘祖文化之乡”“中国冶铁铸剑文化之乡”授牌仪式上的讲话：

盛世开新宇，大典著华章。乘借着党的十七大胜利召开的浩然东风，今天我们在这里隆重集会，共同分享“中国嫘祖文化之乡”、“中国冶铁铸剑文化之乡”授牌的洋洋喜庆，共同见证这个具有深远历史意义和重要现实意义的辉煌时刻。值此，我谨代表中国民间文艺家协会并全国民协的同仁，向荣膺这个光荣而神圣命名的西平县以及西平县84万父老乡亲表示热烈的祝贺！向长期以来为发掘、求证、保护弘扬我们中华民族的物质和非物质文化遗产而辛勤努力的各级各部门和社会各界人士致以崇高的敬意！

中华民族勤劳勇敢，富于开创精神，中华文化源远流长，博大精深。西平县是华夏民族五千年文明的主要发祥地之一，从太昊伏羲的先民在这里建立西陵国，到柏皇氏

中国民协驻会副主席、分党组书记罗杨在授牌仪式上讲话（崔宝轩 摄）

后裔建立柏子国；从嫘祖发明人工植桑养蚕、缫丝制衣，到生铁柔化技术广泛应用于农业生产和兵器制造，我们的先祖在这片高天厚土上生息繁衍，开创文明，留下了极其宝贵的物质财富和精神财富，谱写了一串串可歌可泣的传奇故事。这些跨越时空、历久而弥珍、承续且扬厉的发明，其内涵是精神支柱，是感情力量。“中国嫘祖文化之乡”、“中国冶铁铸剑文化之乡”今天正式授牌，这是贯彻党的十七大精神的具体行动。我们衷心希望西平县再接再厉，进一步做好国家非物质文化遗产的发掘、保护和开发利用。同时也希望各级各部门和社会各界人士认真学习宣传贯彻党的十七大精神，顺应时代和实践的发展，坚持社会主义先进文化前进方向，营造社会主义百花盛开、万紫千红、健康向上的繁荣文化景象。

同志们，朋友们，让我们唱响政通人和、百业俱兴的时代主旋律，更加自觉、更加主动地推动社会主义文化大发展大繁荣，努力创造出无愧于历史、无愧于时代和人民的新辉煌。

何白鸥（河南省文联副主席）在“中国嫘祖文化之乡”“中国冶铁铸剑文化之乡”授牌仪式上的讲话：

河南是全国文物大省、文化大省。中华民族的祖先在这里孕育了灿烂的上古文化，创造了辉煌的远古文明。西平的嫘祖文化和冶铁铸剑文化，就是河南文化百花园中散发出沁人芬芳的两朵绚丽奇葩，是河南文化瑰宝中折射万丈光芒的两颗耀眼明珠，对中原文化和中华文明产生了深远影响。在黄帝元妃、人文女祖——嫘祖的身上，充分体现了中华女性勤劳、善良、智慧的优秀品质和传统美德，她发明的植桑养蚕、缫丝制衣，为中华民族从蛮荒时代迈向农耕文明做出了突出贡献；她协助黄帝定鼎中原，把和谐、文明写入中华史册。西平的冶铁铸剑文化已有2700多年的历史，春秋战国时期达到鼎盛，历史上辉煌了1700多年，使西平成为我国古代四大冶铁中心之一和“天下第一兵工重镇”，在中华农业史、军工史和科技史上有着重要的地位。

“中国嫘祖文化之乡”、“中国冶铁铸剑文化之乡”申报成功，是西平贯彻落实省委实现从“文化资源大省”向“文化强省”跨越目标要求的重要成果，是研究、开发、传承历史文化资源取得的初步成绩。我们要把文化资源优势转化为文化产业优势，今后还有很长的路要走。希望西平县委、县政府以党的十七大精神为指导，以两个文化之乡正式授牌为动力，加大对嫘祖文化、冶铁铸剑文化的研究、开发和利用，积极促进优秀传统历史文化与当代先进文化相互融合，使嫘祖文化、冶铁铸剑文化成为展示民族文化的窗口、联合四海友谊的纽带、发展合作交流的载体。

丁　巍（驻马店市委副书记）在“中国嫘祖文化之乡”“中国冶铁铸剑文化之乡”授牌仪式上的讲话：

嫘祖文化和冶铁铸剑文化是中华文明的组成部分，是天中历史文化厚重的篇章。嫘祖是伟大的中华之母、人文女祖，是炎黄时代同炎黄二帝一样的重要人物，由她开创的蚕桑文化、服饰文化是中华农耕文明的代表之一。我们的祖先在这片古老的土地上最先发现了铁，并使用铁生产农具和兵器，开创了中华铁器文明，使西平棠溪成为我国古代最著名的冶铁中心之一。

当今时代，文化越来越成为民族凝聚力和创造力的重要源泉，越来越成为综合竞争力的重要因素。党的十七大明确提出了“坚持社会主义先进文化前进方向，推动社会主义文化大发展大繁荣，提高国家文化软实力”的目标要求，市委在不久前召开的二届四次全会上，对发展文化事业、推进文化体制改革进行了安排部署，希望西平按照中央和省、市委的部署积极采纳专家、学者的建议，做好优秀传统历史文化的开发和利用。要把嫘祖文化、冶铁铸剑文化与旅游开发相结合，进一步加大宣传力度，做大做强文化产业，打造出具有地域特色、世人广泛关注、影响日益增强的文化品牌，充分发挥其感召、励志、扬名、兴业的作用和价值，泽被于世，造福于民，为全面建设小康社会、加快驻马店平安崛起做出积极贡献！

附录三 报刊选录

大河之南古西陵（《人民日报》彩色专版2007年11月15日）

西平，地处河南省中南部，伏牛山余脉自西南绵延入境。东部是广袤的平原，山脉向平原的过渡带为丘陵缓冈。属大陆性季风型气候区，四季分明，雨量充足。京广铁路、京珠高速、107国道纵贯南北，省道高兰公路横穿东西，交通便利。面积1089.77平方公里，总人口84万，辖17个乡镇。

西平古为西陵，汉高祖4年（公元前203年）置县，甘肃出土的《武威汉简·王杖十简》记载有“汝南西陵县”，东汉初省并为西平县，因“西陵平夷，故曰西平”而得名，三国、两晋、隋、唐、宋、元、明、清相沿至今，历史悠久，文化灿烂，风光秀丽。西陵这片热土，以她博大的胸怀养育了勤劳善良的西陵儿女，用她青山秀水的灵气承载着历史的辉煌。蜘蛛山——柏皇氏的祖山，棠溪水的源头；冶炉城、棠溪村——战国冶铁铸剑地；吕墟——黄帝正妃蚕神嫘祖出生地、始蚕地；韩堂——韩非故里；仪封——孔夫子周游列国停辙处；宝严寺塔——沧海桑田的历史见证……西平《嫘祖祭典》、《棠溪宝剑铸剑工艺》、《西平大铜器》、民间传说《王莽撵刘秀》和《董永与七姐》等，2007年10月已列入河南省第一批非物质文化遗产保护名录。

县境西部棠溪源国家森林公园，位处伏牛山余脉与黄淮平原的衔接处，上承崇山峻岭之豪放，下纳千里沃野之坦荡，山水互容，田林相依，自然与人文和谐，历史与现实相接。这是一片净土：阳春，繁花似锦，蜂飞蝶舞；盛夏，林木苍翠，飞瀑流泉；金秋，果满枝头，霜叶如染；隆冬，漫山皆白，寒梅独秀，有中原氧吧之称。县域中东部地势平坦，洪河、柳堰河、仙女池河、淤泥河自西向东流过，数百条支流纵横交错，滋润着肥沃富饶的土地。从西陵到西平，从石器打制到铁器出现，先民用勤劳的双手、聪

肘阁（崔宝轩　摄）

明的智慧，在这片热土上创造了灿烂的物质文明和精神文明，也为子孙后代留下了享用不尽的人文资源和自然景观。

西平县是嫘祖的故里，中华民族植桑养蚕、缫丝制衣的发源地，嫘祖文化的原生地，民间文化底蕴浓厚，影响广泛，西平的冶铁铸剑具有悠久的历史渊源，有诸多历史记载和原生态的历史遗存，西平县被中国民间文艺家协会命名为“中国嫘祖文化之乡”，“中国冶铁铸剑文化之乡”。2007年11月12日，中国民间文艺家协会在西平县举行了隆重的授牌仪式。

近年来，西平县工业经济快速发展，城镇面貌日新月异，农村经济稳步上升，商贸流通繁荣活跃，文化事业和文化产业同步发展。先后被评为全国优质小麦生产出口基地县、全国粮食和肉类产量百强县、全国社会治安综合治理工作先进县、全省畜牧强县、双拥模范县，荣获省级园林城市、卫生城市、文明城市的称号。

金秋十月会中原　西陵故国话嫘祖（人民政协报专版2006年11月2日）——中国河南西平嫘祖文化研讨会综述　撰稿/张欣　谢文华　高蔚　摄影/崔宝轩

陈向阳

10月的中原大地秋高气爽，金菊盛开。13日至15日，由中华炎黄文化研究会、河南省炎黄文化研究会主办的“中国·河南西平嫘祖文化研讨会”在河南省西平县隆重召开。来自全国各地的专家、学者70余人参加了这次盛会。

嫘祖是中华民族人文始祖黄帝的正妃。她发明植桑养蚕、缫丝制衣，和黄帝一道开创了中华男耕女织的农耕文明。但由于中国几千年来的封建男权统治，女性社会地位和历史功绩往往得不到充分认可和尊重。史籍虽然对嫘祖虽有所记载，但很简略。以至嫘祖故里在哪里，长期以来众说纷纭。为此，中华炎黄文化研究会、河南省炎黄文化研究会特邀全国相关的专家学者召开了这次研讨会。会议共收到学术论文61篇，43位学者在研讨会上发了言。会议始终坚持“百家齐放，百家争鸣”的方针，坚持“学术自由，求同存异”的原则，采取学术讨论和实地考察相结合的方法，开展学术研究与交流。专家们分别从历史学、考古学、文献学、民族学、民俗学、社会学、姓氏源流等诸多方面阐述了自己的观点，取得了丰硕的学术成果。

关于嫘祖文化在炎黄文化中的地位。北京学者杜耀西、曲英杰、湖南学者何光岳、陕西学者卢桂兰、河南学者朱绍侯、马世之、张新斌、张国硕、蔡运章、张得水等认为：黄帝是中华民族人文始祖，在中华民族的形成和发展中做出了卓越的贡献。作为黄帝正妃，嫘祖发明植桑养蚕缫丝制衣，协助黄帝统一华夏，定鼎中原，嫘祖文化是炎黄文化不可分割的一部分。加大对嫘祖文化的研究与宣传开发力度，对于增强海内外炎黄子孙的认同感，增强中华民族的凝聚力、向心力，促进祖国和平统一等有着十分重大的现实意义和深远的历史意义。

关于嫘祖文化的概念和内涵。复旦大学学者巍嵩山、浙江学者徐日辉、江苏学者周书灿、河南学者李绍连、曹桂岑、李京华、蔡万进、王文平、李世铭、李立新、陈建魁等认为：嫘祖是中国植桑养蚕与缫丝制衣的发明家，又是一位旅行家，嫘祖代表了中国几千年来的蚕桑文化、丝绸文化、旅游文化，其核心是开拓创新精神；嫘祖是中华民族文明起源阶段推动文明发展的英雄，是中华民族的人文女祖。

关于嫘祖在历史上发挥的重要作用。山西学者卫斯、浙江学者王达钦、甘肃学者彭清深、河南学者徐顺湛、陈昌远、张维华、蔡全法、郑杰祥、王星光、赵国鼎、刘文学、赵中祥、王龙正、李玉洁、陈朝云等认为：嫘祖发明的养蚕制衣技术开创了人类服

舞龙（崔宝轩　摄）

饰文明的新纪元，对男耕女织的农耕文明起到了巨大的催化和推动作用。大量的史料和民俗学、社会学和考古发现证明，西平是中国蚕桑文化的源头，西陵国与有熊国建立的黄帝与嫘祖的婚姻关系纽带，首先使植桑养蚕这一技术在中原地区推广传播。随着黄帝族势力的发展壮大，逐渐传播到长江上下、大河南北，并随着技术的完善和时间的推移、演进发展成中国源远流长的丝绸文化，在世界范围内产生了广泛影响。其重要性可与中国四大发明类比。

关于嫘祖的姓氏源流。北京学者袁义达、山西学者杨东晨、河南学者谢钧祥、刘翔南、陈隆文、郭超、张耀征等认为：嫘祖所在的西陵氏在姓源属炎帝氏系。嫘祖的祖姓为方雷氏，西陵氏是方雷氏的一支。据考中华姓氏大部分出自黄帝，而出自黄帝氏族的姓氏，从母系上说，又基本上都是嫘祖的后代。在中华民族的繁衍发展中，嫘祖与黄帝同样重要，嫘祖是中华民族的伟大母亲和共同的人文女祖。

研讨会上，嫘祖故里地望是专家们热议的重点。从大会发言和收到的论文来看，虽然大家对嫘祖故里的认识还不尽相同，但经过考察董桥遗址，参观董桥遗址上出土的文物，经过充分的研讨，最后达成共识：嫘祖故里在西平。理由是：1、嫘祖作为黄帝的第一夫人，与黄帝的结合应在黄帝青年时期，即黄帝建立有熊国之后和统一华夏之前。当时交通不便、信息闭塞，生产和生活方式极其原始，人类的活动半径有限，婚姻的双方不可能相距太远。而西平西陵距有熊国仅百余公里，两国是相邻的邦国，又是通婚族。2、西陵氏是炎帝支系，炎帝族后裔活动范围主要在嵩山以南，南阳盆地以北地区，而古西陵正处于这个地区的中心部位。今西平县的吕墟应是炎帝后裔南迁过程中的遗墟。3、历史典籍中，《三国志·魏书》西平有“西陵乡”的确切记载；《水经注》载：“（西平）县，故柏国也……汉曰西平，其西吕墟，即西陵亭也。西陵平夷，故曰西平。”甘肃武威出土的汉简上明确记载西汉时期西平名为“西陵县”。4、西平县有多出仰韶和龙山文化遗址。在董桥遗址上，采集和出土了大量与西陵古国相对应的史前文物，特别是古人类缫丝纺线的原始工具等。5、西平地貌兼有山区、丘陵、平原，气候温和，适宜植桑养蚕。6、西平流传有大量嫘祖植桑养蚕的历史传说、神话故事。7、

大喇叭（陈向阳　摄）

西平有嫘祖坟、嫘祖庙、九女山、蜘蛛山、转运洞等遗迹和地名。8、西平有世代相沿的祭祀习俗和植桑养蚕的民风等。

这次研讨会充分体现了百花齐放，言论自由的特点。参加会议的专家、学者很大一部分是国内学界的老前辈，他们知识渊博，德高望重，著作等身，是国内学术界泰斗级的专家，还有目前学术界的中年精英和后起之秀。他们带来了不同学科，不同领域，不同学术背景下的学术观念、学术方法，使学术研讨会的不同学术成果得以充分展示，各种学术观念得以交流、碰撞乃至融会贯通。特别应该提到的是中华炎黄文化研究会副会长鲁谆、原中央文史馆副馆长王楚光，国家博物馆副馆长杜耀西、河南省炎黄文化研究会会长姚如学、王仁民、徐顺湛等专家学者型领导亲临大会指导、发表讲话以及对会议成果和嫘祖故里的肯定，使这次会议有了极高的学术水准和权威性。

西平：嫘祖故里谱新篇（节选）（《河南日报》彩色专版2007年11月7日）撰稿：孙 力　高 蔚

西平，古称西陵，周封柏子国，汉高祖四年（公元前203年）置县，隋、唐、宋、元、明、清相沿至今。西平历史悠久，文化底蕴丰厚，是柏皇氏后裔徙居地、黄帝正妃

唢呐演奏（吹响器）（崔宝轩　摄）

抬花轿（崔宝轩　摄）

蚕神嫘祖的出生地、始蚕地、中国古代冶铁铸剑胜地、法家集大成者韩非故里、孔子周游列国停辙处……其中西平《嫘祖祭典》、《棠溪宝剑铸剑工艺》、《西平大铜器》、民间传说《王莽撵刘秀》、《董永与七仙女》已列入河南省首批非物质文化遗产保护名录。

2006年10月，中华炎黄文化研究会、河南省炎黄文化研究会联合举办了中国·河南西平嫘祖文化研讨会。来自全国34所院校，科研单位的历史、考古、姓氏、民俗等方面的70多名专家学者经过实地考察、参观访问、研讨认证，达成了共识："文献关于嫘祖发明蚕桑丝织的记载值得信从，黄帝'垂衣裳而天下治'，黄帝元妃功莫大下焉。"嫘祖还喜欢远游，被后世祀为"先蚕"和"行神"（旅游之神），嫘祖可称为"中华民族人文女祖"。又，"炎帝后裔主要分布于嵩山以南至南阳盆地一带，如吕氏、许氏、方雷氏也是炎帝之系，因居住于西陵而得名，今西平县的吕墟也应是炎帝后裔的吕国南迁过程中的遗墟。西平北距黄帝故里新郑仅120公里，黄帝与嫘祖的联姻正是黄帝族和炎帝族的西陵族团的融合，并结成地缘性联盟。《武威汉简》载：'汝南西陵县'、《水经注·潕水》称：'西陵平夷，故曰西平'。可知西平古称西陵，乃嫘祖西陵氏族团初居之地。在西平县吕店乡董桥村（吕墟），考古发现有核心面积达48万平方米的新石器时代遗址，包括与嫘祖生活时代相当的仰韶文化和龙山文化内涵，遗址及其附近原有嫘祖庙、西陵亭、嫘祖坟、九女山等众多有关嫘祖的古迹名胜，董桥村现存有遗址中出土的原在嫘祖庙中的元代大铁钟。可以认为，河南省西平应是嫘祖故里。"（摘自《中国·河南西平嫘祖文化研讨会纪要》）

据历史记载，西平棠溪冶铁铸剑史可上溯到2700年前的西周，到春秋战国时，为韩国冶铁铸剑重镇。春秋五霸、战国七雄逐鹿中原的500余年，是棠溪冶铁铸剑业最辉煌的时期。棠溪之剑名扬天下，《战国策》载："苏秦说韩王曰：'韩卒之剑戟，皆出于冥山，棠溪、墨阳、合伯、邓师、宛冯、龙渊、太阿，皆陆断马牛，水截鹄雁，当敌即斩坚。”《史记·集解》载：“故天下之宝剑韩为众，一曰棠溪，二曰墨阳，三曰合伯，四曰邓师，五曰宛冯，六曰龙泉，七曰太阿，八曰莫邪，九曰干将也。然干将、莫邪匠名也，其剑皆出西平县，今有铁官令一，别领户，是古铸剑之地也。”《资治通鉴》载：“棠溪之金，天下之利也。”史学家范文澜生前曾三次赴棠溪考察，在他的《中国通史》中称：“韩国出宝剑最多，河南西平县有冶炉城，有棠溪村，都是韩国著名的铸剑处。”直到今天，位于棠溪岸边的全国重点文物保护单位“酒店战国冶铁遗址”上，仍保存着一座战国冶铁残炉，被冶金专家柯俊誉为“世界之最”。

从二十世纪初，西平宝剑厂高庆民等对濒危的棠溪铸剑工艺进行了抢救性发掘和继承，经数十年的潜心研究，终于在1986年研制成功了具有强硬韧弹四大特点的棠溪宝剑。2001年10月，棠溪宝剑首次被国家权威部门组成的专家鉴定会鉴定为“中华第一剑”，并由国家历史博物馆永久收藏。

2007年6月，中国民间文艺家协会根据西平县人民政府关于“嫘祖文化之乡”和“冶铁铸剑文化之乡”的申报，派出专家考察组，对西平嫘祖文化和冶铁铸剑文化的历

元宵灯谜（陈向阳　摄）

史渊源、保护现状以及由此而衍生的民风民俗、传说故事进行了实地考察、研讨论证，并给予了充分的肯定。2007年7月6日，中国民间文艺家协会命名西平为“中国嫘祖文化之乡”和“中国冶铁铸剑文化之乡”，并同意建立“中国嫘祖文化研究中心”和“中国冶铁铸剑文化研究基地”。

嫘祖家乡赠剑黄帝故里　《河南日报》2007年4月18日　记者王大庆

4月17日上午，春光明媚，惠风和畅。在丁亥年黄帝故里拜祖大典即将举办之际，西平县特向新郑市敬献轩辕乾坤剑。省政协主席王全书出席献剑仪式。

据《史记》记载：“黄帝居轩辕之丘，而娶于西陵之女，是为嫘祖。嫘祖为黄帝正妃，生二子。其后皆有天下。”西平古为西陵。据大量典籍论证、文物考证、民俗印证，西平为黄帝正妃嫘祖故里。

作为古代冶铁铸剑之圣地，西平曾创造了灿烂的冶铁铸剑文化。值此拜祖盛典之际，该县特制这把轩辕乾坤剑，敬献于黄帝故里，寓意中华大地天人合一，乾坤和谐，八方安定。

轩辕乾坤剑由棠溪剑业公司精心打造，融入了丰富的文化元素。剑鞘分为两个部分。鞘柄部分雕龙，意为黄帝。鞘体部分饰凤，代表黄帝正妃嫘祖。而在剑柄的局部，雕56片龙鳞，代表56个民族，昭示了追求社会和谐的深刻意义。剑条的长、宽各为330厘米和36厘米，分别代表3月3日和3月6日，寓意黄帝和嫘祖的生辰年月。剑鞘大包头厚69厘米，为黄帝与嫘祖的生日合数，体现他们紧密结合的爱情。剑的整体创意表现了新郑轩辕文化和西平嫘祖文化的密切联系，可谓一脉相承，相得益彰。

附录四　关于设立中华母亲节的倡议

母亲、母爱是人类情感的源泉和归宿，是社会发展的原始动力。母亲教育是民族文化和社会文明发展的基石。目前世界上已有四十多个国家设立母亲节作为自己民族的节日。不同文化的母亲节形象代表不同的文化个性，流淌着自己民族文化的血液，承载着自己的民族精神。中华作为泱泱大国和四大文明古国之一，有着悠久的伦理文明和历史文化传承，要维系中华文化血脉、培育中华民族精神并使之独立于世界民族之林，需要有本民族文化内涵和精神底蕴的母亲节。历史和人民总是选择品德高尚、贡献巨大的人物作为自己的形象代表。中华民族历史上产生了许许多多的伟大女性，把嫘祖作为中华母亲节的形象载体文化内涵最丰富，最具有杰出性典型性和代表性。其理由：一是嫘祖为中华历史上记载的最早的一位伟大女性，是人文始祖黄帝的正妃。二是夏商周秦汉等历代王朝都承认是黄帝和嫘祖的后裔。三是据姓氏学家研究，从血缘上讲中华当今流行的120个大姓中约80%是嫘祖的后代，嫘祖是中华民族名副其实的母亲。四是嫘祖为植桑养蚕、缫丝制衣发明者，同黄帝一道肇启了中华五千年农耕文明，恩泽千古。同时嫘祖还是旅游始祖，是道路守护神。嫘祖勤劳贤惠，聪明美丽，母仪天下，在她身上集中体现了中华女性的优秀品质和传统美德。目前全国尚有三十多处嫘祖遗迹

踩高跷（崔宝轩　摄）

西平大铜器（尚景伟　摄）

和数不清的祠庙，成为人们心中的圣地，吸引全球华人寻根问祖，顶礼膜拜。故在中华众多的伟大女性中，嫘祖作为中华母亲节的形象载体，不仅当之无愧，而且非她莫属，最能得到炎黄子孙的接受和认可。为此，在又一个清明佳节和嫘祖的诞辰日到来之际，我们郑重向全国各族人民及海内外的炎黄子孙发出倡议，呼吁将嫘祖的生日农历三月初六设立为中华母亲节，并开展庆祝中华母亲节的寻根拜祖和庆典纪念活动，在全国形成设立中华母亲节的舆论环境和文化氛围，共襄共举，达成共识，直至推动中华母亲节的国家立法，使其成为中华民族的法定节日和文化盛典。以此来弘扬中华优秀的民族文化，营造男女平等的社会氛围，传承中华美德，促进中华民族的凝聚力、民族认同感以及中华文化的复兴和中华民族在世界民族之林的真正崛起。

全国妇女联合会西平县委员会

2012年3月27日

附录五 嫘祖故里地域文化简介

西平地处中原，历史悠久，人杰地灵，地域文化积淀丰厚，民间戏曲、舞蹈、庙会、文学、书画、工艺多姿多彩，别具风格。

民间舞蹈

西平处于河南省中南部，独特的地理位置也使境内的民舞呈南北荟萃的局面，从古至今沿袭下来的民间舞蹈有30多种。灯类有云灯、鱼灯、顶灯、十二莲灯等。其中顶灯为戏剧、舞蹈、杂技的综合体，其余为类似大场秧歌的舞蹈。拟兽类有龙

西平大铜器（崔朝辉　摄）

鱼灯（崔宝轩　摄）

灯、扎鳖、拉骆驼、打虎（武松打虎、敬德打虎）、耍猴、蚌舞，狮子等，其中龙灯、狮子表演在西平是最流行的形式。模拟交通类的有竹马、小车、旱船、拉驴、武驴、轿等。民间传说类有护蟾、老背少（姜公背姜婆、姜公背媳妇、猪八戒背媳妇）、二鬼、鹬蚌、鹰蚌、杠箱。游艺类有高跷、老师坐扁担、扑蝶舞、刀舞、对子、火篮等。习俗类有《转灵》、《升旗》、《打酒火》等。这些舞蹈少则一人表演，多者三人、五人，甚至十几、二十几人表演。表演时常以大铜器、大喇叭壮声助威，或边唱边表演，伴奏乐器多为笙笛唢呐等。

西平大铜器因用大铙、大镲（又称钹）、大鼓而得名，也配二锣、手镲等，是西平境内最为普遍、最受欢迎的民舞，其组织的名称叫“铜器会”。西平大铜器音色铿锵，粗犷豪放，演奏时配以造型舞蹈，传统技巧及绝活有传、摞、翻铙镲，对击和闷击等。大铜器主要用于闹年、拜年、贺寿、镇宅、祭祀、祈福等，也为民间舞蹈表演时作伴奏等。每个表演班队组成由15—60人不等，传承曲牌有149首，每班队常用曲牌50多首。西平大铜器属隋唐燕乐遗音，距今已有1400多年的历史，曲牌多反映劝善、助人、恩爱、励志等民族文化内容，也不乏娱乐、逗趣的小品式的内容，是中华民族传统美德和自强不息精神的艺术反映，是传统文化的活化石。2008年6月，西平大铜器被国务院公布为第二批国家级非物质文化遗产保护名录。

民间戏曲

西平戏曲历史悠久，宋代西平县已有类似戏曲演出活动出现，到了元明清逐渐壮大，至民国趋于成熟。元代杂剧作家李好古（西平人）创作出杂剧3种，即《镇凶宅》、《巨灵劈华岳》、《张羽煮海》。其中《张羽煮海》世代演而不衰。20世纪，河南著名的戏剧组织活动家冯纪汉（西平人），著有《豫剧源流初探》、《谈戏曲艺术传统》、《谈地方戏曲的推陈出新》等文章。从现今查到的明永乐年间（1405-1425年）建筑的五沟营镇北济渎庙戏楼看，当时的戏曲活动已经很活跃了。清代，戏曲演出活动已在民间普及，看戏已成为群众的一种喜好。名目繁多的庙会，大大丰富了群众的戏曲生活，直到民国年间，县境内还留存有明、清时期修建的古戏楼14座。流行在西平

犟驴（金春赞　摄）

二鬼爬梯（崔宝轩　摄）

县的地方剧种主要有豫剧、河南曲剧、河南越调。清至民初，还曾盛行过锣戏、卷戏，以及二夹弦、二黄、河北梆子等。

豫剧，西平人惯称“梆子”、“河南梆子”，是流行在县境内的主要剧种。豫剧的主要板式有[慢板]、[二八板]、[流水板]、[飞板]四大板路。豫剧的伴奏，1935年前，主弦为皮嗡、兼有二胡、笙等。武场面有锣、鼓、镲、小锣、木梆。1935年后，主弦由板胡替代，兼有二胡、大胡、笙、竹笛、唢呐、闷子、三弦、曲胡、低胡等。武场面有大锣、二锣、手镲、梆子、鼓、大战鼓等。1966年以后，西洋乐进入豫剧伴奏，乐队发展为中西结合的乐队。豫剧在长期的发展过程中积累了丰富的剧目，据不完全统计有500出之多。常演的看家戏有：《白莲花》、《大祭庄》、《刀劈杨藩》、《七堂会审》、《杨八姐游春》、《天河配》、《南阳关》、《黄鹤楼》、《下陈州》、《铡美案》等。

河南越调西平人称“老越调”“四股弦”。20世纪30年代，张秀卿带“俊秀班”进入西平杨环，申凤梅夫妇进入出山乡吴堂班，使越调在西平的发展进入鼎盛时期。越调属板腔体，唱腔中富于变化。主奏乐器早期为鼻四弦，到20世纪30年代更换为短杆坠胡。越调既唱“架子戏”、也唱“生活戏”。其剧目数量和豫剧不相上下。看家戏主要有《收姜维》、《白奶奶醉酒》、《斩杨景》、《张羽煮海》、《劈山救母》、《白蛇传》、《喝面叶》等。

河南曲剧西平人称“曲子”“曲子戏”。旧时，西平艺人称大调曲为北调，小调曲为南调。此剧清光绪九年（1888年）流入西平，当时未搬上舞台，只唱地摊曲和高跷曲，也唱堂会，堂会多为大调曲。到民国25年（1936年)曲子戏才登台演出。曲子戏行头简单、人员少、曲调易学，所演剧目多是生活小戏，解放初期，西平十里八里都有一个曲子班。曲子戏最初乐队只有一把坠胡，一副檀板，没有打击乐。20世纪40年代，才加上板胡、横笛。建国初期，乐队已有相当规模，不仅有坠胡、板胡、三弦、二胡、护琴、软功二嗡、竹笛、笙且加上了打击乐鼓板、大锣、小锣、手镲。曲子戏委婉、流畅、缠绵、抒情，故多唱文戏。如《高文举中状元》、《小贤姑》、《顶灯》、《三娘教子》、《小两口吵架》、《秃子闹房》、《吸大烟》、《狐狸精闹书馆》、《马前泼水》、《胡二姐开店》、《王林休妻》、《许状元祭塔》等。

民间庙会

西平庙会始于何时，无可稽考。清代及民国年间，县境内较大的寺庙每年多于春季举办庙会，名气较大的有25处，其中合水和五沟营庙会规模最大。

合水镇二月十九火神会，每年农历二月十八至二十日举行。届时要唱大戏，至少二台，多时四台，另有烟火及马戏。确山、许昌、鲁山、宝丰等地商人及方圆数十里群众

舞狮（崔宝轩　摄）

跑旱船（陈向阳　摄）

纷纷赴合水赶会。一时商贾云集，人如潮涌，车马塞巷，镇上凡空旷地方都成卖货场，南北向正街为京货区，街旁摊点成行，一字排开，各搭灰色和白色大布棚。正街南端东西向街为农具市场，南寨门外为牲畜市场。戏台搭在火神庙前，戏台对面较远处搭火神棚。会期第一天上午，会首率领众人，携带祭品及数班鼓乐去火神庙，燃放鞭炮，焚香烧纸行祭礼。戏台前分“大场儿”和“小场儿”。大场儿居中，为男人看戏场；小场儿在其左右，为妇女和儿童看戏场。大小场界限分明。男人串小场儿被视为泼皮无赖，遭众人殴打及辱骂。虽卖食品小贩，也不能在小场儿内叫卖。妇女如在大场儿走动，亦被人讥笑。远途赶会乘马车或牛车，在大、小场后为停车场。妇女看戏不下车，少女坐车内。距戏台较远偏僻处有赌博场，每天有五六百人押宝、打纸牌。末会之夜放烟火，景象壮观，观者常数以万计。新中国成立后，庙会改为贸易会。

五沟营二月初七庙会也称火神会。每逢会期，商人船载车运商品纷纷前来，赶会烧香之人，三五成群，络绎不绝。五沟营10余条街道，货棚连接不断，长达数里。火神庙内，烧香者出出进进，烟雾缭绕；庙前有戏楼上演戏，此外还有杂技、肘阁及杠箱表演等。庙会的高潮是“火神出巡”，即用3顶木楼抬三尊神像，在街上巡游三日。每次出巡，鸣炮为号，执事仪仗为前导，神像后有27个肘阁和2对扛箱跟随表演。上午10时出动，下午5时方止。街道上热闹非凡，观着比肩接踵，为之拥挤。庙会期间，赌风最盛。戏楼西为押宝场，20余家宝棚，南北延伸半里许，昼夜聚赌，赌徒来自鲁山、宝丰等县。会首向赌场索取钱财，供庙会使用。抗战爆发后，庙会渐衰。民国33年（1944）日军侵占县境，庙会自此终止。（摘自《西平县志》1990.9）

民间文学

千百年来，流传在西平这片黄土地上的神话、传说、寓言、故事、笑话、歌谣、谚语等构成了民间文学丰富的素材。20世纪90年代整理出的中国民间文学三套集成：《西平故事卷》、《西平歌谣卷》、《西平谚语卷》是西平民间文学宝库中的璀璨明珠，是西平劳动人民千百年来口头艺术创作的结晶。从某种意义上讲，它们是西平地方史的真实写照，记载着不同时代西平劳动人民的生产、生活情景，强烈地表现出他们的愿望、悲欢、情感和对自然、社会、人生的认识。

《西平故事卷》收录了近400篇民间故事,1996年由中州古籍出版社出版。故事中主人公有普通的农民、工匠、小贩、流浪汉，有高高在上的王公权贵、巨贾富豪；有呼风唤雨、点石成金的神仙；有变化莫测的鬼狐精怪；有能人行的鸟兽虫鱼；有会人言的山水林木；有古代英雄；也有近代豪杰……就内容而言，不少篇章热情洋溢地歌颂了历尽千辛万苦为民造福的英雄，主人公正是劳动人民不畏艰险、勇于牺牲、助人为乐的精神体现。如《蚕神嫘祖》、《龙宫取丹》等。有的故事以鲜明的立场歌颂了打富济贫的农民起义领袖，如《刘扁起义》、《白朗起义》等。有的故事描述了长工与地主、官与民的斗争，如《捣里照和编里圆》、《县官画虎》、《利地》等，笔触辛辣酣畅。有的故事在一定范围内肯定了为民做主的清官，如《左官私访》、《耿知府临江抛金银》等。相当一部分故事讲述了治家有方的贤妻良母、智妇淑女、孝子义士。如《巧媳妇》、《杀狗劝夫》、《孝顺儿媳劝恶婆》等。有的故事歌颂了人间纯真的友情，如《公平交易》、《路遥识马利》等。爱情故事虽然不多，但个性鲜明，从不同侧面歌颂了敢于冲破封建礼教束缚，追求真正爱情的青年男女。《董永与七姐》讲的是玉皇大帝的女儿与董永相爱的故事。《不见黄鹤心不死》以离奇的故事情节叙述了一对青年男女至死不渝的纯洁感情。还有一部分故事是西平的地方传说，乡土味特别浓，宛如“豫坡”醇酒，似“棠河”原浆，散发着芳香的泥土味儿。如《老王坡的传说》、《金梁桥》、《分金庙》、《洪河报国》、《留邻村》等。笑话也占了不少篇目，如《一手好本事》、《后头有》、《不放狗屁俺不走》、《打喷嚏》、《错一句没关系》等，以极度夸张的手法勾勒出各色各样的人物，常使人在哈哈一笑之后，细细品味，不仅娱乐了身心，也受到了启发和教育。

《西平歌谣卷》初稿完成于1987年，收录长期流传在西平大地上的民间歌谣613首。根据歌谣的内容分为劳动歌、时政歌、情歌、仪式歌、生活歌、历史传说歌、儿歌等，是千百年来西平劳动人民的集体创造。西平歌谣篇章短小，节奏分明，朗朗上口。观点明确，表现形式直率大胆，不饰雕琢，纯真质朴，是思想内容与艺术形式高度和谐统一。如反映旧中国民情的“人吃人，狗吃狗，小老鼠饿的啃砖头。”表现青年男女追求爱情的“不图庄子不图地，只图一个好女婿”等等。

《西平谚语卷》初稿完成于1987年，收录在西平广为流传的谚语2586条，它是从全县普查时收集的95704条谚语中筛选出来的。内容分为：时政、事理、修养、社交、生活、自然、生产等，集西平民间传统谚语之大成。这些谚语简洁、凝练、通俗易懂、富含哲理。如：“宁伸扶人手，不张陷人口”、“国兴才子贵，家富儿孙娇”、“狗不嫌家贫，儿不嫌母丑”、“春耕不好误一年，教儿不好害一生”等。

“茄子不开虚花，谚语都是实话”。在门类繁多的谚语中，尤以自然类和生产类最为丰富，它是西平劳动人民在长期的生产、生活实践中对时令、天文、气象、物候规律性的认识，是当地农林牧副渔业经营过程中科学管理方法的总结，这些谚语具有较高的实用价值和强大的生命力。如：“九九不冷又没雪，暑天雨水缺”、“芒种五月头，不种芝麻也吃油；芒种五月中，十个油坊九个空”、“家里土，地里虎”、“干榆湿柳水白杨，桃杏栽倒山坡上”、“小猪要游，大猪要囚”、“一草养三鲢”、“生地种花，熟地种瓜”等。

民间工艺

西平县境以平原为主，男耕女织的农耕文明孕育了各种能工巧匠。如制陶、锻铁、风箱、编织、石刻、木刻、泥塑、焰火、剪纸、刺绣等。

吕店乡的石广禄自幼学习锻铁工艺，擅长锻造钐刀，所制镰刀、剪刀、锄板、斧头能斩钉。谭店乡的孙魁元是制作风箱的能手，所制风箱不变形、不裂缝、能吹动铜钱，被誉为“风箱之冠”，其产品远销辽宁、山西、湖北、山东等。五沟营的王阁村有制作焰火的传统，焰火能手田济川所制缸花很有特色。将大缸填平，再放一桶，其内径30厘米，高4604厘米，装花药17.5公斤。外围放枪筒，宾花筒各12只，再装小烟火。燃放时内外上下，层次交错，五颜六色，高达10米。取名“群猴闹空”、“叫老鼠”、“五龙摆尾”、“二龙戏珠”、“五色明灯”等。田济川曾参加国庆十周年焰火晚会，1960年为全国“五一”晚会生产焰火。这些能工巧匠用自己勤劳的双手世代传承着先民留下的高超技艺和智慧。

西平自古有养蚕、取丝、打线和编织发网的传统手工业，西平妇女裹发结网驰名一方。传统的发网由黑色丝线编织，多用来束拢发髻。过去的乡村有种习俗，没出门的闺女是剪发头，出了门子（结婚）就要盘头，在脑后打一个发髻。乡下人区别姑娘和媳妇就看脑后有没有发髻，有发髻的称大嫂，没发髻的就叫大姐或妹子。改革开放后，传统的编织手艺被赋予了新的内容，许多村镇的女性在种田之余开始编织网兜，走到村头田边，到处可以看到分线的，编织的，树上扯的，墙上挂的，篮里装的，到处都是丝线、网兜，有人统计，在西平网兜市场最活跃时期，全县从事编织销售的人员达11万人之多。西平网兜产品有果品兜、猎网、渔网、鸡网、兔网、篱笆网、天花网等，并形成了相当规模的网兜市场，产品远销全国各地，被誉为“网兜之乡”。在张红扯绿的网乡，人们以灵巧的双手美化茶余饭后的生活，编织着家庭的美满和邻里的和谐。

剪纸在西平民间十分普及。过去，每个自然村都有几位剪纸能手，

每逢过节，婚丧嫁娶时，她们会被请到家中剪出各种窗花、墙花、礼品花等。近年来，以王雪军、王梅军为代表的西平剪纸艺术家，对传统剪纸方法作了很大的改进和创新，形成了独特的风格。在剪纸工具上使用了刻刀，阳剪、阴剪、阴阳混合剪。在色彩方面，以红色为主，为突出主题，也采用蓝色、红色、彩纸拼贴。在题材方面，有继承传统的《八喜登枝》、《福禄寿》、《哪吒戏龙》、《连年有余》、《五福临门》等，也有反映时代风貌的《我上蓝天追嫦娥》、《和平繁荣》等作品。其作品中以女性为题材的占很大比例，如反映母子情深的《乳汁》、《母子情》、《母子平安》、《儿时的记忆》等。还有以历史题材创作的《昭君出塞》、《玉环羞花》、《西施浣纱》、《貂蝉拜月》、《红楼群芳图》、《嫘祖》等。

高蔚　张焱　张敏　整理

附录六　西平县文物保护单位简介

全国重点文物保护单位（3处）

【酒店冶铁遗址】　位于县西南出山镇谭山水库两岸，面积32.5万平方米。谭山

水库南岸有一战国冶铁炉，是我国目前发现时代最早、保存最完整、最早用配制的黑色耐火材料建成炼炉的冶铁炉。1987年10月，河南省文物研究所对遗址进行考古发掘，经考证此处是我国战国至晋代时期重要冶铁基地。历史上著名的棠溪、龙泉、干将、莫邪等名剑均在此铸造，《史记·苏秦传》及《吴越春秋》等史书均有记载。1996年11月20日，国务院公布为第四批全国重点文物保护单位。

【董桥遗址】 位于县城西27公里的吕店乡董桥村东南部，面积1232000平方米，核心面积48万平方米，遗址高出河床约5米。遗址文化内涵丰富，采集的文物标本有生产用具石斧、石锤、石杵、砍砸器、陶纺轮、带穿陶球等。生活用具看出器形的有鼎、罐、盆、钵、碗、杯等；建筑材料草拌泥红烧土块等。董桥遗址是一处以仰韶文化为主，兼有龙山文化、二里头文化、东周文化、汉代文化等多种考古文化共存的古聚落遗址。据专家考证，董桥遗址正是郦道元《水经注》所记载的“吕墟”，即“西陵亭”所在地。2013年5月3日，董桥遗址被国务院公布为第七批全国重点文物保护单位。

【宝严寺塔】 位于县城东关，原宝严寺外。宝严寺塔始建于北宋，为七级楼阁式砖塔，平面六角形，塔高28.8米；由塔基、塔身、塔刹三部分组成。塔基为砖砌。塔身一层西面辟拱券门进入塔心室，塔心室为方形，四角攒尖顶，壁面砌佛像、海石榴花等雕砖，塔门道北壁辟踏道可登至二层塔心室，塔心室为四角攒尖顶，由东门南壁有踏步可登至三层塔心室，第三至七层塔心室为六角形，各层均辟小室，顺竖井梯道可登至上层。塔身檐下均施五铺作双抄偷心造砖雕斗拱，上承砖雕椽、飞、反叠涩檐，再上施四铺作砖雕斗拱，上用反叠涩内收为六角攒尖顶。顶部铁铸塔刹（即塔顶莲花盆）高2.16米，六角形刹座，仰莲、覆莲上置两层相轮。塔壁镶嵌有飞天、走兽花砖及修塔纪年砖等。2006年5月，国务院公布为第六批全国重点文物保护单位。

河南省文物保护单位（8处）

【耿庄遗址】 位于重渠乡耿庄村，遗址面积5万平方米，文化层厚2.5米以上，文化遗迹有灰坑、房基等。遗址文化遗物陶片、石器等，石器有长方形石斧、半月形带孔石刀、带孔石铲、石凿、石锛、石镞等；陶器看出器型的有鼎、罐、盆、豆、钵、圈足盘、觚形器、甑、碗、规、陶纺轮等。耿庄遗址为新石器时代龙山文化遗址。1986年11月21日河南省人民政府公布为第二批文物保护单位。

【上坡遗址】 位于人和乡上坡自然村，面积92750平方米，文化层厚2.5米，属新石器时代文化遗址。1998年在修建京珠高速公路文物调查时发现并发掘500平方米，发现的文化遗迹有壕沟、房基、灰坑、墓葬等，出土文物600余件，主要是陶器、石器、骨器，还有少量的铜器、玉器。陶器主要有鼎、罐、甑、盆、豆、盘、碗等，骨器有锥、针、镞、簪、鱼鳔，石器有斧、锛、凿、镞、刀等。2000年9月，河南省人民政府公布为第三批文物保护单位。

【苗家遗址】 位于环城乡李庄杜村，遗址面积83200平方米，文化层厚2.5米，文化遗物有罐、钵、豆、石斧等，是一处涵盖新石器时代、战国及汉代文化等不同时期的大型文化遗址。2008年6月16日被河南省人民政府公布为第五批省级文物保护单位。

【小潘庄遗址】 位于出山镇焦之岗村委小潘庄村南，洪河的支流青铜河分别从遗址东、西两侧流过。遗址面积469500平方米，文化层厚2-2.5米，文化遗迹为井、灰坑、瓮棺葬。遗址陶片可辩器形为罐、钵、甑、鼎等，另外还有石斧、石镞、石锛等生产工具，是一处包含上至夏商，下到汉代不同文化时期的大型文化遗址。2006年6月8日小潘庄遗址被河南省人民政府公布为第四批省级文物保护单位。

【小孟庄遗址】 位于师灵镇小孟庄村，遗址面积为18200平方米，文化层厚1.2米，文化遗物陶片可辩器形有大口尊、陶鼎、陶罐、陶鬲等，另发现有汉代筒瓦、板瓦、砖块等，是一处商至汉代聚落遗址。2006年6月8日被河南省人民政府公布为第四批省级文物保护单位。

【冶炉城遗址】 位于县城西南33.3公里的芦庙乡冶炉城村，遗址面积35.7万平方米，城墙系人工夯筑，夯层厚15-50厘米，圆形平夯，夯窝直径6-7米。冶炉城遗址是战国至汉、晋时期我国重要冶铁基地，汉晋时于此均置有铁官，据《读史方舆、纪要》载："冶炉城，在县西七十里，战国韩铸剑处。晋於此置铁官，唐元和十二年，李愬遣将破吴元济于嵖岈山。进取冶炉城，又破西平是也。"1986年11月20日河南省人民政府公布为第二批省级文物保护单位。

【牛寨遗址】 位于县城西北的宋集镇牛寨村，2005年配合洛驻成品油管道工程时期调查发现。 遗址面积79200平方米，文化层厚2.5米，属新石器时代遗址，从遗址地表采集到陶片看出器型的有陶罐、陶樽、陶杯、陶甑等。2008年河南省人民政府公布为第五批文物保护单位。

【蜘蛛山造磨作坊旧址】 位于县西南55公里处的蜘蛛山东北麓崖壁处，山阴石壁峭立，镌有文字题记，文字题记于小石棚崖壁上，自右向左顺序排列，竖行刻字共3行，22字，字为行书，文曰：太和元年董石感记，此山有好石，造磨亦能强，平下人安。据专家考证，这是我国目前发现时代最早的安全生产用语，其刻字行笔洒脱，颇具晋唐风韵，考其年代，应是三国魏烈祖明帝太和元年（公元227年）或南北朝魏孝文帝太和元年（公元477年）。现存古人凿取磨石坯遗迹3处，直径1.35米。呈半圆形分布凿槽9个，并有两处自坡顶东南向下方滑送石磨的滑道。2008年6月河南省人民政府公布为第五批文物保护单位。

驻马店市文物保护单位（9处）

【九女山古墓群】 位于县西南34公里出山镇坡李村南九女山上，墓群东、南被棠溪河环绕；西望锅底山；东与冶炉城遗址隔水相望，南3000米为全国重点文物保护单位酒店冶铁遗址。从九女山出土的墓葬特征看，均为战国至汉代的墓葬，从所处地望分析，应是战国汉代冶铁铸剑时期的墓葬区。“民国”二十三年《西平县志》卷六　舆地志　古迹篇记载：九女山在县西南九十里。《太平寰宇记》“九顶山”、《元丰九域志》“九头山”，意均指此。亦曰九如山，其上闻有九女墓。2008年12月26日，驻马店市人民政府公布为第一批文物保护单位。

【衡坡遗址】 位于县专探乡衡坡村，遗址面积5万平方米，文化层厚2.7米，地表采集陶片看出器型的有陶鼎、陶罐、陶钵、陶器盖等，此处为新石器时代落址。2014年5月8日，驻马店市人民政府公布为第二批文物保护单位。

【簸箕张遗址】 位于县吕店乡簸箕张村委簸箕张村，新石器时代遗址，面积8.4万平方米。在遗址东南部有一条宽10米，深2.5米，一直向南延伸水沟。在遗址及沟断崖处发现有陶片、灰坑、红烧土等。陶片多为夹砂，纹饰主要为绳纹。可辨器形有陶罐、陶盆等。2014年5月8日，驻马店市人民政府公布为第二批文物保护单位。

【徐楼遗址】 位于县城西北6公里的谭店乡徐楼村，属商周文化遗址。遗址面积约30000平方米，文化层厚2.8米，采集到有罐、壶、碗、盘等陶器残片。2011年，石武（石家庄至武汉）高速铁路施工前河南省文物考古研究院对遗址进行考古发掘，清理出商周及汉代文化遗迹80余处，出土文物百余件。2014年5月8日，驻马店市人民政府公布为第二批文物保护单位。

【寺后张遗址】 位于寺后张村西南，是一处东周时期聚落遗址，并伴随有汉代、清代的墓葬。2013年因南水北调支线工程施工被发现，驻马店市考古所对工程项目范围内进行钻探和发掘，发掘面积800平方米，清理出汉代墓葬6座，清代墓葬16座，及东周时期的灰坑，出土文物100余件。2014年5月8日，驻马店市人民政府公布为第二批文物保护单位。

【何庄冶铁遗址】 位于县城西南32.3公里芦庙乡何庄村，是西平战国至汉晋时期古冶铁遗址群中一处生产区。其面积11400平方米，1977年秋，群众平整土地时在遗址上发现炼炉数处，另有铁剑、铁渣、残炉壁、铁矿石等遗物。2014年5月8日，驻马店市人民政府公布为第二批文物保护单位。

【小陈庄遗址】 位于出山镇小陈庄村东，为战国时代文化遗存，其面积约9.8万平方米。地表及断壁处显露有灰坑、红烧土、陶片和少量瓷片。陶片以泥质灰陶居多，多素面。可辨器形有罐、豆、盆等。 2014年5月8日，驻马店市人民政府公布为第二批文物保护单位。

【人和寨遗址】 位于人和乡人和寨村，遗址北、东、南三面被干河环绕。人和寨遗址为一古寨址，东北角至今仍保留一段寨墙,高出周围地表3.5米左右，遗址面积171600平方米，文化层厚0.5～3米。2013年因南水北调工程施工，文物部门对其进行考古发掘，发掘面积21000平方米，清理出古代文化遗址40处，清理出宋、明代时期墓葬10座，灰坑28座，出土文物126件。2014年5月8日，驻马店市人民政府公布为第二批文物保护单位。

【郅恽墓】 位于县城东关宝严寺塔附近。据“民国”《西平县志》载：“汉郅恽墓《清统一志》云：‘在西平县东门外。’《河南通志》、《汝宁府志》均如上云。旧志云：‘墓在县城东门外郅公祠后，高丈余，盘三十余步。”据《后汉书·郅恽列传》载：郅恽，字君章，东汉西平人，历任洛阳上东门侯、长沙太守等职。曾因反对王莽篡权而入狱，后遇大赦，汉光武帝令郅恽授皇太子韩诗，侍讲殿中，并数言直对光武帝而得名。一生著书八篇，死后葬于西平县东门外。曾立郅公祠，祠后为墓。郅塚烟树旧为西平八景之一。2014年5月8日，驻马店市人民政府公布为第二批文物保护单位。

西平县文物保护单位(19处)

【谢老庄遗址】 位于人和乡谢老庄村，遗址面积372000平方米，现存的文化层厚度2.5米左右，采集的文化遗物有陶器、石器，绿松石等共60余件。从陶器的年代看，裴李岗的文化遗物占多数，有尖底罐、灰陶壶，有新石器时代龙山文化的觚形器，最晚的属商代时期的豆，文物部门初步认定谢老庄遗址年代从新石器时期的裴李岗文化一直延续至商代早期，从上到下约五千余年的发展历史。

【金刚寺山门楼】 位于县城东南13公里金刚寺村。该山门楼系三门砖券拱，山门上部为楼房，面阔三间，进深1间，砖木结构；脊有套兽、走兽等；1982年曾修葺，保存完好。据“民国”二十三年《西平县志》载：“金刚寺，在义岗寨。元至正年间创建，大殿七楹，明碑十余座，古柏森立，院落宏整。”又《清一统志》云：“在西平县南义亭之阳，古刹久废，明正统七年，僧德暠掘地得石佛像三，因重建明季寇毁河南，通志云：邑绅耿拱极重修。”民国寺废改学校。

【人和高桥】 高桥（又名半河桥），原属郾城县管辖，1954年划归西平县，今位于县城东北15公里人和乡高桥村。据《郾城县志·疆域》载：“五孔石桥在县南三十里西平交界石界河上通郾城、西平南北管道。石界河即淤泥河，明弘治时邑人郭钥道士张普明与致仕巡检安宏始为桥三孔，嘉靖初钥子倣与宏子臣合众改修为五孔，癸已成，赵应式为之记。”后又经清乾隆十八年及同治年间两次重修。

该桥系五孔石拱桥，南北35米，东西宽4.5米。桥体用块石、条石垒砌，桥两侧均为石雕栏杆，栏杆雕有石狮、石猴。神态各异，形象逼真。整个大桥建筑结构严谨，造型美观。1985年，西平县人民政府公布为重点文物保护单位。

【董岭遗址】 位于县出山镇董岭村北，遗址面积7.2万平方米。地表散落有陶片和少量瓷片；陶片多为泥质灰陶，多素面。可辨器形有盆、罐等，从采集遗物看，此处应为一商代聚落址。

【天顶遗址】 位于人和乡天顶农场东，老王坡滞洪区内，遗址为滞洪区中一岗地，高出周围地表2米左右，面积30万平方米。地表及沟壁断崖处显露出有陶片，红烧土，灰土粒及灰坑。文化类型为新石器时代龙山文化。

【菜坡遗址】 位于出山镇原酒店乡政府南。地势较四周高，高于周围地表2米左右，遗址面积13.5万平方米。遗址上部散落有大量的碎砖块、陶片及石块等，拣选标本可辨器形有罐、豆、盆等。为东周时期聚落址。

【于家桥】 位于宋集镇于桥村南，始建年代失考，明嘉靖十二年（1533年）重修。三孔石拱桥，青红二色条石砌筑。长20米、宽4米。现今的于家桥东侧因路面加宽，被现代建筑材料包裹，西侧仍能看到桥的原始结构为红色条石砌筑的桥券。中心桥券的上部有青石雕刻的吸水兽外伸0．5米，龙首向西。券拱石条上中心有哺首；两侧有双龙戏珠、马、鲤鱼跳龙门等动物浮雕。

【大石桥】 位于五沟营镇西北部淤泥河上。始建于明代，清代重修。三孔石拱桥，长15米，宽4.8米。桥身由25块长方形红条石和花岗岩石砌建，石条之间有铁榫相连。桥拱用弧状红条石砌筑，每拱券均有外出30厘米5个出头。

【柏国故城】 位于西平县出山镇八张村委八张村西北，地势略高于周围地表1米左右。遗址北部宽南部窄，平面呈梯形，南北长380米，东西宽220米，面积约8.3万平方米。城址四周城墙时断时续尚存有城墙。西部墙址保存尚好，残高50米，北部残宽2米，基部宽20米。城墙为分层夯筑，夯层厚16cm-30cm，夯窝直径3cm-4cm,城址南部外挖有护城河，宽15米，现存深度2米，东、西、北三面利用自然河流，该城址应为史料记载“柏国故城”。

【西平故城】 位于师灵镇师灵村西，面积约120万平方米。地面夯土墙不存，远望城址轮廓尚在，文化层厚3.3米左右，农业生产过程中，出土有铜鼎、铜壶及建筑材料砖、瓦等。

据《民国西平县志》载：文城故城在今西平县西。汉置县，属汝南郡，后汉更始初封李通为西平王。徙封广平王刘羡为西平王。章和二年除。永初元年又封邓宏为西平侯。应劭曰：“西平，故柏子国也。”《水经注》：“溮水东过西平县北。其西有吕墟，即西陵亭也，西陵平夷，故曰西平。”唐贞观元年省。天授二年分郾城复置。《汝宁府志》曰：“在县北四十五里师灵镇。”

【抗日烈士纪陵园】 为纪念豫南战役中为抗击日寇而壮烈牺牲的国民党陆军预备军十一师前卫连官兵所建。陵园位于县城东关宝严寺塔南，占地五亩。园中建纪念塔一座，高约5米，下为台阶状塔座、座高1米，最下一级周长12米，青砖垒砌，石灰砌缝，塔身四周镲碑四通，塔上部高约一米，尖顶、塔前左右各竖碑一通。1941年1月28日，驻防西平的陆军预备军十一师前卫连与日本侵略者展开激烈战斗，激战两昼夜，后因援军受堵，前卫连四面受敌，伤亡惨重，但抗日战士斗志不减，与敌血肉相搏，终因敌众我寡，连长等128名官兵全部为国捐躯。战后，人民群众眼含热泪从战场上抬回战士遗体，葬于塔南30米处。1941年春根据社会各界人士的要求，时任县长朱国衡指令由民众教育馆馆员寇先锋设计，县自卫队承建“陆军预备第十一师抗战阵亡将士纪念塔”。纪念塔在“文革”时被推到，除人名碑外，其余碑刻尚存，分别是：“陆军预备第十一师抗日阵亡将士纪念”碑、“陆军预备第十一师豫南会战阵亡官兵公墓纪念”碑（500字）、“铁血忠魂”碑、“浩气长存”碑、“民族英雄”碑，分别为原国民党高级将领汤恩伯、原国民党预备十一师师长蒋当翊、时任县长朱国衡、县党部书记宋天一撰文并书丹。烈士陵园今已部分恢复。

【西平县委旧址】 位于县城西南42公里的出山镇李元沟村。旧址为该村村民韦子固的住房，堂屋三间，西屋两间，均为草房，新中国成立后经过多次插补维缮，保存尚好。

李元沟地处山区，易守易藏。新中国成立前夕，为我县历次革命活动中心，西平县委领导在抗日战争和解放战争年代，经常在此居住，组织发动群众，壮大革命力量，打击反动势力。李元沟在西平县革命斗争史上占有光辉一页，现已辟为西平县革命历史陈列馆。1985年4月，西平县人民政府公布为文物保护单位。

【唐王墓】 位于宋集乡北，《河南通志》云：唐王墓在西平县西北，数十家共一丘，朝代姓名无传。唐太祖孙李安封西平王，疑即其冢。相传为唐王冢，以附近有唐王庙故也。1976年，河南省省文化局和县文化馆对此进行发掘，该墓为东汉石券墓室，大砖铺地，石券门外用双层楔形砖起券，甬道式券顶戴耳室，面积173.44米；封土占地3660平方米。1982年公布为西平县第一批文物保护单位。

【李忠墓】 位于出山镇牛昌村委坡李村，西南距九女山1200米，现存封土堆高度约3米左右。传说李忠为李咸之弟，墓葬保存尚好，1982年被西平县人民政府公布为第一批县级文物保护单位。

【李咸墓】 位于出山镇牛昌村委坡李村，西南距九女山1100米，墓冢封土堆现存高度2.5米。李咸墓曾于1958年、1966年两次被盗。据传此墓为砖券墓，双墓道，墓门向南。有墓道、后室、东西耳室、天井组成。随葬器物不详。

据“民国”二十三年《西平县志》载：李咸，后汉西平人，字元贞，一字元卓。少博学，精礼仪。初被举为茂才，授高密令。因政绩卓著，被擢升太仆，后任太尉。极重封建伦理，为官清正，生活简朴，深得人心。告老时，将受赐金帛全部归还，乘破牛车返回故里，善终于草庐。李咸墓结构保存基本完好，1982年被西平县人民政府公布为第一批县级文物保护单位。

【罗成墓】 位于西平县城北约6.3公里淤泥河南岸，今墓冢尚存，周长37米，封土堆高3.5米，1977年西平县文化馆在墓的东侧发现石碑一通，为清代廪生膳生员杨兆麟所书，详细记载了罗成坟修建经过。是否真为唐罗成墓有待考证。1982年11月，西平县人民政府公布为第一批文物保护单位。

【陈平墓】 位于蔡寨乡蔡寨村南岗地上，该墓地表残留有东西有两个封土塚，相距60米。据传在墓西400米处有陈平碑坊，上书“文官下轿，武官下马”。西北100米有陈平阁。据“民国”二十三年《西平县志》载：“陈平墓在县城南三十里蔡寨镇南岗之巅。”陈平，汉初阳武（今河南原阳东南）人，陈胜起义，他投魏王咎，为太仆，后随项羽入关，任都尉，旋归刘邦，任护军中尉。汉朝建立，封曲逆候，历任惠帝、吕后、文帝时丞相。卒于文帝二年（公元前178年）。陈平墓保存基本完好。1985年4月，西平县人民政府公布为第二批文物保护单位。

【和峤墓】 位于出山镇铁方岗村，晋代墓塚，面积272平方米。该墓连同其北部相隔不远的和洽墓称为“和家坟”。“民国”二十三年《西平县志》载：“晋和峤墓旧志云：在县城西合水店西南龙骨墽。今考在云庄保中里铁房冈庄西北一里；又云庄保任三楼庄西南龙骨墽，即旧志所谓合水店西南龙骨墽是也，在竹园渡口东三里许。亦有和氏坟。或曰洽子禽、禽弟吏部尚书适、峤弟尚书令郁均葬龙骨墽，理或然也。”

《晋书》和峤列传载：和峤，字长舆。祖和洽，魏尚书令。父和逌，魏吏部尚书。太康未年，峤为尚书。以母忧去职。惠帝即位，拜太子少傅，加散骑常侍，光禄大夫。元康二年（公元292年），赠金紫光禄大夫，加金章紫授，本位如前。和峤家产丰富，比于王侯，但其性甚吝，杜预称其为“钱癖”。

【和洽墓】 位于出山镇铁方岗村，三国魏时墓塚，面积240平方米。该墓同和峤墓称为“和家坟”。据“民国”二十三年《西平县志》载：“魏和洽墓，在县西南云庄保中里铁方岗西北一里。”和洽，字阳士，汝南西平人，举孝廉，三国时代魏国人。历任散骑常待、郎中令，文帝即位，升为光禄勋，封安城亭侯。明帝朝进封西陵侯。后转任太常，清贫俭约。以至卖田宅而自给，明帝闻之，加赐谷帛，殁后赐谥简侯。

朱树奎 张延立 徐浩 左威 （供稿）

附录七 大事记

新石器时代

董桥遗址出土文物证实，古西陵早在新石器时代，就开始饲养家蚕，生产丝织品。

夏朝

《夏小正》有“三月”“摄桑”，“妾子始蚕”。

《尚书·禹贡》载：夏时代，九州中贡丝和丝织品的有兖州、青州、徐州、扬州、荆州、豫州。《禹贡》所谓“桑土既蚕，其利渐广。”

商朝

殷墓出土有玉蚕、石蚕。殷墟甲骨文中有广泛使用的“蚕”“桑”“丝”“帛”“女蚕”、“衣”、“裘”、“巾”、“幕”等字，有关于祭祀蚕神的卜辞。已发现的甲骨文中祭祀蚕神的卜辞约有四条，祭祀蚕神要用三头牛。

周朝

《礼记·月令》：季春，后妃斋戒，享先蚕而躬桑，以劝蚕事。

《周礼·天官·内宰》：中春，诏后帅外内命妇，始蚕于北郊，以为祭服。

《农书·卷二十》：周制，天子诸侯，必有公桑蚕室，近川而为之。筑宫，仞有三尺，棘墙而外闭之。后妃齐戒，享先蚕而躬桑，以劝蚕事。

秦汉

西汉文帝诏：“皇后亲桑，以奉祀服。”

景帝诏：“朕亲耕，后新桑，以奉宗庙粢盛祭服，为天下先。”

元帝王皇后为太后，幸茧馆，率皇后及列夫人桑。

明帝时，皇后诸侯夫人蚕。

《后汉书·礼仪上》：是月，皇后帅公卿诸侯夫人蚕。祠先蚕，礼以少牢。汉旧仪：皇后帅公卿诸侯夫人蚕，乘鸾辂，设卤簿，黄门鼓吹……桑于蚕宫，祠先蚕。羣臣妾从桑还，献茧皆赐乐。

西汉（前202年—138年）时，张骞出使西域开辟了以长安（今西安）为起点，经甘肃、新疆，到中亚、西亚，并联结地中海各国的陆上通道 “丝绸之路”。

三国 两晋 南北朝

《三国志·魏书》：和洽字阳士，汝南西平人也。……明帝即位，进封西陵乡侯，邑二百户。

魏黄初中，置（先蚕）坛于北郊，依周典也。

魏文帝初中，皇后蚕于北郊，尊周典也。

《晋书·礼制》：晋武帝时，先蚕坛高一丈，方二丈。四出陛，陛广五尺。并设有采桑坛、蚕室、桑林。选列候妻六人为蚕母。蚕将生，择吉日，皇后至西郊，亲祭、躬桑。

《通典·卷一百四十四》：晋先蚕仪注：车驾住，吹小箛，发，吹大箛，箛即笳也。

宋孝武立蚕观，后亲桑，循晋礼也。

北齐，置蚕宫，皇后躬桑于所。

北齐先蚕坛，高五尺，方二丈，四陛，陛各五尺。外兆四十步。面开一门。皇后升坛，祭毕而桑。

《隋书》：后周制，皇后乘翠辂，率三妃，三妭、御媛、御婉、三公夫人、三孤内子至蚕所，以一太牢亲祭，进奠先蚕西陵氏神。礼毕，降坛，昭化嫔亚献，淑嫔终献，因以公桑焉。

《北史》三月己巳，皇后先蚕于北郊。

隋朝

《礼书·卷三十》：隋制先蚕坛，于宫北三里为坛，高四尺。季春上巳，皇后服鞠衣，以太牢制币祭先蚕，用一献之礼。

《隋书·礼仪志》：晋太康六年，武帝杨皇后躬桑于西郊，祀先蚕。

唐朝

唐制先蚕坛：坛在长安宫北苑中，高四尺，周围三十步。皇后并有事于先蚕。其仪，备开元礼。

《文献通考·卷八十七》：皇后季春吉已享先蚕仪。斋戒、陈设、车驾出宫、馈享、亲桑、车驾还宫、劳酒。

太宗贞观元年，皇后亲蚕。

显庆元年，皇后武氏，先天二年，皇后王氏，乾元二年，皇后张氏，并见亲蚕礼。

玄宗开元中，命宫中食蚕，亲自临视。

《旧唐书》：孟春吉亥，祭帝社于藉田，天子亲耕；季春吉巳，祭先蚕于公桑，皇后亲桑。并用太牢，笾、豆各九。将蚕日，内侍省预奉移所司所事。

《旧唐书·音乐志》：享先蚕乐章五首。迎神用永和、皇后升坛用肃和、登歌奠币用展敬、迎俎用洁诚、饮福送神用昭庆。

唐制：皇后享先蚕，设宫架用诸女士。又为采桑坛施帷幛，设司乐位于架间，作姑洗之均奏肃和之曲，酌献饮福做寿和之曲，尚宫引皇后就采桑位，乐作尚宫，奉金钩自北陆进，皇后采桑。礼毕还宫，鼓吹振作厥。

《新唐书·卷十五》：皇后岁祀一，季春吉巳享先蚕，遂以其亲桑。

宋朝

宋朝先蚕坛：宋用北齐之制，筑坛如中祠礼。

《宋史》：季春已日享先蚕。

《宋史·礼志》：孝宗干道中，升先蚕为中祀。

《宋书·孝武帝本纪》：大明四年三月甲申，皇后亲桑于西郊。

《徽宗本纪》：宣和元年三月甲戌，皇后亲蚕。

《徽宗本纪》：六年闰三月辛巳，皇后亲蚕。

《宋史·乐志》祀先蚕六首：迎神明安、升降翊安、奠币娭安、酌献美安、亚终献惠安、送神祥安。

元朝

《元史·卷一百五十七》：七年，（张文谦）拜大司农卿，奏立诸道劝农司，巡行劝课，请开籍田，行祭先农、先蚕等礼。

明朝

《明史·世宗本纪》：嘉靖九年正月，作先蚕坛于北郊。坛方二丈六尺，叠二级，高二尺六寸，四出陛，东西北俱树桑柘，内设蚕宫令署。采桑台高一尺四寸，方十倍，三出。陛銮驾库五间，后盖织堂坛围方八十丈。

《世宗实录》：（嘉靖）九年三月，皇后亲蚕于北郊，祭先蚕氏。四月，蚕事告成，行治茧礼。

《明史》：《嘉靖九年定享先蚕乐章》迎神，贞和之曲。奠帛，寿和之曲。初献，曲同奠帛。亚献，顺和之曲。终献，宁和之曲。彻撰，安和之曲。送神，恒河之曲。望燎，曲同送神。

清朝

《大清一统志》载：土产“缣”府志西平县出。

杨守敬、熊会贞绘制《水经注疏》，图上标有吕墟，即西陵亭（今吕店乡董桥遗址）的位置。

《大清一统志》：先蚕坛在西苑东北隅，乾隆七年敕建，其制一成方四丈，高四尺，四出陛坛，东南为先蚕神殿坛，之东为观桑台，台之前为桑圜，岁以季春吉巳，皇后亲祀，行躬桑礼或遣妃代行礼。

《清史稿》：康熙时，立蚕舍丰泽园，始兴蚕绩。乾隆七年，始敕议亲蚕典礼，……是岁定皇后享先蚕礼，立蚕室，豫奉先蚕西陵氏神位。……九年三月，始亲蚕如仪。

《清史稿·乐三》：乾隆七年制定《祭先蚕六章》迎神庥平、初献承平、亚献均平、终献齐平、彻撰柔平、送神洽平。

《钦定大清会典则例·卷六十一》：乾隆七年，议准皇后亲飨先蚕，暨躬桑礼分两日举行。每岁以季春之巳吉日祭先蚕，躬桑以蚕生未眠之前，风日晴和为良日。若致祭之明日蚕尚未生，竢蚕生时内务府具奏，若蚕已生，即于是日进筐钩，皇后御交泰殿阅视，又明日行躬桑礼。

《清史稿·乐四》：乾隆七年，定皇后采桑歌一章。

民国

民国二十三年陈铭鉴《西平县志》记载：魏明帝即位，进封和洽为西陵乡侯。郦道元《水经注》：‘汉曰西平，其西吕墟，即西陵亭也。’洽封西陵乡侯，当指此。

现代

1959年

甘肃武威磨咀子第十八号墓出土《武威汉简·王杖十简》，上有“汝南郡西陵县”的记载。

1982年

高沛根据《水经注》“（潕水）又东过西平县北。县，故柏国也，《春秋左传》所谓江、黄、道、柏方睦于齐也。汉曰西平，其西吕墟，即西陵亭也。西陵平夷，故曰西平。”的记载，以及流传在西平师灵镇一带的嫘祖养蚕的传说，提出“嫘祖故里在西平”的观点。

1984年

全国文物普查时，嫘祖所在的西陵氏族的居住地——董桥遗址（吕墟）被发现，并出土了原嫘祖庙里的元代大铁钟等文物。

7月，考古专家尚景熙出版的《河南地名漫录》写道：西平位于伏牛山脉东麓京广线的西侧，据说是黄帝元妃嫘祖的故乡，嫘祖是西陵氏的女儿，西平原有西陵亭，即西陵氏所居。西陵遗址在今西平县境西北四十五里的师灵镇，“师灵”是“西陵”的谐音。因为“西陵平夷”，“故曰西平”。

1997年

高沛编辑的由中州左籍出版社出版的河南民间文学集成《西平故事卷》收录了谢文华收集整理的民间传说《蚕神嫘祖》。

2003年

3月，河南省炎黄文化研究会年会在郑州召开，会上，高沛汇报了西平的嫘祖文化、棠溪冶铁铸剑文化的研究情况，得到了会长王仁民等人的首肯，指示尽快组织调查研究，撰写论文，召开研讨会。

2006年

1月9日，西平县炎黄文化研究会成立，大会决定：在县委、政府正确领导和大力支持下，以嫘祖文化和冶铁铸剑文化为龙头，全面开展炎黄文化研究、保护和开发工作。

3月6日，根据嫘祖文化传承人粟发祥、孙玉山等人回忆，高沛记词、李清彦记谱整理出民间《嫘祖祭典》。

5月3—5日，中国民协节会秘书长霍尚德来西平考察，对嫘祖文化和冶铁铸剑文化进行了实地考察。

5月18日，“河南郑州嫘祖文化研讨会”在省社科院召开，会议发表了《纪要》，达成了共识：嫘祖故里在西平，西平蕴藏着丰厚的嫘祖文化资源。与会专家许顺湛等联名致信省委书记徐光春和河南省委副书记政协主席王全书，提出加大对嫘祖文化资源研究与开发力度的建议。

6月6日，董桥遗址（吕墟）被河南省人民政府公布为河南省文物保护单位。

6月16—17日，河南省考古研究所研究员蔡全法带领考古工作队到董桥遗址作实地考察，拣选到文物标本186件，且有仰韶文化时期的红陶纺轮。

6月19日，省政协主席王全书对西平嫘祖文化研究做出重要指示：“时间要抓紧，调查要深入，研究要细致，材料要精准。”

8月12日，西平县成立由县委副书记张树营任组长的嫘祖文化研究与开发领导小组。

8月，张德轩主编的《厚重天中》一书，发表了马世之的《嫘祖故里新探》、郑杰祥的《黄帝与嫘祖》，高沛的《中华民族之母—嫘祖故里在西平》，谢文华、李清彦的《西平—嫘祖故里考辨》。

10月13—15日，由中华炎黄文化研究会、河南省炎黄文化研究会共同举办的“中国·河南西平嫘祖文化研讨会”在西平召开。来自全国各地的70余名专家、学者参会，通过实地考察、研讨，会议达成共识：嫘祖是当之无愧的中华人文女祖；嫘祖发明植桑养蚕、缫丝制衣，功莫大焉；嫘祖故里在西平，并以《纪要》的形式公诸于世。 10月14日晚，参加研讨会的与会人员观看了“中华民族之母”专题文艺晚会。

10月26日，《人民政协报》报道了中国·河南西平嫘祖文化研讨会成功召开的消息。

11月2日，人民政协报发表了《金秋十月会中原，西陵故国话嫘祖》的专版。

11月30日，“西平县嫘祖故里文化旅游产业开发建设项目可行性研究报告”经驻马店市发改委（2006）607号文件批准立项。

2007年

2月，《嫘祖祭典》由河南省人民政府（2007）11号文件公布为河南省非物质文化遗产保护项目。

2月4日，由西平县炎黄文化研究会、西平县文化局申报的“中华母亲节”项目被河南省文化产业协会评为“2006～2007年度河南十大最具投资价值的文化产业创意项目”。

3月12日，西平县嫘祖文化研究与开发领导小组召开会议，传达县委、县政府关于申报“中国嫘祖文化之乡”和“中国冶铁铸剑文化之乡”的决定，组织专门班子撰写材料，由高沛、张惠如、奚家坤具体负责。

3月30日，西平县民间文艺家协会向驻马店市民间文艺家协会递交“关于申报命名河南省西平县为‘嫘祖文化之乡’的报告”。

4月18日，西平县委、县政府主要领导代表嫘祖故里人民向新郑黄帝故里赠送一把由西平棠溪宝剑厂特制的巨型宝剑——轩辕乾坤剑。寓意中华大地天地人合一，乾坤和谐，八方安定。省政协主席王全书出席献剑仪式，河南卫视专题播放。

4月19日，嫘祖故里西平组成了以市委书记宋璇涛为团长的百人拜祖团赴新郑参加丁亥年黄帝故里拜祖大典。中央电视台在直播拜祖大典盛况时，于“中华文明”版块中插播了西平县的“嫘祖祭典”。

5月10日，在常委会议室召开会议，驻马店市委宣传部长赵焕之、副部长杨学范、市文联副主席刘康健、市民协副主席徐则挺一行来西平听取“中国嫘祖文化之乡”、“中国冶铁铸剑文化之乡”汇报申报材料的准备情况。西平县委宣传部长李贵喜作了全面汇报。

5月10日，驻马店市民间文艺家协会向河南省民间文艺家协会递交“关于申请命名河南省西平县为中国嫘祖文化之乡的报告。”同日，西平县人民政府向河南省民间文艺家协会递交“关于申请命名河南省西平县为中国嫘祖文化之乡的报告。”

6月7日，河南省民协主席夏挽群、西平县委宣传部长李贵喜等一行6人赴京向国家民协申报“中国嫘祖文化之乡”、“中国冶铁铸剑文化之乡”。

6月18—20日，中国民间文化之乡专家考察组成员：中国民协副主席河南省民协主席夏挽群、中国社科院研究员中国神话学专业委员会主任博士生导师叶舒宪、中国民协四委办主任杨吉星、中国社科院研究员神话学学者孟惠英、河南省艺术研究院研究员民俗学家马紫晨、河南省民协副主席海燕出版社副总编河南省民间文化遗产抢救工程委员会副主任乔台山、河南省民协李凤有一行8人赴西平县，对西平县申报的“中国西平嫘祖文化之乡”、“中国西平冶铁铸剑文化之乡” 进行实地考察、评审、验收。与会专家经过充分讨论，达成共识。一致认为：嫘祖作为中国植桑养蚕、缫丝制衣，推进人类文明的象征具有重大意义，对弘扬中华远古文明，增强民族自豪感和亲和力具有重大意义。西平县（古西陵）是嫘祖的故里，是中华民族植桑养蚕、缫丝制衣的发源地，嫘祖文化的原生地。遗址遗存确定准确，历史记载真实，民风民俗延续久远，传承至今不变，民间文化底蕴深厚，影响广泛。符合中国民间文艺家协会关于“中国民间文化之乡”的认定条件和标准。命名西平县为“中国嫘祖文化之乡”具有充分的依据，并将对推动原生态文化原产地的保护产生积极作用。专家组经缜密讨论，一致同意命名西平县为“中国嫘祖文化之乡”，并成立“中国嫘祖故里文化研究中心”。参加会议的市领导有：市委常委宣传部长赵焕之、市政府副市长部秀菊、市委宣传部副部长杨学范、市文联党组书记主席程书援、市文联副主席刘康健、市民协副主席徐则挺、市文联组联部部长白杰。县委、县政府亲自汇报并全程陪同考察。

7月6日，中国民协[2007]36号文批准西平县为 “中国嫘祖文化之乡”并同意建立

“中国嫘祖文化研究中心”。

8月14日，省、市旅游局的有关同志来西平考察嫘祖文化、冶铁铸剑文化。

9月，全国研究嫘祖文化的第一部专题论文集《嫘祖文化研究》由中国文物出版社出版。

11月7日，河南日报发表孙力、高蔚撰写的《西平：嫘祖故里谱新篇》（彩色专版）。

11月11日，在西平新华宾馆召开“中国嫘祖文化之乡”、“中国冶铁铸剑文化之乡”授牌仪式及庆典活动新闻发布会，会上还举行了《嫘祖文化研究》一书的首发仪式。

11月12日，在西平县杨庄高中广场隆重举行“中国嫘祖文化之乡”、“中国冶铁铸剑文化之乡”授牌仪式及庆典活动。新华社、人民日报、中央人民广播电台、中央电视台、光明日报、中国妇女报、中国新闻社、河南日报、河南电视台、驻马店电视台、天中晚报等27家新闻媒体单位派人参加了这次盛会。中国新闻网以《中国嫘祖、冶铁铸剑两大文化之乡花落河南西平》为题进行了报道，各大网站进行了转载。央视录制90分钟的专题片，并在央视七套连续播出。

11月15日，《人民日报》发表《大河之南古西陵》（彩色专版）。

《河南日报》、《中国青年报》、《大河报》、《驻马店日报》等媒体相继进行了报道。

12月6日，在董桥遗址上修复了嫘祖陵。

2008年

4月22日（农历三月初六），西平县举行了戊子年嫘祖故里拜祖大典。

10月出版的《西平年鉴》登载了高蔚撰写的“中国嫘祖文化之乡”“中国冶铁铸剑文化之乡”授牌庆典略影。

2009年

3月，李桂喜主编的《西陵嫘祖》一书由中国广播电视出版社出版。

4月1日（农历三月初六），西平县在县城东关广场举办了“西平县己丑年嫘祖故里拜祖大典”。

2010年

4月19日（农历三月初六），庚寅年嫘祖故里拜祖大典在吕店乡董桥村举办。

2011年

4月2日，在第五届黄帝文化论坛会上，中华炎黄文化研究会、河南省黄帝故里研究会给高沛颁发了“炎黄文化杰出贡献奖”。

4月8日（农历三月初六），辛卯年嫘祖故里拜祖大典在吕店乡董桥村举办。

11月16日，中华炎黄文化研究会在北京举办“中华炎黄文化优秀成果暨书画精品展”活动。高沛主编的《嫘祖文化研究》一书被评为“参展优秀成果奖”。

2012年

3月27日（农历三月初六），西平县在县城洪河公园举办壬辰年嫘祖故里拜祖大典。县妇联主任李瑞杰代表西平县妇女联合会向全球华人发出以嫘祖诞辰日农历三月初六为“中华母亲节”的倡议。

8月22日，在驻马店市黄淮学院，举行西平县人民政府、市炎黄文化研究会和黄淮学院携手创建的“嫘祖文化研究中心”签订协议及揭牌仪式。

9月23日，香港商报《寻根中原——华夏文明探源之旅》大型报道活动组来西平采访、拍摄与嫘祖文化相关的内容。

11月26日，杭州电视台来西平拍摄52集《丝绸之路》之首集《丝行天下》。

12月24日，印发西文【2012】132号《中共西平县委、西平县人民政府关于成立西平县申报中华母亲节领导小组的通知》，文件“拟将嫘祖生日农历三月初六定为‘中华母亲节’，并成立西平县申报中华母亲节领导小组。”

12月29日，人民网第三届中国节庆创新论坛暨2012中国品牌节庆颁奖盛典在北京召开，会上授予西平县嫘祖故里拜祖大典（中华母亲节）为“2012节庆中国榜——最具品牌影响力人物类节庆”，同时授予西平县“2012节庆中国榜—最具投资发展潜力文化旅游县”的荣誉称号。

2013年

4月14日，举办“中国·西平首届中华母亲节研讨会”。

4月15日（农历三月初六），西平县在县城洪河公园举办癸巳年嫘祖故里拜祖大典。拜祖结束后，表彰了西平县十大杰出母亲。

4月14日—16日，举办“中国·西平首届中华母亲杯书画大赛”。

5月3日，董桥遗址(吕墟)被国务院公布为第七批全国重点文物保护单位。

2014年

4月4日，举办“中国·西平第二届中华母亲节暨母亲文化研讨会”。

4月5日（农历三月初六），在县城柏城剧院广场举办甲午年嫘祖故里拜祖大典。

4月29日，举办了以“中华母亲颂”为主题的全国书法名家邀请展。

西平县棠溪大道（牛齐瑞 摄）

后 记

《中国嫘祖文艺之乡河南西平》卷，从2010年起着手收集整理素材，进入编著，到今天已历经四载有余，五易其稿，就要付梓问世了。这是河南省民间文化遗产抢救工程领导小组和河南省民间文艺家协会精心策划、具体指导的结果，是中共西平县委、西平县人民政府关心支持的结果，是社会各界广泛关注、参与的结果，也凝聚着编著者执着的心血和汗水。

西平，古为西陵，蚕桑文明最早从这里兴起，是中华农耕文明重要的发源地之一；西平，位居中原，历为兵家之所争。黄帝以降，数千年的农耕文明发展脚步，改朝换代的战火烽烟，虽经岁月风雨洗刷、剥蚀，但在这片热土上，仍依稀可见前人辛勤劳作留下的许多深深的脚印。伏羲之一帝柏皇氏圣山蜘蛛山上残留的摩崖石刻；谢老庄裴李岗遗址上出土的骨针、石镞；董桥仰韶文化遗址（吕墟）上出土的石斧、红陶纺轮；耿庄龙山文化遗址上出土的带孔石刀、陶纺轮以及仪封记载孔子周游列国路经西平的“封人见圣祠”、酒店战国冶铁遗址上至今仍存的战国冶铁炉、县城东关外耸立的巍峨壮观的宝严寺古塔……加上民间世代流传的大量的历史传说故事，千秋相沿的民风民俗，构成了一幅线条分明、内涵丰富的全景式历史画卷。西平文化底蕴丰厚，是一片地灵人杰的沃土。所有这些，为我们编著这本书提供了翔实而又可靠的依据。

本书编著过程中，曾得到河南省民间文化遗产抢救工程领导小组夏挽群、程建君、乔台山、李凤有先生的具体指导；得到驻马店市炎黄文化研究会、西平县炎黄文化研究会、县文联、县总编室、县档案馆、县文广新局、县住建局、县文化馆、县文管所、县图书馆、县民俗摄影协会等单位以及社会上仁人志士的大力支持；参考引用了当代史学家，考古学家、社会学家、民俗学家、姓氏学家、科普作家等的观点，在此一并表示诚挚的谢意！

限于编著者水平不高，书中难免存在漏记、错记之处，敬希方家指正。

《中国嫘祖文艺之乡河南西平》卷就要与读者见面了，愿它能在守护中华民族精神家园、弘扬优秀传统文化、促进中华民族复兴梦实现的过程中起到一定的作用，这是编著者热切的期盼！

2015年3月12日

参考文献：

[1] 陈铭鉴.民国·西平县志（校注本），1996.6.

[2] 《西平县志》 中国财政经济出版社，1990.9.

[3] 刘文学.黄帝故里志 中州古籍出版社，2007.4.

[4] 高 沛.嫘祖文化研究 文物出版社，2007.9.

[5] 刘治娟.丝绸的历史 新世纪出版社，2006.12.

[6] 龚 莉.服饰史话 中国大百科全书出版社，2009.4.

[7] 王雪莉.《黄帝尧舜垂衣裳而天下治》 黄帝文化研究 山西古籍出版社，2005.8.

[8] 任继愈.中国古代纺织与印染 北京：商务印书馆，1997.4.

[9] 金开诚.古代纺织 吉林文史出版社，2009.12.

[10] 西平年鉴.2009—2011年，中共党史出版社，2012.10.

本书编著过程中，参考了以上图书，在此谨向作者、校注者一并表示诚挚的感谢。

图书在版编目（CIP）数据

中国嫘祖文化之乡——河南西平 / 高沛 高蔚主编 . -- 北京：中国文联出版社，2015.8

ISBN 978-7-5059-9395-2

Ⅰ. ①中… Ⅱ. ①、高… Ⅲ. ①西平县-概况

②神-文化研究-西平县 Ⅳ. ①K926.14②B933

中国版本图书馆 CIP 数据核字(2015)第 211002 号

中国嫘祖文化之乡——河南西平

主 编：高 沛 高 蔚

出 版 人：朱 庆

终 审 人：奚耀华　　复 审 人：柴文良

责任编辑：王柏松 李婉君　　责任校对：付泉泽

封面设计：王 鹏　　责任印制：陈 晨

出版发行：中国文联出版社

地 址：北京市朝阳区农展馆南里 10 号，100125

电 话：010-65389142（咨询）65067803（发行）65389150（邮购）

传 真：010-65933115（总编室），010-65033859（发行部）

网 址：http://www.clapnet.cn

E - mail：clap@clapnet.cn

印 刷：北京艺堂印刷有限公司

装 订：北京艺堂印刷有限公司

法律顾问：北京市天驰洪范律师事务所徐波律师

开 本：710×1000　1/16

字 数：150 千字　　印 张：17.5

版 次：2015 年 9 月第 1 版　　印 次：2016年 4月第 2次印刷

书 号：ISBN 978-7-5059-9395-2

定 价：88.00 元